面向儿童创想家的教育

庄惠芬 著

东南大学出版社
南 京

内容提要

创造力是一个国家的核心竞争力,是中华民族的核心软实力。对拔尖创新人才的早期培养,是中小学不可推卸的使命和责任。如何在小学阶段开展适切的创造力教育研究和提高小学阶段儿童的创新素养,是全世界共同关注的一个重要命题,也是中华民族伟大复兴的一个关键课题。本书以理论与实践的双向建构为线索,提出了"儿童创想家"之命题;以"理论建构、实证研究、案例探索"为总体思路,全面、立体地建构了路径和策略;以充分发现儿童的天赋、发挥其主动性和创造力,不断推进创新人才的早期培养为目标。基于系列研究成果,本书呈现了我国小学阶段拔尖创新人才早期培养的整体路径,力图为国家拔尖创新人才的小学启蒙提供样本。

图书在版编目(CIP)数据

面向儿童创想家的教育 / 庄惠芬著. —南京:东南大学出版社,2022.12
ISBN 978-7-5766-0369-9

Ⅰ.①面… Ⅱ.①庄… Ⅲ.①儿童教育—创造教育研究 Ⅳ.①G610

中国版本图书馆 CIP 数据核字(2022)第 227159 号

责任编辑:陈 跃   封面设计:顾晓阳   责任印刷:周荣虎

面向儿童创想家的教育

著　　者:庄惠芬
出版发行:东南大学出版社
社　　址:南京四牌楼 2 号　　邮　编:210096　　电　话:025-83793330
网　　址:http://www.seupress.com
电子邮件:press@seupress.com
经　　销:全国各地新华书店
印　　刷:南京京新印刷有限公司
开　　本:700 mm×1000 mm　1/16
印　　张:19.75
字　　数:313 千字
版　　次:2022 年 12 月第 1 版
印　　次:2022 年 12 月第 1 次印刷
书　　号:ISBN 978-7-5766-0369-9
定　　价:106.00 元

本社图书若有印装质量问题,请直接与营销中心调换。电话(传真):025-83791830

序一
培育创新精神从娃娃抓起的生动实践

　　武进星河实验小学虽然建校时间不长,但是这所年轻的学校富有改革锐气,充满创造活力。近10年来,庄惠芬校长带领团队以"创想教育"为题,踔厉奋发,深入推进育人方式改革,积极探索在小学阶段培育儿童创新素养的办法,取得了显著的成绩。星河实验小学"创想教育"的改革实践,给我们留下几点深刻印象。

　　一是坚持问题导向和目标导向相结合,勇于回答时代之问。中国教育如何有效培养创新人才?基础教育在培养创新人才方面能否作出应有的贡献?这是教育面对的时代之问,也是针对我国教育存在的短板的时代之问。星河实验小学推进"创想教育"改革的初衷,就是直面这一时代之问,确立把学校办成一所"人人有好奇心、个个有创造力"的创想学校的目标,改变我国基础教育小学阶段对培育儿童创新精神重视不够的现状,用为中国创新人才启蒙奠基的育人实践来回答时代之问,展示对新时期教育使命的自觉担当。

　　二是坚持以儿童为中心,遵循儿童成长成才规律。"创想教育"以了解认识儿童的天性为出发点,尊重、保护、激发儿童的好奇心、求知欲和想象力,创设有利于激发儿童兴趣和发现的教育场景,开展发展儿童探究意愿和能力的教育活动,肯定和培育儿童的创新精神和创造能力,让每一个儿童的天赋、潜能在创想的场景、课程与实践中不断得到发现。

三是坚持抓住关键环节,推进育人方式变革。课程是育人的核心环节。"创想教育"通过明确课程目标、整合课程内容、优化课程结构,努力构建培育儿童创新素养的课程体系。课程的实施中强化课程与生活的联系,让儿童在真实情境中解决问题,从学习者走向创造者。建设良好的空间场景,也是"创想教育"推进的重要着力点。学校将环境建设与理念、课程和技术有机融合,努力创设洋溢创新文化、有利于培育儿童创新素养的丰富多彩的空间场景。

四是坚持系统观念,整合要素协同育人。"创想教育"改革具有综合性和系统性,不仅涵盖课程教学、环境营造、教师队伍建设和学校管理,而且贯穿学生在校学习的各个学段和学习生活的全过程。学校不仅对这项改革进行了兼顾多个维度的全面系统的设计,而且在10年实践中,注重整合多种要素,争取多方支持,努力实现全面、全程、全员协同育人。

五是坚持重在实践,探索富有特色的育人之路。在小学阶段培育学生创新素养,全国各地有不少学校都在对此进行积极探索。但是以培育创新素养统领学校教育教学改革,并且取得比较系统完整经验的成功案例,还不多见。星河实验小学在为创新人才启蒙奠基的旗帜下,推进"创想教育"改革,学校的办学成绩和教育质量获得施教区群众的高度赞誉,学校改革的理念和业绩得到不少专家和同行的好评。星河实验小学"创想教育"改革形成了比较系统完整的经验,为不少学校提供了借鉴,产生了良好的辐射效应。星河实验小学十年磨一剑,勇于开拓,在持之以恒的实践中探索、完善,走出了有自己特色的育人之路,为回答时代之问交出了一份优秀的答卷。

序一　培育创新精神从娃娃抓起的生动实践

党的二十大对加快建设教育强国发出了动员令，作出了新的部署，提出了新的要求。加快建设教育强国的一项重大战略任务是着力造就拔尖创新人才。贯彻落实二十大精神，着力造就拔尖创新人才，应该从娃娃抓起。基础教育要增强为造就拔尖创新人才奠基的使命感和紧迫感。要深化教育教学改革，把培育创新精神贯穿于教育教学的各个环节。要深刻领会和贯彻义务教育新课程对培育学生创新精神的新理念、新设计，着力在实施国家课程中落实培养要求。要把培育学生创新素养和落实"双减"措施结合起来，坚持以学生为中心、以儿童为中心。解放儿童的创造力，首先要减轻学生过重的课业负担，解放儿童的时间，让儿童能够有时间有空间展示自己的兴趣，释放自己的想象力，发展自己的创造力。要把培育学生的素养和加强教师队伍建设统筹规划、统筹推进，有了一支富有创新精神的高素质的教师队伍，才能培育有理想、有本领、有担当、富有创新精神的一代新人。

星河实验小学"创想教育"改革取得了丰硕成果，为全国义务教育学校对拔尖创新人才的早期培养提供了可借鉴、可参照、可推广的路径与策略。期待更多学校和星河实验小学一起积极探索，为拔尖创新人才的基础性培养贡献更多智慧。

王　湛

义务教育课程修订指导专家组组长，
国家教材委员会委员

序二
儿童创想教育是素质教育新样态

2011年,我受邀参加江苏省人民教育家培养工程的学习交流活动,耳闻庄惠芬校长有关儿童创想教育的构想。常州市武进区星河小学作为一所新建学校,办学之初就已形成如此清晰的愿景,这给我留下了非常深刻的印象。2014年,我又到江苏参加相关活动,再次遇见庄惠芬校长,她说儿童创想教育已经实践了四五年,盛邀我去学校指导。那一天,从未独自开车上高速的她居然亲自驾车来会场接我,于是应邀前往。此时此刻的星河小学,无论是创想化学习场景构造、还是合体性课程体系建构,无论是一个个如数家珍的创想育人故事,还是师生呈现出来的蓬勃生命样态,都深深地打动着我。此后,星河小学的创想教育实践更是一发不可收:"儿童创想课程的整体建构与实践创新"成为教育部基础教育课程教材发展中心首批校本课程项目;庄惠芬校长参加首届未来学校国际论坛,畅谈儿童创想教育成就,引起国内外学者的广泛关注,先后有6个国家组团到星河小学进行实地考察,盛赞其是中国素质教育的一种新样态。在我看来,星河小学的儿童创想教育走到今天臻至成功,主要有三个方面的原因。

一是落实立德树人根本任务,将创新人才启蒙融为儿童创想教育。30多年来,国家高度重视创新人才培养。《国家中长期教育改革和发展规划纲要(2010—2020年)》强调,要着力提高学生勇于探索的创新精神和善于解决问题的实践能力。特别是"钱学森之问"的提出,引发了星河小学的深刻思考:在创新人才培养中,小学应该肩扛怎样的责任?星河人想得很清楚,6～12岁的儿童,正处于好奇心最强、求知欲最强的时候。现在的学生,只要有更自由的学习生活,有更大的学习空间,就会有更多创想的心愿,也有更多创新的可能。创新素养应成为学生的必需。学校通过问卷调查,进一步了解学生的需求,了解家长的期待,了解教师的可能。基于这一认识和思考,星河小学把培育儿童的创新意识和实践能力融入办学重要使命,确立了"儿童创想教育"主题,建构了儿童创想课程体系,致力于培养"端行、好学、健美、乐创"未来公民,最终走出了一条"尊重儿童个性、培养儿童创新意识"的教育改革之路。

二是推进整体育人实践,将育人方式改革作为突破口和成就点。星河小学把整体育人作为核心任务,其实施路径就是统整融合。首先,梳理了儿童创想教育的目标体系,使设计者、实施者、评价者、参与者都清楚创想教育这条跑道跑向何方。其次,确立了"儿童唯一、整体育人"的课程观,对国家、地方、校本三级课程进行整体规划统整,让"创想"贯穿于学校课程中,从科学认知、科学方法、科学精神三个维度形成创想教育群落,横向模块成列、纵向递进成序,以此形成了创想教育的既稳定、又有生长力的结构。这使得整个儿童创想教育有了深扎沃土的根(核心课程群),有了挺立稳固的干(协同课程群),有了茂盛碧绿的叶和次第绽放的花(支撑课程群)。再次,改革课程有短课程与长课程之分,它们都以儿童的探究需求为上,并打破了学校围墙、学科壁垒;FSC、项目化学习等育人实践更加灵活,更方便选择。总之,丰富的创想教育为儿童的生命成长提供了足够的营养。

三是立足学校文化基因,内生出未来学校新样态。星河小学内生出来的创想文化,就像无处不在的空气,流淌在这所创想的校园中。其文化密码之一是形成了学校发展新格局,即从国家发展的高度、落实立德树人的力度、实施素质教育的效度,真正将创新人才启蒙与儿童创新意识培养融入学校。密码之二是拥有独特清晰的教育哲学。星河小学有着自己独特的教育哲学——"创想无界、心筑未来","办一所人人有好奇心、个个有创造力的创想学校"是星河人共同的愿景,这成为星河人内在的价值判断、思维方式甚至生活方式。密码之三是创设新育人模式。一所新建校,能够从一开始只招收到31个学生到2017年组建教育集团、再到如今建立中国创想教育联盟,是因为这所学校从办学伊始就有着儿童创想教育的系统设计、整体建构、进阶实践,并让师生、家长、社会参与其中,得到了价值认同。

总体上看,星河小学的儿童创想教育着眼于儿童未来与国家发展的文化自信,立足于优秀传统文化与现代智能进化的文化自洽,扎根于国家创新人才培养大中小贯通培养的文化自新。我笃信,按照目前儿童创想教育的路径、机制和模式,必然会创造出一种素质教育的新样态来。

陈如平

中国教育科学研究院副院长、研究员

目 录

第一章 创新素养:每所基础教育学校的应有使命 1

第一节 重新回归中国基础教育的本来使命 1
一、立足于立德树人的国家发展战略 2
二、打开拔尖创新人才的早期孕育链条 3
三、创想教育:小学立德树人的育人实践 5

第二节 重新回归面向未来育时代新人的教育面孔 11
一、价值线索:"人"的启蒙与"心"的打开 11
二、童年秩序:用"创想"理念托举理想追求 12

第三节 重新回归到儿童学习的本质特点 13
一、幼态持续:每个人心中都藏着创造的能量机 13
二、成长关键期:6～12岁儿童学习品质的培养期 14

第四节 回归到基础知识基本技能与创想的关系 16
一、有结构的双基是儿童创造性思维培养的基础 16

二、儿童双基积累方式影响着创新素养的培养 …………… 18

三、沸腾的兴趣对创新能力培养有深远的影响 …………… 18

第二章　天赋自由：每一个儿童都是永远的创想家 ………… 20

第一节　让儿童的天赋自由 …………… 20
一、儿童是永远的创想家 …………… 20
二、儿童是天生的游戏者 …………… 25
三、用美定义"儿童生活家" …………… 27

第二节　梳理创造力培育的核心元素 …………… 35
一、好奇心和想象力是创造力的基石 …………… 35
二、学习场景对儿童创造力的影响 …………… 37
三、游戏是儿童创造力的支架 …………… 41
四、拥抱挫折是儿童创造力培养的前提 …………… 45

第三节　儿童创想学习的五大特征 …………… 53
一、孜孜不倦的求知欲 …………… 53
二、有理有据的探究力 …………… 54
三、独出心裁的思维力 …………… 56
四、精益求精的工匠心 …………… 58
五、别具一格的创造力 …………… 59

第三章　让儿童创想课程向四面八方打开 ······ 61

第一节　创想群岛：建即时即地"做创行"的场景 ······ 61
一、苹果花园：一个自然群岛式的创想空间 ······ 62
二、玩创手册：一本真实学习连续体的指南 ······ 64
三、五彩通道：一串可迭代的创造者角色 ······ 66

第二节　指向素养的儿童创想课程的整体建构 ······ 67
一、旨归：用整体育人的视野创生创想课程 ······ 68
二、内涵：用系统建构的思维厘定创想课程 ······ 69
三、路径：用实践育人的思路建构创想课程 ······ 71
四、打破边界生成多元的课程开发主体 ······ 76

第三节　儿童创想家：研"1＋1＋π"的课程链条 ······ 78
一、"1"是嵌入：在国家课程中融入创造思维支架 ······ 79
二、"1"是嫁接：编制一套"目的地想象"课程框架 ······ 80
三、"π"是专适：定制"超常儿童"复合课程模块 ······ 82

第四节　天才一小时：指向创造性思维的实践范式 ······ 83
一、"三小＋"设计打开"存在的潜能" ······ 84
二、"三跨＋"培养打开"弹性的学制" ······ 84
三、"三环＋"学习打开"可能的伟大" ······ 85

第五节　星河大脑：支持创新素养的数智系统建设 ······ 87

一、数智魔方：建"精准供给"的智慧空间 …………………… 88
　　二、数据赋能：启"创想之子"的成长画像 …………………… 89
　　三、迭代身份：培"赤子之心"的赋能团队 …………………… 90

第四章　每门学科都是儿童创造的孵化田 …………………… 93

第一节　一体化思政：在童年写下不负未来的红色交响诗 ………… 93
　　一、贯通构建思政课程建设一体化的"立方体" ……………… 94
　　二、融合建构课程思政建设一体化的"行动图" ……………… 97
　　三、整体铺设思政育人资源一体化的"罗马路" ……………… 104

第二节　以体育人："创想体育"课程建构与实践探索 ………… 109
　　一、整体育人，重画一个"体育目标"的坐标轴 ……………… 110
　　二、对标育人，定制两维"身心两健"的标准尺 ……………… 111
　　三、规律育人，把握"儿童生长"的三个关键期 ……………… 112
　　四、实践育人，打造学校"创想体育"的四驱车 ……………… 113

第三节　做数学：指向核心素养的学习罗盘建构 ………………… 119
　　一、做一个罗盘：梳理"整体性"学科核心素养框架 ………… 119
　　二、建一座环岛：设计"立体式"数学教学实施路径 ………… 124
　　三、促自我导航，配制"万向型"数学自我导航钥匙 ………… 127
　　四、做一把弹尺：形成"进阶式"数学素养评价策略 ………… 128

第四节　科学创想，让儿童脑洞向四面八方打开 ………………… 130

一、科学认知:手脑与技术兼具的打开方式 …………………… 131
二、科学素养课程:多元融合模式的探索实践 ………………… 135

第五节　以美学经纬编织儿童创想的实践 …………………… 138
一、为美定义,重写"美育目标"的坐标轴 …………………… 139
二、因美而建,重构"美的课程"的结构体 …………………… 141
三、由美而学,重构审美教育的实践道 ……………………… 143

第五章　用关系学重构激发儿童创造的朋辈群 …………………… 148

第一节　一元到多元:苹果园里的伙伴关系 …………………… 148
一、教室表情:学习组的串联与并联 ………………………… 149
二、家族模式:校园里的同龄到混龄 ………………………… 150
三、合宿课程:家庭中的独养到混养 ………………………… 151
四、角落游戏:情境中的位移和位遇 ………………………… 153
五、创想城市:岗位中的互助和互纳 ………………………… 154

第二节　为他者:创想城里师生关系的伦理向度 ……………… 155
一、接纳"他者",体认临床教育学的"闻与问" ……………… 155
二、体察"相遇",实现伦理视野里的"面对面" ……………… 158
三、位值"心理",洞悉沟通效应里的"心连心" ……………… 160

第三节　情感账户:朋辈关系的逻辑与实践路径 ……………… 162
一、关系危机:朋辈沟通从"前喻时代"走向"后喻时代" ……… 163

二、情感账户:朋辈伦理从"充满他人"走向"成长共同体" …… 165
三、道德体验:朋辈交往从"德性期待"走向"情感记忆" ……… 167

第四节 时光轴:用关系学打开完整的童年秩序 …………… 171
一、日日新:用"心灵之光"构班级伙伴时光轴 …………… 172
二、周周行:用"文化之光"画家庭亲子时光轴 …………… 175
三、月月美:用"生命之光"开世界朋辈时光轴 …………… 178

第五节 七个习惯树:指向创想少年品格涵育的场域行动 ……… 180

第六章 儿童创造力:是一本向未来的说明书 …………… 190

第一节 优势潜能:打开儿童可能的创造力 …………… 190
一、儿童创造潜能发展的差异性 …………… 190
二、发现儿童创造力发展的自身影响因素 …………… 191
三、家长的教养方式与儿童的创造力 …………… 195

第二节 让儿童过一种森林交响乐般的创想生活 …………… 197
一、自然之子:儿童的创想生活是身心灵舒展的生活 …………… 198
二、朋辈之乐:儿童的创想生活是人从众共创的生活 …………… 200
三、森林之诗:儿童的创想生活是做学创一体的生活 …………… 201
四、协奏之曲:儿童的创想生活是家校社融合的生活 …………… 202

第三节 创想学习:让儿童用儿童的方式学习 …………… 203

一、厘定儿童创想学习的内涵与特征 ………………… 204
二、发现创想学习的核心价值与意义 ………………… 206
三、儿童创想学习的实施路径与策略 ………………… 209
四、双减下的创想作业盒子研发与运用 ……………… 211

第四节 自然性、具身性与创造性兼具 ……………… 214
一、劳动之意:在"自然为友"中启蒙价值的意蕴 …… 214
二、劳动之趣:在万物为师中关联具身的学习 ……… 217
三、劳动之美:在"生长之律"中映射创造的力量 …… 220

第五节 创造性戏剧:一场美学与创造兼备的旅程 … 222
一、找好"点":让角色成为他自己 …………………… 222
二、放手"创":人人都是大导演 ……………………… 223
三、发挥"才":每个人都有自己的剧场 ……………… 224
四、精彩"演":重要的主角,伟大的配角 …………… 225
五、做好"评":真正的价值在语文的舞台上 ………… 225

第七章 元宇宙时代:召唤创想学校的深层构造 …… 227

第一节 元宇宙:关乎未来的想象共同体 …………… 227
一、元宇宙必然到来:我们需要拥抱已来的未来 …… 227
二、元宇宙悄然而来:我们共同坚守不忘的本来 …… 229
三、元宇宙之于创想教育:期待成就不畏的将来 …… 230

第二节　打开创想学校"元宇宙"的新世界 ······ 234
一、时空合体：元宇宙学校的环境再造 ······ 234
二、多域融合：元宇宙发展的技术统摄 ······ 236
三、永续发展：心世界共生的智能进化 ······ 238

第三节　每个人都可成为学校元宇宙的建造者 ······ 239
一、每个人心中都有自己的元宇宙 ······ 240
二、每个人在元宇宙里都有数字身份 ······ 240
三、每个人都在共同建造元宇宙学校 ······ 242

第四节　元宇宙时代：寻找儿童创想学习的进化逻辑 ······ 243
一、群体创造：沉浸场景的社会性交往 ······ 243
二、全景瞬移：突破真实世界的心流学习 ······ 244
三、时空隧道：时代人身份的合法性参与 ······ 246

第八章　指向儿童创想素养涵育的学校治理 ······ 248

第一节　"学园共同体"管理模式漾起团队活力 ······ 248
一、反思：学校常态管理中的问题解剖 ······ 248
二、建构：管理组织结构的自主创新 ······ 249
三、实践：团队管理杠杆的场域撬动 ······ 251

第二节　从我的集合体到集体中的我们：一个团队的成长罗盘 ······ 254
一、洞悉现实：从靶心聚焦到钥匙解锁 ······ 254

二、洞察节律:从价值坐标到成长罗盘 ………………………… 256
三、洞见蓝图:从自我导航到专业自信 ………………………… 259

第三节　幼小科学衔接给天使一对创想的翅膀 ……………… 261
一、建学术力量与行政力量各司其职的组织桥 ………………… 262
二、洞悉幼儿园与小学间分界存在的断层带 …………………… 265
三、建构一体两翼的幼小衔接课程体 …………………………… 267
四、布设贯通园校的创想教育幼小衔接教育实践道 …………… 272

第四节　儿童的园:种一片"有机"的评价林 ………………… 274
一、播种:形成"整体性"育人的评价框架 …………………… 274
二、植林:设计"节律性"成长的评价方式 …………………… 278
三、生枝:研发"立体性"支持的评价运用 …………………… 284
四、得园:构造"万向型"导航的评价机制 …………………… 287

参考文献 ……………………………………………………………… 290
后记 …………………………………………………………………… 292

第一章
创新素养：每所基础教育学校的应有使命

钱学森曾在温家宝总理去看望他时问总理：为什么我们的学校总是培养不出杰出人才？钱老之问，始终回荡在每一位教育人的心上。从常州市武进区星河实验小学创办之日起，所有的师生、家长都自觉把"用创想叩响钱学森之问"作为自己的使命和价值追求。有人曾质疑：一所小学谈拔尖创新人才的早期培养是否为时过早？十年来，星河人用创想丈量了一所基础教育学校的应有使命。

第一节　重新回归中国基础教育的本来使命

基础教育是现代国民教育体系的基石，在立德树人过程中具有奠基作用。2018年9月10日，习近平总书记在全国教育大会上发表重要讲话，他指出：培养什么人，是教育的首要问题。作为基础教育，小学阶段的教育工作需要明晰使命：为党育人、为国育才，把培养社会主义建设者和接班人作为根本任务。

一、立足于立德树人的国家发展战略

当今世界上各个国家间竞争越来越激烈,其本质就是国家综合国力的竞争。国家综合国力的竞争更多倾向于创新人才的竞争。国防现代化水平和经济力量的提升也主要依赖于一个国家创新实力的发展。创新型人才的培养是国家发展的力量和源泉。尽管我们国家在拔尖创新人才早期发现和培养方面做了很多积极探索,但是在高中、大学层面探索得多,在义务教育阶段重视得少;个别基础教育学校实践活动设计得多,体系建构得少。

当前我国的基础教育,仍然存在重视书本知识的掌握而忽视实践能力的培养,重视题目训练而忽视知识的形成与应用,忽视学生学习兴趣、潜能的激发及自主性的发挥等现象。这严重制约了学生创新意识和创新能力的培养,也造成了当前我国在创新型人才培养方面的困境,使得我国在原始性创新方面的成果始终无法和美国以及欧洲一些发达国家相比,在模仿创新方面的能力则逊于日、韩这两个邻国。目前,美、英、德、俄、澳、韩、日、新加坡、以色列、新西兰等国均建立了完备的国家英才教育体系。创新型人才培养是一项系统工程,其中,基础教育对创新型人才培养具有奠基的意义,尤为重要。这为立足创新能力提升,聚焦当前全球创新与国际人才流动发展形势,完善国际人才发展策略提供了又一路径。

习总书记重要教育论述中多次表达的关键词"素质教育""综合素质""创新精神""创新意识""科学精神""创新能力""创新思维""批判性思维""好奇心"等都是立德树人的重要命题,因此加快推进基础教育现代化,重视小学阶段创新人才的培养、奠基和启蒙,对于建立基础教育强国、实现中华民族伟大复兴具有重大意义。

拔尖创新人才培育过程是一个环环相扣的长"链条",这条链的核心在于在不同的教育阶段需要把握不同的育人侧重点。对于拔尖创新人才的早期培育,在小学阶段是激发乐趣与创新意识,初步挖掘优秀潜质;在中学阶段是培育兴趣与创造思维,逐步体会创造价值;在高中阶段是培养智趣与创新能力,逐渐养成创新人格;在大学阶段是养成志趣与创新精神,树立并践行为国创新的信念。因此,不论是面向全体学生的创新启蒙还是直面英才儿童的潜能识别,小学阶段的拔尖创新人才培育都应该成为基础教育的本来使命。

二、打开拔尖创新人才的早期孕育链条

创新人才培养是一项系统工程。创新型人才培养需要很强的系统性和层次性,不同的学段在这个体系中都发挥着不同的作用。

1."链"的连贯性:把握好人才培养的延续链

重视各教育阶段之间的衔接性是拔尖创新人才得以顺利成长的重要条件。从人才成长的阶段来看,高等教育是培养拔尖创新人才的关键阶段,其中大学教育已成为培养创新型人才的主战场,而基础教育这个重要战场却长期得不到重视。高等教育是培养创新型人才的关键阶段,而中学教育和小学教育也起着重要的启蒙作用,创新型思维品质的形成、创新型人格的培育,应该从小抓起、持之以恒。只有不同教育阶段相互衔接,不同层次学校贯通培养,创新型人才的培养才会取得实效。而拔尖创新人才必备的基本素质、行为习惯和思维方式,则要从幼儿园、小学抓起。错过了拔尖创新人才素质形成的各个"黄金期",很难重新来过。因此,小学阶段对创新型人才的培养起着奠基与启蒙的作用,在此阶段要促进课程创生主体的多方激活,真正为创新性人才的培育奠基。

2."链"的贯通性:联结好教育场域的衔接链

中共中央、国务院印发的《中国教育现代化 2035》明确提出"探索发现与培养具有特殊才能和潜质学生机制,为创新人才培养和成长提供更加有利的环境"。对此要着力解决传统学习空间布局固定式、标准化,儿童个性化、创造性学习活动环境支持不足的问题。而目前我国的基础教育尤其是小学教育很难让学生对自身的兴趣、天赋和潜能有清晰的认识,对比学校需要改变碎片化、模糊性、单一化的学习环境。学习是大脑、身体与场景的融入式互动,因此要在"做创行"场景中共享空间、交换资源、

集聚社群,激活兴趣与创新意识,唤醒探究意识,逐步走向创新,从而发掘学生的个性、潜能,缩短人才培养周期。家校社的联动,共同形成科学与人文精神的积淀、科学的学科结构和浓厚的育人氛围、丰富的人力和物质资源等,这为培养创新型人才提供了丰厚的土壤和有力的保障。

3. "链"的时代感:理解好社会对人才需要的迫切性

人工智能的迅速铺开、元宇宙的时代链接、科技发展的日新月异,对人才培育的要求、内容和方式,对不同阶段人才培养的层次、周期等都有着挑战。对小学阶段的挑战主要体现在三个方面:一是着力解决传统学习内容以单一学科为主、更新滞后,学生创新素养发展被局限的问题。目前小学阶段面向全体学生的创新素养培养的课程内容比较缺少,对超常儿童的发掘和支持方面也比较空缺。二是对于儿童感兴趣的内容、主题,缺少应有的资源和师资的支持,最终仅是让学生运用所学知识、方法、思维解决生活中遇到的困难、问题。三是仅凭一个学校的力量无法给孩子提供充分的资源和支持,这需要全社会的力量赋能。而目前学校信息能力与学科能力的叠加尚未形成,人类智能与人工智能的相互支撑体系不足,因而需要优化校园智能系统,才能支持二者相协调、相促进。平台系统与学习软件可以帮助学生进行个性化、差异化的学习,记录学生的学习模式和"踪迹",展示和呈现学生的创造过程、创造成果,促进学生创造性思维的发展。

4. "链"的广域性:回应好人的发展的公平性

以人为本的科学发展观提出,教育公平的立足点必须适时地从对"物"的关注走向对"人"的发展的关注。小学阶段是拔尖创新人才培养的启蒙与奠基期,首要任务是面向大多数常态儿童的创新素养提升;其次是面向超常儿童的发现与培养,包括天才、英才、资优儿童群体;同时关注个人创造思维与个性化能力的创新教育载体的搭建。儿童创想教育面对以上三个维度,采用具有针对性、支持性、发展性的课程支持、学习支持、资源支持,让儿童天赋自由发展,发现自己的兴趣和潜能,较早获得有针对性的教育措施。拔尖创新人才的小学早期孕育是教育公平的最好回答,

第一章 创新素养:每所基础教育学校的应有使命

也是更充分地面向全体与"大"的因材施教。通过这条链找到自己的兴趣和潜能的匹配点,这也是基础教育回应国家人才战略需要的相互关联但又有所差异的具体路径。

三、创想教育:小学立德树人的育人实践

无论是全国教育工作会议还是《国家中长期教育改革和发展规划纲要(2010—2020年)》,都一再明确要面向全体学生,以培养学生的创新精神和实践能力为重点。如何能从学校层面形成具有结构性、系统性、可操作性的解决策略与路径,真正将立德树人的要求化为一所学校自我的价值追求?如何让"人人有好奇心,个个有创造力"成为星河小学十年如一日的使命与担当?

1. 价值选择:体察哲学视野里的创想缘由

从星河小学创办起,学校就一直努力探索:落实立德树人根本任务在小学有哪些路径?尊重儿童身心发展规律有哪些具体教育路径?如何把学校丰富的实践经验提升为具有普遍价值的育人模式?十年磨一剑,星河实小开启了儿童创想教育、叩开钱学森之问、以百年的使命与担当办学、为中华民族的伟大复兴而奋斗的旅程。

在这种背景下,2010年起星河实小首创"儿童创想教育",开始了小学阶段指向学生创新精神与实践能力培养的育人模式,建构了小学综合育人思路、阶段和变革的策略方法,形成了一套具有操作性、普适性、推广性的实践模式。

星河实小打破让儿童顺从的思维,认为教育不应仅止步于呵护儿童的天性、维持课堂的有趣,而是要激发每一个儿童的内在潜能,让他们自主选择、自由创造、自在实践。在追溯、思辨、调研的基础上,让"创想无界,心筑未来"成为学校的教育哲学,"办一所人人有好奇心、个个有创造力的创想学校"成为大家的共同愿景。

2. 内涵把握:厘定教育场域中的创想意义

"创想无界,心筑未来"是一种价值观的选择,建立"创想学校"是学校

在对社会主义核心价值理解基础上的追求、对自我使命和责任的澄清与重构。这种探索触及的是教育的本质、儿童的本性、学校的本真。

（1）创想教育的基本内涵

何为创想？创想是一种珍贵的天性，每个儿童都是一个天生的创想家，而教育要做的是发现、唤醒、呵护、激活和培育；创想是一种突破的思维方式，能依托想象力将天马行空的想象化为不拘一格的创造，能将前所未有之事物经过想象、创造变为现实；创想是一种独特的实践行为，能结合现实中的问题创立出新的途径、策略和成果。

何为创想教育？创想教育是以培养学生创新精神、创想品质、创造习惯为价值取向的教育，通过富有创想的教育方式、教育内容、教育途径，培养创想人才和实现人的全面发展。创想教育的育人模式是基于对儿童育人规律的认识，并在育人规律的指导下进行人才培养的一种策略，能将创想的核心要义融入师生的学习、生活和工作中，渗透到学校日常的学与教的重构、管理与机制的升级中，构成一个立体完整的育人模式。

（2）创想教育的意义靶向

儿童创想教育的价值意义体现在四个方面：

符合人的创造性本质。人类社会的发展简史给我们全面呈现了不断进化、不断创新的过程，从远古原始社会的刀耕火种到如今的机械作业、现代农业，从古代的四大发明到如今"互联网＋"与人工智能，从我们日益美好生活的创造到国家航天航空、科学创新的崛起……这一切都是人类创造力的展现。创想教育的理念正是人的创造性本质的充分体现。

符合儿童的发展规律。教育的终极目标在于人的可能性的开启、人的人格健全、人的全面而持续的发展。儿童的世界是一个充满幻想、充满想象的世界，教育应顺应儿童成长的规律、满足儿童成长的需要，还要发现和开启每一个儿童的创造潜能。我们提出创想教育，正是对于儿童想象力的尊重与保护。

培养儿童的好奇心、责任心和自信心。创造性来源于童心，儿童通过动作、语言等来表达自己对周围世界的好奇，从情境性的强化变成认知与情感、思维与实践的结合,从而开启想象力的大门;自信心是坚信自己能够成功的心理素质,是对自身能力的客观判断依据;责任心则让人把好奇心、自信心安放在价值坐标里,决定着人才培养的高度。因此,好奇心、自信心、责任心三者构成了创想素养的基石。

培养学生的想象力与创造力。想象力是儿童成长的翅膀、创新的源泉,激活每一个儿童的想象力才能赋予其创新之可能。想象力是成功地完成创造性活动必须具备的品质。创造力是人类特有的内在潜能,只有智慧的人类拥有了创造力,并使之成为改造社会、使社会不断向前迈进的动力源泉,才会有今天的文明。星河实小以"创想培育"作为教育追求,以培养儿童丰富的想象力和创造力为核心,推动学校成为儿童创新素养发展的摇篮与孵化地。

3. 实践建构:行走"立德树人"的创想之道

在每一所学校中,我们都期待能看见教育的未来,而创想学校则期待能够为儿童的创新素养的培育、未来的创新创造能力的培养服务。在这一段创想旅程中需要自我使命的清晰、课程体系的建构、学校管理的转型、教育生活的重构等。

(1) 坚定一个信念:为中华民族伟大复兴而办学

习总书记说:"实现中华民族伟大复兴的中国梦,必须更加重视教育,努力培养出更多更好能够满足党、国家、人民、时代需要的人才。"星河实小的儿童创想教育时刻牢记为党育人、为国育才之使命,把叩开钱学森之问作为办学的主旋律,从创想学校的"创想无界,心筑未来"之教育哲学、"不求第一、但求唯一"之办学理念出发,以学校的善创文化为原点,以儿童创想课程为主干,期待结出儿童创想的生长之果。时时可创想、人人爱创造、处处有创新。创想教育期待让学校的每一个角落都能萌发儿童的创新意识,激发儿童探索、研究和实践的欲望。我们办的学校应是朝向儿童的、朝向民族未来的、朝向教育价值追求的。

(2) 形成两种意识:儿童自主说与教师关键说

儿童自主是创想教育的核心所在。儿童天生具有好奇心,是有着"十万个为什么"的好问者；儿童天生就是一个爱思考的人，儿童思维和行为具有创造性、独立性；儿童想象力丰富，喜欢叙述、不随大流，喜欢进行实验，对事物的错综复杂性感兴趣，喜欢用多种思维方式探讨复杂事物，喜欢幻想。从育人模式的视角看，一些很现实的问题摆在我们面前：如何认识把握3～6岁儿童的好奇心之结构？如何呵护6～12岁小学阶段儿童的好奇心？如何在育人模式的建构与实践中系统有序地进行儿童创造性行为的培育？学生在小学学段的创造性行为所呈现出来的特征、方式，有怎样的表现？基于激发儿童创造性行为的学校育人模式的目标、结构、内容、实施与评价如何建构、丰富和完善？创想教育有针对性地对儿童的好奇心与想象力进行呵护、激发和培育，进一步提升和完善了对儿童创造性行为的认识，开辟了新的育人模式，丰富了学校育人模式的内涵，凸显了儿童生命成长规律的本质。

教师是实施立德树人的关键所在。学校文化就是师生生存和生活的方式。星河实小通过核心创想文化引领，聚焦教师团队的生长样态，重视教师一般性素养，更提升教师的创造性素质；重视教师一般性发展路径措施，更关注研究教师特有的成长样态，即以创造为样式的生长样态。教师团队从文化建设中形成共同的价值观，从创想教育价值认知到价值认同，从而形成星河教育集团教师特有的价值行动。星河实小要培植"创造型"教师的特质——慈爱、博雅、敏锐、善创：通过"合作·共生"项目，增强学校各类共同体（备课组、年级组、课题组、项目组）和教师整体队伍成员间的创想融合度；促进教师对学校办学理念和文化的认同感；通过"有光书院""名师工作室"等载体，优化骨干教师、青年教师专业能力；通过机制创生、平台搭建、文化浸润，促进教师的学习力、课程力、研究力、合作力、担当力的提升。

（3）把握三个关键：课程育人、实践育人、整体育人

创想教育育人模式的建构要有系统的思维，要将创想素养导向的儿童课程逻辑、学习逻辑与生活逻辑统一在一起，指向综合育人的实践路径。

第一章 创新素养:每所基础教育学校的应有使命

一是站在"素养导向"的高度来设计创想课程。

创想的教育需要创想的课程。星河实小围绕"每一个孩子都是银河中闪亮的星星"这一理念,以"培养具有世界眼光、中国情怀和创想素养的当代少年"为育人目标,站在整体育人的高度设计儿童创想课程:第一,做到了学生核心素养与创想的关键素养(好奇心、想象力和创造力)培养的融合,提出了"端行、好学、健美、乐创"的星河学子形象特质;第二,从学习科学的三维视角(科学认知、科学方法、科学精神)建构核心课程群、协同课程群、支撑课程群之创想课程群落;第三,从解决问题的创想学习角度变革学习方式,低段侧重游戏化学习,中段侧重问题四驱学习,高段侧重混合式学习;第四,以指向素养导向的情境化、指标化、数据化的课程评价改革为杠杆,并从儿童化的课程环境、弹性化的课时设置、个性化的星式课堂、数字化的技术支持入手,紧密结合课程育人目标,将教学模式的变革落实到课程实施的具体实践上,从"规定式的课程转变为融合式的课程、单科推进到复合式课程群、书本的静态知识转化为动手动脑的实践课程"三方面来落实创想课程的实施。儿童创想课程是做、学、思、创、行五位一体的课程,是基于儿童学习起点的生态性、儿童学习知识的复杂性、儿童学习过程的关键性、儿童学习系统的开放性的课程。

二是站在"实践育人"的深度来构建创想社区。

儿童创新精神与实践能力的培养不仅仅是学校的使命,更是家校社的共识。星河实小让95%以上的家长都到学校里来当创想课程的导师。星河实小于2014年1月成立了FSC(family,school,community)联合会,2017年又开启了儿童创想社区,主要是解决当代儿童被"圈养"的教育现实问题,解决儿童品格培养在学校、家庭、社会之间相对封闭的问题,解决儿童品格教育在时代洪流中相对乏力的问题。学校建成了36个主题课程馆,让孩子随时可创想、随处可创造;学校还开辟了33个校外课程基地,每月组织一次野外课程,让孩子在大自然中做学玩合一、思创行一体。同时,为了让社会各界参与到儿童创想社区的建设中来,学校开启了星期五计划和星期天计划,让1+1+1>3,让学校成为美好事物的中心,让全社会成为儿童的成长校园。星河实小是一个没有围墙的学校，是一所没有年龄界线的学校。

三是站在"整体育人"的厚度来设计创想生活。

变革管理机制意味着开启儿童创想生活。新学校发展联盟、中国创想教育联盟、创新型学校联合会……更多的组织、学校加入儿童创想教育的合作中。基于儿童成长序列设立的青苹果学园、红苹果学园、金苹果学园，让学与教的变革更加贴近儿童。校长室、教务处、总务处等行政部门被撤销，儿童创想教育研究院全面建立，共同体管理机制得到完善，这样的组织架构为儿童创想教育的研发和实施形成共同体磁场，让自由创想、自我约束和相互促进、互助共赢成为主流文化。探索条块分合机制，建立经纬之间积极、双向、有效互动的创生式运行机制，为儿童创想教育的实施提供保障。儿童在学校学习就是一种生活的体验。学习组让星河儿童发现问题、提出问题、分析问题、解决问题，这成为创想学习的常态过程。朋辈圈的生活可以让儿童寻找同伴、生长想法、唤醒自我，孕育出混龄同伴的关怀之情。这让儿童的成长与班集体、项目组、学习组、角落群的成长相伴，让儿童能协同学习、共同生活，建构自己的学习系统，在学会共同生活中找到自尊和归属，经历适合自己的创想生活。

在小学六年的旅程中，学校肩负着回答钱学森之问的使命，不断建构并践行着儿童创想教育的育人模式。儿童创想教育是实现每一个儿童自由而全面发展的教育，让人从自然、社会和自身中获得解放从而实现对自己本质的全面占有、丰富和完善；儿童创想教育的最高境界是促进儿童创造力的发展，增强儿童求知欲、好奇心，使其有敏锐的观察力、判断力和创造力。从小学六年抬头看儿童教育的未来六十年，每个教育人须以百年的使命与担当为中华民族的伟大复兴而奠基。

第二节 重新回归面向未来育时代新人的教育面孔

福禄贝尔在《人的教育》一文中提到了教育和生活的联系,他特别强调:"儿童拥有探索外部世界的'迫切愿望',从而获得外部世界和自身内部的一种'统一',即迅速成长的精神的联结和法则。""通过这些联结和法则,这些事物至少可以获得生活的意义和生命的意义。"

一、价值线索:"人"的启蒙与"心"的打开

小学是整个童年生活的重要载体,小学生活的珍贵在于它是人生一个极其宝贵的、特殊的生命周期,它在人盛放的一生中开启重要的时光。童年应该专注"人"的启蒙、"心"的打开,它是实现儿童生命种子和基因的两全其美阶段,是为生命的前途和远景而储备下的宝贵"线索"。

1."人的启蒙":发现儿童的密码

儿童是怎样的?玩童、丸童、完童——我们发现了他们的三种不同的角色密码。首先他们是"玩童",玩是孩子的天性、游戏是孩子的兴趣,玩童意味着让儿童获得自主的发展;其次是"丸童",提到"丸",你会想到九花玉露丸、六味地黄丸等等,"丸"个头虽小但蕴含着极其丰富的潜能,意味着他们拥有无限的可能性;再次是"完童",即让儿童获得智慧的培育、人格的涵养、潜能的激活、创造的呈现,以及幸福完整的成长。

2."心的打开":开启创造的密码

儿童一到两岁秩序感出现;两到五岁"他心想象"出现。科学研究表明,人类在长期演化中,有两种记忆被保存下来,一种是"语义记忆",一种是"场景记忆";脑科学告诉我们,创造性思维所激活的,恰恰是儿童自我意识、他心想象和场景记忆这三种功能所在的脑区。本着对儿童的认识

与理解,同时顺应儿童的成长规律与特性,星河实小试图去打造一所属于儿童生命成长的"玩校",通过上与下的对接、里与外的呼应、快与慢的控制,努力为学生的创想力培养提供最佳的场所,从而构建好玩的课程、创造好玩的课堂、创生好玩的生活,让学校的每一个角落时时刻刻都能让学生萌发学习的意识与行为,充满儿童的风景、儿童的气息。

3. 价值归属:认同文化的密码

帕默尔曾说,所有真实的生活在于相遇。教学就是无止境的相遇。物随心转,境由心生。儿童的全纳性、发展的全人格、成长的全场域,意味着如今的学校文化是一种全息时代的文化,这些都为学校环境文化的生成提供了依据。优秀的学校文化,其本质内涵是一种理念、一种气质、一种精神,其外显形象是一种引领、一种特色、一种品牌。学校文化之根首先是一种价值观的选择,即对学校所面临的多重文化价值观进行澄清与重构。正是基于这样的思考,有了"第四个苹果"——"星河的苹果"的诞生。第一个苹果诱惑了夏娃,让人类走出蒙昧;第二个苹果击中了人类最具智慧的头颅,让牛顿发现了万有引力;第三个苹果握在乔布斯手中,给人们设计了一个全新的感知世界;第四个苹果正在创生,那就是"星河的苹果",一个拥有独立个性、大胆创想、独特创造、放眼未来的创想苹果。

二、童年秩序:用"创想"理念托举理想追求

用"创想"理念来托举童年的理想追求,用"生活"的场域来孵化教育的味道。星河实小寻找和童年相适应的、匹配度更高的课程内容和方式,搭建舒适度、自由感、成长性更高的生态环境和符合游戏精神的童年秩序,让儿童从小感受生活之美好、有趣、蓬勃,从而成为积极而明亮的小小健康生活家、小小科学生活家、小小语言生活家、小小艺术生活家、小小智慧生活家。

"儿童创想家"既是目标指向,也是静态环境,又是动态育人。一是指育人的目标,以"儿童"为原点,以"让每一个儿童成为美好生活家"为旨归;二是指育人的场景,班级就是一个充满美感的儿童之家,儿童在这里

自由、自主、自愿地生活、学习、交往、活动,各取所需,自由交流,舒适自在;三是指育人的策略,儿童在自然的、美的生活环境中,在探索的过程中获得具有丰富意义的、完整的生活和学习经验,体验多种情感,积累知识经验,习得多种技能,发展多方面能力。

教育与生活的深度联结是儿童身心和谐发展的重要保障,无论是人格、性情、智趣的形成,还是行为习惯和思维方式的生成,童年都为整个人生起着奠基的作用。当儿童拥有自由的心灵时,其思想的疆域非常开阔。童年时代的孩子最该追求的并非是知识,而是对生活的好奇、想象和幸福感,是带着幸福感去生长,个性化和有创意地生长。

第三节 重新回归到儿童学习的本质特点

从第三次全国教育工作会议明确提出"坚持教育与社会实践相结合,以提高国民素质为根本宗旨,以培养学生的创新精神和实践能力为重点"到现在已有约 20 个年头,但是在学校层面始终没有形成具有结构性、系统性、可操作性的解决策略与路径。《国家中长期教育改革和发展规划纲要(2010—2020 年)》的颁布再次明确战略主题重点是"重点是面向全体学生、促进学生全面发展,着力提高学生服务国家服务人民的社会责任感、勇于探索的创新精神和善于解决问题的实践能力",这为学校育人模式的建构再次明确思路与重点。

一、幼态持续:每个人心中都藏着创造的能量机

"幼态持续"这一词语由美国生物学家斯蒂芬·古尔德率先提出。他和许多其他杰出的进化学家都指出,幼态持续是人类进化的核心特征,并一直在推动世界各物种的进化。所谓"幼态持续",其含义是"一个物种的

幼年特征一直保持到成年"。幼态持续是中国先哲早在两千多年前就倡导的。孟子有言："大人者，不失其赤子之心者也。"明代学者李贽也有著名的"童心说"。据科学家统计，很多有着伟大成就的人常常童心未泯、行事天真，有着一颗赤子之心，始终有着好奇、顽皮、热心、无畏、热情的品质。在"幼态持续"与领导力的研究中，领导者具备适应能力之重要品质。适应能力包括五大要素——危机感、坚韧、从经验中学习、好奇心、创造力，而这五大要素几乎都能因"幼态持续"而加强。

赤子之心是"幼态持续"的体现，最明显的特征就是拥有无拘无束的好奇心，而这无异能促使人们从经验中学习、在现实生活中观察、在问题解决中激发创意。我们都怀念幼年，因为幼年意味着快速成长、活泼有趣、天真热诚、无所畏惧、精力充沛。"幼态持续"是推动进化的引擎，可以让我们的一生像孩子那样，有着敏锐的观察力，从而能快速地洞悉问题、发现人们的需求，也能像儿童般拥有旺盛的学习力与创造力，能在实践中不断进步。

"幼态持续"还让我们像孩童那样具有较强的"自愈力"。时代的超速发展、社会的纷繁复杂，让我们很容易受伤，因而"幼态持续"格外重要。韧性强的人拥有三个明显特征：冷静接受眼前的事实；在艰难时期依然能找到生活意义；有惊人的临时应变能力，擅长利用手中的一切资源。同时，"幼态持续"能通过锻炼大脑与肢体反应能力，多方位从生理上增强人的身体机能。如果创新人才永远充满活力与好奇，相信这个世界会像一场无尽的盛宴，充满着奇妙之事。

二、成长关键期：6～12岁儿童学习品质的培养期

童年期是创造力发展的关键期，创造力的塑造不是一种单一刻意的训练，而是意识与无意识协作的产物，更是一个系统的整体关联，那就是儿童的兴趣、动机、实践、人格以及非智力因素等的培育。在这种互动关联中，儿童的感知力、观察力、记忆力、思维力、表达力与兴趣感等产生聚合，形成聚合力量，为解决问题找到新思路、新方法提供了帮助。

第一章 创新素养:每所基础教育学校的应有使命

对不同阶段创造力的研究表明:2~6岁是人类大脑细胞生长和发育、神经联结发展最迅猛的时期,是儿童创造动力萌发、个体创造人格的发育以及创造性思维、创造性行为发展的关键期。8岁以后,儿童在环境潜移默化的影响下,变得"乖巧懂事守则",按照成人更加期待的方式做事行动,以此来适应社会规范的要求,同时也会出现创造力在这样的规训中变弱的现象。以下梳理了国内关于创造力发展趋势的研究:刘桂荣通过研究发现小学生创造性思维的发展随年级的增长呈上升趋势,在四年级时创造力高速发展,五六年级进入平稳阶段;薛荣对小学生创造力倾向进行研究,发现小学阶段随着年级的升高创造力发展呈倒V形发展;托兰斯(E. P. Torrance)认为儿童青少年的创造力在四、七和九年级下降的原因之一是为了与同伴保持一致,从而抑制了发散性思维和创造力的发展,而我们要做的就是通过各个要素的积极影响,促进小学生创造力向好的方向发展。

科学研究表明,儿童创想力在1岁时达96%,如不加呵护培育,10岁时只剩4%。6~12岁是儿童好奇心、想象力的敏感期与活跃期,但是统一化与标准化的课程,单一化与被动化的学习,重视书本知识而忽视实践能力、重视题目训练而忽视儿童的好奇与想象培养等现象,使批判性思维被边缘化。钱学森之问依然还是未解决的难题。最新的学习研究越来越关注好奇心、想象力、创造力等因素对学习和人生的作用,这些研究中的核心要素转化到3~12岁的儿童学习中,就体现为学习品质。它们为早期学业能力发展奠定基础,从而促进未来学业能力的获得,而学业能力的提高反过来又影响学习品质。这种相互影响使得学业能力的个体差异持续增大。

为学习品质培养寻求突破的实践路径。以往的教学改革比较关注教学方式的转变与革新,但学习品质为我们提供独特的视角来看待每一名学生运用学习能力"有效"处理不同类型的学习任务。世界学习科学发展委员会研制的新版《人是如何学习的》跨越整个人生发展阶段,认为人生阶段的前十年尤其重要,学习品质需要尽早奠基。学习品质可大致分两类，一类是表现为好奇心、探索欲、想象与创造等，引发主动性的学习品质，另一类是表现为以自我控制为核心的专注、坚持性、计划性、独立性等。学习品质是可以在学校教育情境中得以发展和培养的，是后天中高阶思维培养与深度学习的根基，3～12岁正是这些学习品质萌芽、奠基的重要时期，12岁之前培养儿童这些学习品质显得尤为重要。

中共中央、国务院印发的《国家中长期教育改革和发展规划纲要（2010—2020年）》指出，要"优化知识结构，丰富社会实践，强化能力培养，着力提高学生的学习能力、实践能力、创新能力"，这为学校生活的建设指明了方向。全面提高学生素质和创新能力，既是新时代教育的中心坐标，也是学生个体发展的目标。因此，要基于"学习"的本质和"学习者"的需求，通过课程体系的构建与实践方式的创新，最大限度地为学习品质的培养寻求突破的实践路径。

第四节　回归到基础知识基本技能与创想的关系

基础知识是个人发展的基础，改变世界的工具。小学阶段是掌握基础知识的关键时期，从创新能力养成的角度来看，基础知识的学习生活，可能会产生如下几个方面的影响。

一、有结构的双基是儿童创造性思维培养的基础

各个领域的知识对创造力有着重要的影响，掌握大量知识是进行创造的必要条件，基础知识学习对思维发展的影响是基础性的。我们要把握好三重关系：

1. 要理清两者的关系

只有掌握了扎实的基础知识才能创新，同时也只有培养学生具有创

第一章 创新素养:每所基础教育学校的应有使命

造性思维,他们才能深刻理解基础知识的作用,把知识学活。创新能力的培养首先是创造性思维的培养。中小学的教育是给学生打基础,这里的打基础不仅是指掌握基础知识,而且包括培养基本能力,其核心是培养创造性思维。我们不能要求中小学生有重大的发明创造,但可以要求学生能创造性地学习,并且要培养他们的创新意识,使他们认识到世界是发展的,人对世界的认识也是在发展的,因而知识是在发展的。

2. 要找准两者的定位

创新意识是要从小培养的,要让学生从小就有一种探索精神,凡事问一个为什么,从另一个角度思考、用另一种方法解题。从小有了这种创新意识,长大了,成熟了,掌握的知识丰富了,他就能够在事业上有所创新。我国基础教育有着优良的传统,应该继承和发扬扎实的双基教学传统。但是基础教育的实际工作却有严重的不足,就是不重视对学生创造性思维的培养,特别是受到考试干扰,处处都以标准答案为准,这就抑制了学生的创造性思维。长此以往,养成唯书唯权威是从的思维定式,怎么能适应知识经济、创新时代的需要呢?因此,改变教育观念,把传授基础知识和培养学生的创造性思维、创新意识结合起来,是教育界的当务之急。

3. 清晰两者的匹配

创造力也受制于知识掌握的状况,掌握大概念、大观念、结构化、体系化、策略化的知识有利于儿童创造力的发展。让老师从传统教学向知识建构教学发生可持续的转变,也是我们一直关注的问题。老师们需要什么支持?转变过程是怎样的?怎么建立互相支持的教师共同体?教师如何提升学生知识建构的总体规划能力(包括怎么理解课程,课程单元怎么开始,怎么导入教学,希望学生经历什么样的学习过程等)?如果在每一堂课、每一门学科中,学生都创造性地思考、创造性地写作、创造性地解决问题,那么创造性思维和创造性能力也就融会在学生的学习过程中了。创造性思维可以专门培养,但更多的时候是融会在课堂中自然展现出的学生发展。所以,知识建构与知识创造在核心过程中是共通的。主动的知识建构学习为未来创造性地解决问题做了很好的准备。

二、儿童双基积累方式影响着创新素养的培养

基础知识学习对思维发展的影响是基础性的。建立在基础知识上的创新行为的成败部分取决于记忆中有关信息的多寡。能真正让儿童产生深刻记忆的不是机械的、单一的训练,而是来自对语义的理解和对相关场景的经历及体验。语义记忆和场景记忆更容易让儿童提取记忆中的信息,创新能力的养成也依赖于此。

因此基础知识、基本技能的习得方式对儿童创新素养的培养起着至关重要的作用。僵化而零散的知识传输,只会造成被教育者的基础知识积累的混乱和僵硬。借鉴较有代表性的协作知识建构过程要素、创造思维认知过程,在各个学科以知识为载体,通过设计打开问题箱—形成意义协商单—知识建构环—素养集成箱这样的"四段式"知识建构学习活动:这四个阶段全面贯穿了准备—酝酿—顿悟—验证的创造性思维认知过程,并强调个体知识建构、组内知识建构、组间知识建构的迭代循环。

这样的双基习得过程,积极影响着思维的发展,特别是联想思维的慢慢成型。它能够让儿童较容易地寻找相似模块,将一种事物的形象与另一种事物的形象联系起来,探索它们之间共同或类似的规律,发现它们之间相似、相近或相反的属性,从而解决问题。联想思维是创新思维的翅膀,联想越广阔、越丰富,就越富有创造、创新能力。联想可以将两个或多个相似、相近或相反的对象联系起来,从中受到启发,发现未知,做出创新的选择。

三、沸腾的兴趣对创新能力培养有深远的影响

杜威认为兴趣有三种意义:其一,"活动发展的全部状态",指个体全身心地投入活动发展的全部过程中,以此获得整个过程的经验;其二,"预见的和希望得到的客观结果",这是在动机方面提出兴趣爱好活动;其三,"个人的情感倾向",指个体的心理态度倾向使人对一事物保持主观上的旺盛的好奇心等态度。

第一章 创新素养:每所基础教育学校的应有使命

1. 让儿童有兴趣地生活是创新之源

培养儿童有兴趣地生活,会影响儿童的活动状态与经验的获得,进而影响创新能力的养成。小学阶段儿童创新能力的培养不是一个单纯训练的过程,而是始于学生兴趣、源自学生丰富的生活。小学生活时期是积累基础知识的有效期,实验、画图、摄影、艺术表演、手工制作、游戏等活动,是小学生以基础知识为基础的创新能力常见的表现与发挥途径。有趣味的生活也能促进儿童有动力去获得扎实的基础知识,更能将基础知识、基本技能应用于日常生活中,运用所学去解决生活中的实际问题,促进创造性品质的形成。

2. 让儿童在兴趣中生活是创新之干

儿童每天在充满兴趣的生活中,会不断对新事物、新问题产生好奇,催生追求,激发想象,促进思维的发展和创造性行为的发生。爱因斯坦曾这样描述自己的思维过程:"在我的思维过程中,书面的或口头的文字似乎不起任何作用。作为思想元素的心理的东西是一些记号和一定明晰程度的意象,它们可以由我随意地再生和组合。这种组合似乎是创造性思维的主要形式。它进行在可以传达给别人的、由文字或别的记号建立起来的任何逻辑结构之前。"在兴趣中生活的过程就是儿童借助图像、形象刺激创造脑区的过程,也是激发儿童通过想象、设计、探索解决新问题的过程。

3. 让儿童为兴趣而生活是创新之旨

在培养充满兴趣爱好的生活方面,我们需要充分发挥杜威"心态、过程、结果"三方面合一的作用,为各个学生在兴趣、天赋上自由地发挥提供各方面的支持。在学生个人的思维上,高兴趣感地参与能增强学生的好奇心、想象力,提升发散思维、形象思维与非逻辑思维等能力。学校通过有效的支持,使一些自发的、偶然的创作创造动机转变为有意识的、主动的创造结果,让小学生活从学生的兴趣、爱好、身心等全部方面、角度出发,竭尽所能地给予儿童最优良的成长环境。从生活中来,从生活中学,不着痕迹地给予适当指引。

第二章

天赋自由：每一个儿童都是永远的创想家

第一节 让儿童的天赋自由

一、儿童是永远的创想家

1. 儿童创想家的内涵

何谓儿童创想家？儿童创想家有三层内涵：其一，儿童创想家是指小学阶段的儿童形象之体，创造性是人的天性，创造性体现在人类生活的方方面面，儿童是天生的游戏家、无处不在的生活家、美妙的小画家、好奇满满的探索家、匠心独具的艺术家、奇思妙想的发明家，是永远的创想家。其二，儿童创想家特指小学阶段创新人才早期培养之体，将创新人才或创新思维的培养对象扩大至整个学生群体，将小学的创新人才培育首先定位于日常创意（"小C"）及创新思维、创新素养（"中C"），而非直接指向创造性成就（"大C"）；其三，是面向大多数常态儿童的创新素养提升和面向超常儿童（天才、英才、资优儿童）群体、关注个人创造性思维的可塑性能力的创新教育载体（如图2-1所示）。儿童创想家是基础教育回应国家人才战略需要相关性即为中国创新人才培养而奠基；同时又有所差异，即小学阶段与其他学段有着不一样的使命，那就呵护好奇心、培养想象力与创造力。

小学阶段的拔尖人才培养的实质是拔尖创新人才的早期识别和培

第二章 天赋自由:每一个儿童都是永远的创想家

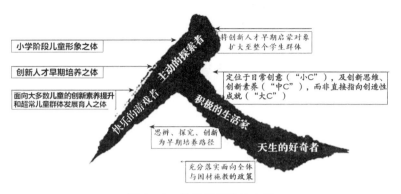

图 2-1 儿童创想家的内涵

养,这是一个非常难的课题,即使在国际上也没有统一的评判标准。国内外对拔尖人才的界定主要基于创新型人才应具备的心理品质和人格特质。国内学者钟秉林、董奇的研究认为,创新人才是指以人的全面发展为基础的,具备创新意识、创新精神、创新思维和创新能力并能够取得创新成果的人。借鉴以上观点,厘定小学生创新素质为如表 2-1 所示的五个方面。

表 2-1 小学生创新素质

目标		指向创新意识、创新精神、创新思维、创新能力、创新人格的启蒙
育心励志启思	科学报国情怀	埋下有家国情怀、人文情怀、世界胸怀的种子,传承弘扬中华优秀传统文化,成为有理想、有本领、有担当的时代新人
	扎实学科基础	在学科交叉、科教融合、跨学科课程体系的学习中,有效地参与跨学科学习和积极进入创想实验室等参与创新实践,学以致用
	科学研究能力	① 逻辑能力,包括演绎逻辑和归纳逻辑;② 言语能力,即分析、解释、评价、批评和论证建构的能力;③ 计算能力,能约简、嵌入、转化
	发明创造思维	① 设计思维,以最终产品为导向寻找解决问题的方案;② 创造性思维,能够针对一个问题谋划出多种解决方案;③ 批判性思维,善于从多种可能的路径中找出一条最佳路径
	健康心理素质	① 抗压能力好,情商发育好,懂得如何与他人交往;② 悦纳自己,群体适应性强,有良好的意志品质,会调节情绪,有合作能力

21

2. 儿童是大自然的杰作

每次晚上回去,心里总是盼望着楼道里的灯是亮着的,盼望一盏明灯,在漆黑的夜里给人一丝温暖、一丝家的温馨。然而,伙伴们总是十分节约,每每回去,灯十有八九是关了的。每当早出晚归的时候,每当夜深人静的时候,在慌乱的黑暗中开那一道道的门始终要试上很多次。到了新学校,校园里装了许多的路灯,唯独车棚里没有,有时实在晚了,来到车棚还没靠近车,突然两只硕大的野猫已仓皇而逃,留给我的是心惊肉跳,黯然神伤。

调皮王陶子给我送了一个神秘的礼物,打开一看,原来是一个心形的钥匙扣,小巧但显得有点粗糙。陶子乐滋滋地告诉我他学了编程,于是用 3D 打印做了一个微型手电筒,我非常喜欢,如获至宝!钥匙扣里还有一个小电灯,可以当手电筒。陶子为了让我明白原理,还特意示范了几下。看他样子,真有点爱不释手。我问他:"那你这么喜欢,送给我,你怎么办呢?"他故作潇洒地说:"没关系,以后还可以再做的。"

他郑重地告诉我:"庄老师,有了这个手电筒,先往车棚里照照,野猫就会自己逃走了。"这个孩子,我本来无意中讲给搭班的老师听的,他居然记在了心上。

这个钥匙扣已经伴随我很多岁月,风雨无阻,在黑暗中给了我许多的力量,拿在手里,心中便踏实了许多许多……

它如一盏明灯,久久地点在我心里,照耀着我,伴随着我,在我黯然神伤时给我一丝希冀,在我粗暴急躁时给我一丝冷静,在我困惑彷徨时给我一分清醒……

"儿童是大自然最美好的杰作。"他们的起点非零,拥有其自身发展的全部,凭借与生俱来的语言的、思维的、学习的、创造的本能,激发起无限的潜能。儿童是天生的学习者,是教育教学中最重要的学习资源。要相信每个孩子都有自己与生俱来的天赋,也许他学习不理想,也许他看起来

第二章 天赋自由:每一个儿童都是永远的创想家

不是那么出类拔萃,但是要坚信他一定有自己独特的地方。每个孩子都可以很优秀,没有什么比让孩子拥有温馨幸福的爱和回忆更重要,真诚的充满智慧的爱会成为孩子有所成就的根本原因之一,爱会让孩子充满自信,会激发孩子无穷的潜力,同时这份幸福也能相互传递,并温暖着你的每一天。

3. 儿童是天生的好奇者

为什么能够站稳的都是立体图形?我们能想办法让平面图形站稳吗?(苏畅)

七巧板中为什么没有长方形?(庄振轩)

为什么一般的书都被设计成长方形的?(王皓天)

为什么正方形对折后能成为两个完全一样的三角形,而长方形不能?(周轩羽)

为什么有两个条件就可以提出一个数学问题?(姜雨桐)

最大的数是多少?有最大的数吗?(王毓琪)

数有很多很多,我们能学完吗?(刘易知)

妈妈说有负数,负数是比 0 还小吗?那怎么可能呢?要这样的数有什么用呢?我怎么也写不出比 0 小的数。(孙宁)

刚进一年级的小伙伴们,一下子提出了这么多的问题。虽然孩子的个子不高、力量不大、见识不广、经验不多,但是每一个孩子都有天生的好奇心,每一个孩子都是独特的生命体,每一个孩子都是天生的学习者,每一个孩子头脑中都有十万个为什么。儿童眼中的世界跟成人有很大不同,因此理解也会不同。在孩子的世界中,成人和孩子的心灵是平等的。因此,不是孩子去理解大人,而是大人要放下自己的身段去理解孩子。从孩子的视角看世界,我们就知道为什么孩子对有些事情那么害怕。从孩子的视角看世界,我们还能发现许多被自己忽视和忘却的美好。

4. 儿童是快乐的制造者

老师,六一节快乐!各个班级从 5 月 30 日就已经开始准备了,有的学生自己设计活动方案,有的学生自己收集活动材料,有的孩子自己申报活动承办者,有的孩子回去动手做道具(如有的游戏活动用的鱼、踩的气球、过五关斩六将的知识卡等等),孩子们做起这个来可高兴了。为了自己的鱼与众不同,孩子们还上网、到书店买书,画的画,贴的贴;为了收集知识竞赛的资料,孩子们看《幸运52》《综艺大观》等查阅了许多"为什么"!我刚到办公室,久候在此的学生一起说:"庄老师,你快去,我们有礼物送给你!""哇,你们的节日,居然送礼物给我?"在孩子们的簇拥下,来到班级门口,随着"1、2、3,哇",孩子们喷出彩条、彩粉,我的身上、脸上、头上都是,做新娘子时都没如此过,孩子们真是给老师意外的惊喜!

儿童对世界的洞察是整体的,不是把世界分解成一个个独立的部分。在儿童的学习过程中,儿童会借助身边的场景还原探索的情境,正因为具有这一思维特点,儿童能较快地获得知识。没有不热爱这种学习方式的孩子,他们的能力在身、心、灵全面释放中迅速提升,在成人有效的启发引导下,通过动作、语言、联想创造、音乐等多元整合的课程,整体把握了属于他们自己的儿童世界,从而展现出了真实探索世界的自我。

5. 儿童是不断的探索者

常州的天宁宝塔建成后,数学老师在创想数学网站上开发了微型课程"天宁宝塔之谜",其中涉及了一个有趣的问题:为什么天宁宝塔的塔高是153.79米?原来数在我国还被赋予了哲学的意义:奇数代表天,为阳数;偶数代表地,为阴数。塔的层数是向天发展的,所以用奇数;塔的平面是向地面展开的,所以用偶数。153.79米是所有奇数的巧妙组合,是当之无愧的全国最高佛塔。这种环境下的探究让孩子们学得津津有味。

在这个问题探究后,在我们的学习平台,紧接着又呈现了许多崭新的问题与探究课题:① 优美的自然数回文数;② 你知道十全数吗;③ 数学中的爱情:联姻数;④ 无与伦比的美丽:完美数;⑤ 数学中的伴侣;亲和数;等等。这些形成了一个个数学课题学习的问题链,更形成了丰富的数学课程资源体。

从天宁宝塔到生活中有趣的数,从蜿蜒的海岸线到动物园的游园路线,从浩瀚的星空到美妙的音乐,从灿烂的花骨朵到飞舞的雪花,背后都蕴藏着奇妙无穷的数学美感与文化。你看,无论是优雅的人体美学,还是成人关注的股票市场,甚至是大年夜大家一起嗑的瓜子、吃的坚果,都呈现出大自然赋予的规律。认识世界要用心灵来感受,世界是多变的,"刷题"只能让学习者陷入一种既定的模式,而永远无法抵达神奇的真实世界。自然、建筑、艺术以及无处不在的生活中都有着创想的奥秘,只有打开这些密码才能让你成为这个世界的主人,掌握整个宇宙的法则,打开世界的面貌。孩子们会在自由自在的生活中寻找探索文化的线索,用他们喜欢的自然笔记、思维导图、便条或者创造等方式记录自己的发现、自己的研究,画下探索的美好,从这些大开脑洞的理论中理解新知,感受规律之美。这是一次很好的体验。

二、儿童是天生的游戏者

一直有着数学界莫扎特之称、13 岁就获得国际数学奥林匹克竞赛金牌的陶哲轩谈起自己的学习:2 岁时喜欢玩积木;上学了迷上符号控制模型,不久由着自己兴趣自由地玩,如设计一个小小的游戏等。可见,在儿童学习发展中,游戏化学习显然具有值得积极探索的意义和价值。

游戏化学习基于学习者对新鲜情境、新奇问题的好奇,将游戏融入常态的学习内容、学习过程、学习方式中,将游戏作为平台与学习者交流,采用互动性、体验性、实践性的方式,使学习者的信息传递过程更加生动、形象、有趣,充满挑战,并将交互元素引入沟通交流环节,让儿童在自在愉悦的场景环境中学习探究,培养儿童的主动性和积极性,发掘儿童多元智能的潜能。

游戏化学习本身可以被视为一种游戏,游戏的产生还会涉及科学、哲学、文学、艺术等等。游戏化学习将需要学习的内容、现有的核心意义和内在价值与游戏机制、游戏思维和游戏心理学相结合。游戏化学习有着丰富的内涵,具体体现在以下三点:

其一,游戏化学习有助于了解儿童的学习差异。游戏精神乃是一种童年的精神,它切切实实地贯穿在儿童的生活、实践与学习中。游戏化学习能增强学习活动的愉悦感、情趣性,是在轻松娱乐中学习;游戏化学习强调"做中学",具有实践性,把动手操作与学习思考相结合。游戏化学习成为教师了解儿童的窗口,能够深层次关照到儿童的思维品质与学习程度,能使教师从中了解儿童的水平差异,提高儿童对学习的亲近度,促进师生之间、师生与学习内容之间的黏合度。

其二,游戏化学习有利于巩固发展儿童学习能力。游戏是儿童生活中最乐于参与的活动,游戏化学习也是表现和发展儿童的主动性与创造性最好的活动方式。游戏化学习让儿童的学习重心下移,丰富对学习内容的体验,巩固刚刚掌握的新行为。游戏化思维优化的学习完全契合儿童的年龄特点和认知规律,是适合儿童的学习方式。

其三,游戏化学习有助于儿童大脑信息加工任务的优化。大脑是一个高度分化的结构,游戏化学习能使不同脑区承载不同的信息加工任务,通过大脑对刺激做出的反应,建立神经元之间的连接,形成学习内容与儿童学习行为信息处理网络和信息存储设备。借助儿童喜闻乐见的游戏活动形式,思维被潜移默化地根植于儿童的认知结构之中。采用游戏化的方式为6~12岁阶段的儿童的学习服务,可激发儿童学习的参与度、融合性、投入感,打开通向儿童发展的绿色通道。

要用课程游戏化精神审视环境,因地制宜、深入细致地加强对儿童游戏环境和材料的研究,制定环境的改造和优化方案,特别是班级区域游戏环境、户外体育与非体育活动环境、校园内自然生态环境,发挥环境的教育功能和游戏价值,真正让学校成为儿童的游戏场、运动场、实践场。

1. 回归儿童,用"游戏思维"明晰儿童生活家目标

"儿童游戏者"也始终将儿童的心灵作为核心,提供建构儿童精神世

界的"工具箱"。在"儿童游戏者"建构中,身体与动作不仅是学习的工具,也是学习要达成的目标。运用感官和动作学习不仅符合儿童学习的特点,同时也会成为儿童生命深处的记忆。这样的学习与生活方式能够唤起儿童原有的专注、坚持、不怕困难、不断探索的学习品质。这一切又形成了个体完整的人格基础。

2. 回归生活,用"游戏活动"设计儿童生活元素榜

自然教育、节气教育、科学教育、艺术教育、文化教育、情感教育、传统教育、现代教育……我们希望看到的教育形态,也许可以在儿童适宜的一日生活皆课程的体验中,找到对应的地方。对于孩子们来说,"儿童游戏者"课程改革的实践意义不是在于获得了一套他人总结出来的知识,而是在他们的内心掀起波澜……"儿童游戏者"是以"回归与还原儿童本真生活"为载体推进课程游戏化,让儿童生活成为一种流畅的、自然的存在,在一日生活中看到儿童浸润游戏,感受文化。

3. 回归本源,用"游戏精神"开启儿童四季成长路

星河实小期待的"儿童游戏者"绝不是回归生活那么简单。学校需要一个更高阶的文化与哲学体系来编制课程游戏化线索,将生活、儿童与教育紧密地结合起来。学校试图沿着文化脉络,将儿童学习与生活的轨迹按照四季变化有序地铺陈开来——春季耕读生活、夏季艺术生活、秋季健康生活、冬季创造生活,期待游戏化课程线索能与民族文化、本土基因相吻合,以唤起每个人内心深处的温暖与感动。

三、用美定义"儿童生活家"

儿童像一颗美的种子,需要有好的土壤、阳光、雨露去滋养、呵护,而生活是最好的田野,班级是最美的育人地带。我们要以审美的意义来构建和丰富教育的意义,充分发挥美育在教育中的指导价值,凝聚精神,引领儿童的行为、优化儿童的情感,抵达一种以愉悦、和谐和创造为特征的文化生长。让生活的包罗万象和生活力的随形而至成为日常的"儿童生活派"。

1. 育人理念:让每个儿童成为美好生活家

2018年9月10日,习近平总书记在全国教育大会上指出:要全面加强和改进学校美育,坚持以美育人、以文化人,提高学生审美和人文素养。童年时代的孩子最该追求的并非知识,而是对生活的好奇、想象和美的启蒙。儿童是带着美感去生长的,是个性化和有创意地去生长的。教育应让每一个孩子正常地生长,获得积极、美好的生活,让每个儿童成为美好生活家(如图2-2所示)。

图2-2 让儿童成为美好生活家

"儿童生活家"的品格为:会发现、愿探索、能共享、会共情、善合作、乐创造。在充满美感性、生活性、自主性、发现性的审美体验中,让儿童学会生活,发展思维,收获自信!引导儿童参与美育实践活动,以美育德,在儿童阶段形成向美的期待、尚美的言行、创美的意识。

"儿童生活家"形象特质为:发现者、行动派、创想家。儿童是一个天生的美学家,用美定义"儿童生活家",回归儿童本源,依托班级这个儿童支架,创构美的场景,采用自然性方式,将其融于儿童生活,注重身心灵合一的过程体验,让儿童从小感受生活之美好、有趣、蓬勃,成为小小健康生活家、小小科学生活家、小小语言生活家、小小艺术生活家、小小智慧生活家。

以上的设计是基于三个方面的思考：

第一，儿童普遍缺乏最基本的美的常识。很多孩子对美的敏感度没有得到应有开启。在调查6～12岁的孩子时发现，三点一线、单一、机械的学习生活让孩子的成长变得单向，对美的感受度、体验力比较浅层。

第二，儿童对生活美感创造的表现力较弱。当父母对孩子的成长要求指向成绩的时候，无论在家庭环境中还是在班级场景中对孩子审美观点、审美能力的形成、发展具有制约性，会在孩子早期教育中忽略了美的启蒙。

第三，儿童美的启蒙与生活体验联结度不强。班级的美育行动大多由美术、音乐课的习得而产生，而没有将美育置身在儿童集成与共享的生活行动过程和内在的心智过程协同和转换中。

对此，学校努力建构着更美丽的教室空间，让每一个儿童都获得美的熏陶；营造蓬勃向上的成长样态，让每一个儿童都拥有美的生长，让儿童从小感受生活之美好、有趣、蓬勃，成为美的儿童生活家。

2. 发展目标：向美力行的整全育人

（1）总体目标：期望培育儿童"自我认知""关系建立""行为抉择"三大核心能力，形成以"儿童美的成长"为核心主题、以儿童人格臻美为目标的班级，从而凸显儿童在课程中的主体地位，建构价值与美的意义，形成家庭、班级、师生对以美育人的价值认同，引领儿童美的成长，让儿童成为独特而精彩的存在，这就是"儿童生活家"的价值旨归。

（2）具体目标：

① 儿童成长目标

a. 美的发现者：儿童能够用美的眼光去发现自然之美、社会之美、他人之美，用美的心态去对待身边的事情。

b. 美的行动派：儿童能够对新鲜事物继续保持好奇的心态，在不同的场景中去体验美的存在，通过实践去实现身心脑灵均衡发展，形成健全的人格，最终释放天赋潜能。

c. 美的创想家:儿童在不同阶段有自己的兴趣爱好,能够选择自己的特长进行深度学习,并尝试着创造美的事物。

② 家校社共育目标

创生"一体两翼、四轮驱动"的方式,以"儿童为主体"、以"游戏精神、完整生活"为双翼,以"教师、家长和儿童共同成长"为引擎,以"场景、经历、组织、成长"为四轮,让儿童生活家美好生长。

让班级成为"儿童生活家"最美好的起点。班级是儿童品格养成的重要基地,通过打造"童声绘""糖果屋""滴答谷"三个美育实践场域,立足儿童视角,培养儿童品行,磨砺儿童行为,凸显整体构造之美,使一方教室成为万物关联的生态林。

让家庭成为"儿童生活家"最自然的地方。在儿童美学启蒙教育行动中,通过开展"家校合伙人"行动,以"联通、联合、联众"为渠道,凝结家庭、社区等园所共同体的力量,从"家"到"人"再到"家园",在共享共进中,让资源不断升级,为教育注入续航力量,从而唤醒家庭美的教育。

让社会成为"儿童生活家"最真的土壤。让社会成为儿童的成长资源,凝心聚力共同促进儿童品格提升,进一步拓展校外实践活动的类型和内涵,不断完善共育资源库,这彰显着促使儿童品格内化的协作共育之美。将儿童的审美启蒙教育纳入体验过程、自我认同和建构过程,为孩子的美好生活奠基。

3. 实践策略:用连续体构以美育人共生圈

儿童是"天生的学习者""天生的活动者""天生的艺术欣赏者",是世界的探索者和发现者。结合孩子们的实际情况,组织让孩子们回归"生活""体验过程"和"现场学习"的教育活动,为孩子们建立一个"美的课程",进行具体的实践建构:

(1) 美的启蒙:打开教室里的"空间美学"

一方教室是整个童年生活开启的载体,班级时光的珍贵在于它是人生一个极其宝贵的、特殊的生命周期,它是盛放的一生中重要的童年开启阶段。将"生活为源、体验为本、整合为系、自主为魂"的建设原则融入班

第二章 天赋自由:每一个儿童都是永远的创想家

级场景,打造"儿童生活家"场域。

a."童声绘":培养儿童合理的表达力

师生一起创设温馨、有趣、以绘本为主题的班级环境,为儿童开辟了"播播站"板块。儿童是这个板块的播客,一个个"童声绘"二维码中藏着斑斓的童声。一个儿童就是一扇窗、一个故事。当这扇窗被打开,当这个故事被听懂,就会有一处美在窗口展现。学生在充满空间诗学的场景中,被每天的播报艺术熏染,从项目化课程到课程博览会,处处承载着儿童视角的"艺术生活",彰显着儿童"生活世界""体验历程""童趣意味"和"美的历程",孩子们积极参与,敢于表达,乐于展示,进行心灵交流,学会爱自己、爱他人、爱社会。

b."糖果屋":培养儿童合性的体验力

要使儿童感受大自然的美丽,学会欣赏美丽的大自然,体验人类对自然美的美丽启示,学习分享美,在分享中体悟大自然与美的关系。采用"儿童事件""儿童故事",形成美学启蒙素材资源;基于儿童生活、儿童经验、儿童立场,使抽象的教学变得形象、生动、接"地气",变得可亲可近可学可乐。以班本课程"糖果屋里的纸美旅行"为例:五个主题与生活紧密关联,来自生活需要,在生活中进行,随生活而不断生发。学校基于生活,基于儿童的已有经验,满足儿童审美需求,关注儿童成长的方向、规律、节点,结合时间季节、节日活动、社会活动、儿童的兴趣爱好,通过审美化的主题课程以及审美化的课堂创见,经过精心设置生动的审美对象,遇见心动的审美活动的发生,使课堂的美学化设计和美学课程得到延续和发生。

采用经验性认知→情境式体验→结构性原理→建构化内化→内生式创造,变外部"嵌入"为学生的内在"契合",用适合儿童的方式,丰富审美体验,培养审美情趣,推动审美生成,增容审美现量,激发审美创造,让每个孩子都成为美好的自己。

c."滴答谷":培养儿童合情的想象力

用时间线索来开启儿童的阅读,在阅读中放飞美的想象。每学期初,和孩子们一起制订学期阅读计划:班级里每月共读4本书、个人实施每月阅读打卡计划。班级的孩子们利用课余碎片化时间进行阅读分享,借助阅读笔记、阅读流程图或者阅读视频等工具,分享给班级的同学。在分享的过程中,孩子的倾听力、感知力得到训练。同时每月也开展"图书推荐会""课本剧表演"等活动,让儿童每天都在诗意的光芒里孵化温暖人心的力量。这里既是儿童成长的环境,更是儿童成长的现实、历史和心灵的记忆,它让儿童成为臻美"生活家"。

(2)美的经历:设计生活里的"臻美旅行"

美学话语蕴含着意义阐释的生活志趣,儿童美学重构的是对人的现实关怀。试点班级基于班级、学校、基地的场域资源,通过开启儿童的100种审美经历,培育儿童的审美人格、创造性人格、责任人格等等,真正彰显立德树人的价值意义。通过对"生活的美学"的建构,使美育、美学真正成为能够作用于生活本身的力量;通过儿童美学发挥美育的顶灯效应,让美育芬芳儿童的生命,让生命因美而充满情趣。

学校设计了四条实践线索:

线索一:根据个人审美倾向菜单式自选。每学期将依据儿童需求,推出个性化体验菜单。有"各行各业"的职业体验——基于各类职业(警察、医生、烘焙师、消防员等)进行零距离体验活动;有"各种各样"的文化体验——基于乡村田野、节日庆典、地方民俗等进行主题式体验活动;有"各就各位"的趣味体验——基于运动、科技等进行DIY体验互动。采用"菜单自选"方式,让儿童自主选择体验主题、时间及结伴群体,充分尊重儿童的自主性、主动性,提高审美体验的实效性。

线索二:依托全校年段混龄流动式互选。通过以大带小的结构模式打破个体、班级、年级的界限,分离出"套餐式"的游戏形态,让儿童有更多的机会参加不同群体的活动,让大孩子和小孩子在大家庭式的游戏环境中践行规则、结伴同行。如校园里的苹果园、叮叮秀场、创想星巴克广场等等都是审美经历的场域,让孩子们通过科技节、创想节、奇思妙想节、淘宝节等节日进行美的创造。

线索三:借助亲子交往的在场定制式实践。依托合伙人计划中的七彩工作坊,围绕"衣食住行"关注亲子时刻,满足儿童的多样化体验。借助家长、社区等力量为孩子提供开放性体验场,依托"云上群"、开启"码上见"。如群打卡:健康生活信息,打卡方式接龙;群相册:在线分享照片,作品活动呈现;群投票:基于活动体验,及时反馈信息;群课堂:录播精彩片段,实况答疑解惑。利用群交流平台,将儿童的精彩时刻、难忘瞬间即时反馈,在多元表达中不断提升家的文化内涵。

线索四:开启旅行地图记录生活好时光。以"臻美旅行成长手册"为载体,结合臻美奖章,使其成为孩子们的品格成长手册,内含旅行地图、场馆介绍、任务列表、争章收获、旅行感想,既能指引旅行内容和方式,又能记录活动参与历程和活动感受,是臻美旅行的成长档案。基于儿童的生活、儿童的经历和儿童的立场,抽象的教学变得生动,变得可亲、可近、可学、可乐。

"儿童的经历""儿童的事件"和"儿童的故事"形成了审美启蒙的资源,使儿童的审美启蒙成为一种美学。以儿童的视角、美学的眼光,对日常的生活加以审视、改造、优化,建构有利于儿童学习审美化之旅的课程形态和教学实践体系,彰显儿童的美学精神。

(3)美的群落:抵达家校间的"臻美驿站"

社会的美学在于认识到人与世界、人与人交往的重要性;享受与好朋友、父母、老师在一起的美好感觉,体会在美丽交往中的收获。寻找美的合伙人,不仅仅局限在班级内,我们结合家长资源、社区资源构建"美的群落",形成家校教育合伙人,建立家校间融通的"臻美驿站",长期融合式发展伙伴关系,家长、社区主动参与交流,实现多赢局面。(如图2-3所示)

一是开展"臻美合伙人"行动。从常态的家长会,到主题开放日、护学志愿服务、重大活动策划等,从家庭教育和学校教育这两个维度,形成友好互利共进的教育关系,让学校和家长资源有效对接,共同完成对孩子的教育。在感知美、体悟美、品味美、鉴定美的过程中让儿童的思想得到感染、智慧得到启发、情感得以激发、思想得以升华、价值观逐渐得到建立。

二是建设"臻爱社区课"项目。学校建立家长资源库,让不同职业、不同阅历的家长充分发挥自身的职业优势和爱好特长,走进校园"臻爱社区",走近孩子。从好书推荐、绘本阅读到非遗传承,从安全自护到长江大保护……实现了课程菜单化、选择自主化、时间固定化,把"臻爱小社区"延伸到社会大课堂,为孩子们品格提升注入厚积薄发的力量。

图 2-3 "臻爱驿站"

如走进社区,在超市、菜场开展直播式体验;漫步公园、生态园,感受四季下的自然之美;参观运河五号、文亨梳篦,共享文化的时光;牵手社区工作者、民间艺人,共享人文交流体验……在这里,个性定制的社会资源,成为孩子探究的聚宝盆。

(4) 美的创造:分享朋辈群的"立美生长"

生活的美学在于认识到通过自己的劳动创造美丽来美化世界的重要性,并享受通过劳动创造美的乐趣,初步研究美化生活、创造美的基本方法。

a. 一平方米菜园:劳动创造美

一平方米菜园的生命课程,让孩子们在教室里就能走进自然,品味"种"的辛苦、"赏"的乐趣、"收"的喜悦,在劳动实践中体会美好的田园时光。

四层植苗架,三层花架,加上几张小圆台,就是小朋友耕作的"田野"了。他们主动积极,将自己的菜园装点得分外美丽,就连每一个注释标签都凝聚着他们的思考。

b. 课程博览会:分享欣赏美

班级定期举办成果博览会,学生根据每月的项目研究内容进行展览,呈现的形式可以是静态作品展示,如学生的思维导图、鱼骨图等,也可以是现场介绍,或者将研究的内容拍成视频,发布在班级公众号上。结合一些传统节日,会制作一些成果产品,让学生体验如何销售,借此强调学习过程中的育人性。

让学生自己动手去发现美的事物,同时带动家庭改变对美育的观念,促进家庭更加重视儿童的美育教育。

作为一个载体,班级以"儿童生活家"为目标,让孩子们回归"生活世界",进入"情境场域"去"体验创造"。可见,儿童的审美启蒙是一种更加开放、全面、独立和个性化的学习形式和生活方式。

如此,儿童在生活中学会发现自然之美、他人之美,并用自己喜欢的方式将美呈现出来,会对美的事物进行再创造,比如学会去布置自己的教室、能掌握一项技能、会对自己的字迹严格要求等。

第二节 梳理创造力培育的核心元素

创造力培育侧重于通过对创造的过程和产出的产品这些外显的要素来研究创造主体的内心世界。创造力应该是指人基于观察理解、想象假设、联想发散、实践检验等,独创性地解决问题或产出成果的一种综合能力素质。我们经过调查问卷与访谈,以及定量定性分析之后得到影响儿童创造力发展最重要的五个因素:① 好奇心和想象力;② 学习场景;③ 游戏活动;④ 抗挫折能力;⑤ 朋辈的关系感。

一、好奇心和想象力是创造力的基石

好奇心是个体遇到新奇事物或处在新的外界条件下所产生的注意、操作、提问的心理倾向。在教学中激发儿童好奇心的内在动机,可使儿童主动进行学习实践。儿童在好奇心驱使下表现出来的观察、提问、操作、

选择性坚持、积极情绪等有助于学习活动的有效进行。想象力是人在已有形象的基础上，在头脑中创造出新形象的能力。想象是一种特殊的思维形式，是人在头脑里对已储存的表象进行加工改造形成新形象的心理过程，它能突破时间和空间的束缚。

好奇心主要由敏感、观察、兴趣、探索、提问、解决问题、幻想和专注等8个因素组成。第一，目前研究对3～6岁学前儿童这个群体关照得较多，且从心理学的角度进行的研究居多。第二，目前无论是国际还是国内对儿童的好奇心与想象力的研究逐渐得到很大程度的重视，对儿童好奇心与想象力的现状有着较强忧患意识。虽然儿童好奇心与想象力得到一定程度的重视，但是从学校角度建构视野全面的课程，系统地进行好奇心与想象力的培育与激发还是任重而道远，目前的研究还很少能看到这方面内容。

总之，儿童喜欢熟悉的人和环境，当他们被置入不熟悉的、有陌生人的环境中，就会表现出忧虑。然而，儿童又喜欢新异的物体和感觉刺激。因此，教师要善于保持新异性和熟悉性之间的平衡，只有这样才能更好地发展儿童的好奇心。

于是，从课程研究的视角出发，一些很现实的问题摆在我们面前：如何从3～6岁儿童好奇心的呵护过渡到6～12岁儿童好奇心的激发？如何在学校课程的建构与实践中系统有序地进行儿童好奇心与想象力的激发？在小学学段的好奇心与想象力所呈现出来的特征、方式有怎样的表现？基于激发儿童好奇心与想象力的学校课程的目标、结构、内容、实施与评价如何丰富和完善？

从学校课程建构的角度开展激发好奇心与想象力的实践研究，并针对性地对儿童的好奇心与想象力进行呵护、激发和培育，进一步提升和完善对儿童好奇心与想象力的认识，开辟新的课程与教学的研究视角，丰富学校课程与教学的内涵，凸显儿童生命成长规律的本质——在目前儿童好奇心与想象力缺失的事实基础上，这样的研究不仅有必要也很重要。

创建有利于课程建构的"物型环境"，建设学校"软"性环境，是培育学生好奇心与想象力的有效途径。要从班级空间、场馆空间、公共空间、家校社共创空间等多维度场景入手,探索学习场景支持创想素养培育的策略与路径,并以场景为依托,以项目为载体,通过对创想教师特征与教师研修内容和模式的研究,开发研制课程,进行课堂学习模式的改革,培养一批具有创新教学能力的教师,以此来提高学生的创新意识与实践能力。

要提升广大家长、教师群体对于好奇心、想象力重要性的认识,引导人们从儿童生命成长的角度认识、研究、呵护、培育儿童的好奇心与想象力,增强对国家未来发展的期待和民族复兴责任感。因此,可以系统建构激发儿童好奇心与想象力的学校课程,形成相应的课程学习环境,构建儿童课程体系、实施形态与策略、评价方式,梳理实践操作要领与实施策略,为在其他学校的普及提供参考样本;激发儿童的问题意识与创新意识,激发儿童的好奇心、想象力与创造力,以思维为核心突破研究儿童好奇心与想象力的结构要素,提高学生整体创新思维水平,培养综合实践能力,培育创新素养,促进个性特长发展。

从小学学段这个层面进行好奇心与想象力的培育,注重了学校的全体学生而非优势学生,注重了素养培育的普及性与整合性。在研究内容上,不再单单指向实验班的实验项目,而是以儿童创想展开一场学与教的革命,进行课程与课堂的双向建构。

在研究方式上,注重课程的全面性、适切性与衔接性,既要具有本土特质,也要具有学段间的推广价值,对每个孩子的长远发展很有价值。课程研究可以为儿童核心素养的培育提供案例,丰富课程改革的实践经验。通过儿童好奇心与想象力的培养的教与学的行为改进,以及家校社价值观念的认同、育人资源的激活,促进广大家长、教师和社会人士对儿童好奇心与想象力的呵护和培育。这些课程将迁移到其他小学,更广泛地促进对儿童好奇心与想象力的关注、呵护和培育,提升儿童的核心素养,也将为素质教育实践提供相应的范式。

二、学习场景对儿童创造力的影响

全球科技领域知名观察家罗伯特·考博说:"未来 25 年,就是场景的时代。"而我们要做的就是提供适宜的环境,保存儿童的未特定化、开放性、探索性、易动性等特征,让儿童自在地运用创造力。通过基础教育的改革,创造有利于儿童创新意识、创新精神培养的生存环境、实践场景。

1. 家校社环境是儿童创造力的支撑

生态系统理论提出创造力的发展受到多个系统相互作用的影响,小学阶段学生活动的主要范围即为家庭、学校和社会,其中家庭因素和学校因素对小学生创造力的发展起重要作用。基于环境匹配理论可以发现,创造力在不同阶段受不同环境的影响,创造力发展中应注重环境因素的影响。由于小学生所处环境主要为家庭与学校,家校社合力催生环境的实时性和安全感,才能促进儿童创造力的发展。如何让每一个家庭拥有育人的力量,这就需要家校社之间建构美好的关系,学校、家庭、社会共同参与,形成儿童成长的价值观念、目标指向、行动路径的大集合体。在这个大集合体中,三者之间如何形成生态和谐的关系呢?

学校是美好事物的中心。杜威说:"一切浪费都是由于学校和现实隔离开来。"一所美好的学校定是孩子们喜欢的、信赖的、流连忘返的地方,这一美好来自学校有着正确的学生观、教育观、课程观以及家校关系观。教师的高认知水平直接影响着孩子的创造力发展,教师的期望与支持在创造力的发展过程中能够激发学生的学习动机。让学校成为美好事物的中心,意味着在这所学校里蕴藏了校长、老师、家长以及孩子们共同的梦想,这梦想中还有着民族梦、中国梦;只有把这份美好放到家国情怀、民族振兴的同心圆中,放到学校核心价值的追求中,学校正确的办学方向才会成为家庭和社会的引领力,学校、家庭、社会等教育场域中所有的利益相关者才会彼此相遇、美好交集、顺利汇聚,并引领、融合、彼此认同,实现全员育人、全科育人、全程育人。

家长与学生共成长。在儿童成长过程中,家长是一种重要而特殊的育人资源,家庭因素在个体的个性和认知发展中起重要作用,父母对儿童的理解与支持让孩子体会到关爱与温暖,对创造力倾向的发展有正向预测作用。如何因势利导将这份资源合理开发?一所学校的开启,意味着

第二章 天赋自由：每一个儿童都是永远的创想家

"一址两校"的发生：一所是面向儿童学习生活交往的"小"学校（儿童学校），另一所是面向几千名家长共生共长的"大"学校（家长学校）。两者就像是以儿童为中心的两个"同心圆"。每一所学校都是儿童成长的殿堂，而每一位家长则是孩子永远的"老师"。家长的职业倾向与家庭的环境氛围对孩子创造性思维的发展影响较大，学校承载的不是教育学生或是家长，而是通过各种途径和方式让不同行业、不同兴趣、不同经历的家长能自主进入课程讲授、学习生活中，用自身丰富的生活视角、人生阅历和行事智慧影响孩子。在这样一次次的链接中，每一个家长的育人资源形成共享链条，彼此生长、促进创造，让每一个孩子的才能得到真正的开启。

让全社会成为教育资源。立德树人是发展中国特色社会主义教育事业的核心所在，立德树人根本任务的落地在家校美好关系的建构中，不可或缺的是社会的在场。探索学生内心喜欢、知行合一、符合规律的育人范式，形成家校社合一的育人社区，是学校、家庭、社会共同的责任。让育人社区锤炼儿童品格，以社区品格引领社会文明。育人社区一方面是基于学校、家庭、社区场域上的聚集，另一方面是以学校为领衔、家庭为共进、社会为协同的育人平台。育人社区实际上是利用各方资源和各种力量整合形成的儿童发展的共育平台，形成了纵横交错、立体式全方位的"家校共同体建设"，成为儿童成长的"双引擎"。

家校社共建共生共赢的美好关系的发生，成为当今学校教育改革的一个世界性的研究课题。在家校共育的积极关系建构中，在育人的多主体、多维度的智慧贡献中，我们一定会赢得未来。

2. 厘定运用环境进行创造力培育的原则

在《创造宣言》中，陶行知先生曾提出："天天是创造之时，处处是创造之地，人人是创造之人。"优化的自然和社会环境、学校和家庭环境是支撑儿童创造力生成的时空结构。研究环境对于儿童的创造性行为的影响，需要把握四个方面的原则：

（1）多样性原则。美国心理学家陶德·陆伯特提出创造力是环境、智力、知识、认知风格、人格特征和动机相互作用的产物。因此，环境对儿童创造力的影响有着不可或缺的作用。对于少年儿童来讲,学校、家庭、社会是其生活、学习、实践和创造的主要场所,这是创造力发展的重要土壤;同时同伴、亲子、师生等朋辈关系也是影响儿童创造力发展的隐性环境,对创造力的形成与发展也有着不可替代的作用。环境不是单独存在的,它会与已有的知识的结构、文化的背景、约定的习俗、既有的经验之间相互作用、彼此影响。有利的环境因素会促进儿童创造力的发生,不利的环境因素则会阻碍创造力的发展。

(2)互动感原则。儿童个体的创造依赖于自我和环境之间的互动,这样的互动感来自多维度环境系统之间的互赖、交互作用。环境对于儿童的创造力的影响分为微环境、中枢纽、外循环和中控器四个维度。其中微环境是指通过遗传与智力等对创造力产生影响的内在自系统;中枢纽则是指家庭、学校环境的相互交织对儿童创造力相关的情感、思维和人格产生的相互作用;外循环是指儿童与外在环境之间的互动对儿童创造力产生的作用;中控器则是民族文化、地域资源、所处的场景、生活习俗等各个方面对儿童创造力的影响。从四维系统的构造中不难看出,儿童的创造力与遗传有一定关系,更与家长、教师、同伴之间的和谐关系有关。

(3)愉悦感原则:每一个成人都有可能成为育人环境设计师,通过设计有着舒适的色彩、空间、声音等的环境,改变场景中人的关系、状态和组织。因此,可以通过基础教育的改革,创造有利于儿童创新意识、创新精神培养的生存环境。学校要为儿童创造力发展和潜能开发做出创构,对家庭的环境也要做出影响,通过色、声、香味、触发等,让孩子体会环境的愉悦感。一个轻松、民主、安全的学校环境,才易激发出创造力,一个丰富、开放、协作的家庭环境也会催生儿童的创造。学校和家庭这两者之间并非单向的概念,而是彼此影响、自然流动,形成宽容而有节制、丰富而又有机的生态圈。

(4)挑战性原则。陶行知先生认为:"儿童的创造力是千千万万祖先,至少经过五十万年与环境适应斗争所获得而传下来之才能之精华,发挥或阻碍,加强或削弱,培养或摧残这创造力的是环境。"小学生创造力与冒险性、好奇性、想象力和挑战性四个维度有关。在生动有趣的生活场景中,在富有挑战的情境中,儿童会调动所有的感官去体验,去改变所处的空间与环境,在获取环境空间的支持的同时乐于做出新的改变和创造。

三、游戏是儿童创造力的支架

马斯洛指出,儿童的创造力是原发性的,它极有可能是一种每一个人都有的遗传素质,是一种共同和普遍的东西,在所有健康儿童中都能发现它的存在。大多数的孩子只要不被忽视,身上都隐藏着创造潜质,在各种游戏活动中,如动手实验、拼搭物品、自我表达、歌唱舞蹈、故事创作等中都可以发现儿童在创造。因此不难发现,儿童身上普遍存在着原发的创造力。用布约克·沃尔德的话来讲:相互联系与均衡,自然人性与生态学,是一种对整体和内部相互联系的感悟,这就是孩童般的、富有创造性能力的特征。

1. 游戏化心理:游戏对儿童创造力发展的价值

无论康德还是席勒,均认为游戏的核心是人的主体性自由,游戏是从儿童本性出发的一种自然而然的美好旋律,是正在成长中的儿童的最大的内心需求。

(1) 游戏为儿童创造力发展隐藏了内在的肌理

创新是不可能专门训练出来的,但儿童通过游戏进行的探索活动为以后的创新或真正意义上的创造奠定了基础。游戏为儿童提供了创造性的源泉。儿童的这种创造性不仅表现在解决问题的新路径、新方式与新策略上,还表现在游戏中产生的多样文化、多元智能等上。游戏可以被看作"伟大的综合",它贯穿于婴儿期混沌的生活到儿童时期的浪漫成长中,儿童在"伟大的综合"即游戏实践中发展和试验新获得的技能,通过运动技能、认知技能、情感技能和社会技能的有机协调激发创新意识。游戏与创造力的关系构造,符合"幼态持续"的内在规律。真正的幼稚是人类一切创造力、独特性与坦诚性的丰富源泉。

(2) 游戏为儿童创造力发展提供了适切的情境

德国诗人席勒曾言:"自由和游戏显然是一对双生姊妹。"游戏首先给儿童提供了自由畅想、自由创造、自由操作、自由表达的机会,而创造性思维的激发需要自由、开放、宽松的适宜环境、氛围与情境。在这样的自在环境中,儿童稀奇百怪的想法、幼稚可见的行为、天马行空的想象再不会被讥讽和愚弄。可见,游戏不仅为儿童提供了适宜的环境,还提供了自由想象的空间。在游戏里,儿童不会在意别人的眼光,想自己所想、做自己所做、抒自己所抒,身心灵完全融入游戏之中,提出不同想法、表达不同见解,可以为了自己的别出心裁创造出更加新奇好玩的东西,思维自由驰骋。自由想象成为儿童游戏时的重要心理成分。在游戏中,儿童既能展开想象的翅膀,在充满想象感的情境中自由地从事自己向往的活动与实践,又能不受真实情境条件所限。

(3) 游戏为儿童创造性人格发展构成支架联结

伯莱纳认为:"游戏是激动人心的使人愉快的活动,因为它能满足儿童对新事物的需要。"创造性的人格特征其中之一就是具有浓厚的好奇心与积极愉快的情绪。这种好奇心对于创造力来说,是弥足珍贵的,需要进行保护而不是扼杀。儿童由于自身的知识、能力、经验水平的限制,会始终对周遭世界充满新鲜感、好奇心和想象力,始终会是十万个为什么的好问者。游戏为儿童提供了自由想象的空间,能满足和激发儿童的好奇心。游戏的沉浸感、好奇心和场景力,有助于儿童在游戏中产生新颖的联想、积极的情感,能帮助儿童积极主动地解决问题,从而表现出极大的创造性。

(4) 游戏为儿童的智力与创造力发展架设桥梁

游戏是儿童自己建构的"自由王国",在这个"自由王国"里,儿童忘我地投入、积极地探索、自由地创想,表现出从不掩饰的"真我"。创造是离不开知识的,儿童在游戏中探索获得的知识,既发展了智力,也有助于创造力的发展。特别是结构性游戏、综合类游戏、想象类游戏、问题解决类游戏都有利于提升儿童的知识结构、认知结构、能力结构,有利于培养儿童的创造意识与实践能力,提高儿童对游戏中作品、成果的独创性与表达力。美国心理学家斯坦伯格认为一定的智力结构有助于创造力的发展。其中,一定的发散性思维和聚合性思维是不可缺少的组成部分。而游戏不仅能发展儿童的聚合性思维,更能促进发散性思维的发展。儿童在游戏中以物代物,以物创造故事,一方面可以锻炼和发展思维、发展智力,另一方面可以发展想象、促进创造。

2. 游戏化机制:洞悉儿童游戏者的内在特质

让·皮亚杰曾说,在游戏的时候儿童其实并没有发展新的认知结构,而是让自己已有的经验去适应已经存在的认知结构。游戏化学习通过儿童的具身体验,促进生理与心理的共振发展,是学习新事物新知识新技能的方法方式。游戏化学习使得思维和行动能够有效,因此有其独特的内在特质,具体来说有以下五个方面:

① 在场性。教育过程的本质就是师生共同建构学习场景的过程,学习资源也是以"场"的形态存在的,通过游戏化机制的创设,不断通过选择和优化变"资源领域"为教育"情境领域"。游戏化学习符合学生现有的生活经历和学习环境的认知水平。游戏化学习领域包含游戏中的原理和问题,让人们在制作游戏的过程中学习,激发学生探索问题的兴趣。

② 挑战性。游戏是由许多小部分有机组成的,这些小部分就是游戏元素。要将游戏元素整合进游戏过程,并能够在现实中加以合理地运用,把枯燥的学习变成一个兴奋的挑战。

③ 可塑性。脑的可塑性,也叫神经可塑性。儿童的脑具有极大的可塑性,需要不断提高神经元联结的频率;儿童的大脑会优先接受情绪性的影响,积极友善的情感伴随着日常的学习会产生积极的效应。儿童大脑的激活是植根在一定的环境中的,不同的环境条件对儿童大脑激活的影响程度也是不一样的。

④ 沉浸感。游戏化学习激发儿童的全身心投入,有着能力需求:掌控并积极处理与外部环境的关系;有着关系需求:与社会关系和与同伴互动相关的共同愿望;有着自主需求:天生的使命,是有意义的,与个人价值观统一。一个好的身临其境的游戏往往会让玩家忘我投入而忘记时间。

玩家可以感受到游戏中情绪起伏的刺激和适当平静后的疲劳。

⑤ 联结性。游戏化学习能改善师生关系,增强参与体验;游戏应该是教师理解孩子的窗口,教师可以以此了解孩子的水平差异;游戏能促进发展,儿童在游戏中的尝试将促进他的智力发展。游戏的精神是童年的精神,它应该是贯穿所有实践和儿童教育的灵魂,它也是检查和判断教育和教学质量的标准。

3. 游戏化学习:游戏对儿童创造力培养的实践探索

(1) 游戏化动机,基于核心的结构学习

核心知识包括基本原理、基本关系、基本方法、基本问题四大方面,这是培养学生思维,提升学生素养的重要载体。如何让儿童对理性精神的核心知识有着整体的认识,产生主动探究学习的兴趣?游戏化学习可以解决这个问题。通过游戏化学习,让儿童产生积极的动机,得到外部的激发、内心渴望的驱使。通过开启问题箱,让儿童的学习围绕核心问题展开,确定学习目标导单,在大观念关照下选择适切的游戏,置身于真实的问题情境,完成核心任务的探究,形成学习的结构模式,并通过反思、梳理、总结完善,绘制思维导图(如图2-4所示)。

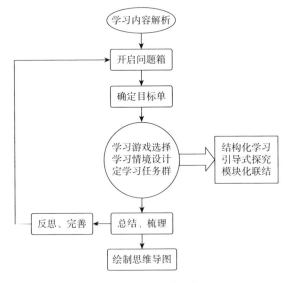

图 2-4 "游戏化学习"流程

（2）游戏化思维，基于问题的在场学习

游戏化学习模式的核心是"问题的发现与核心问题的引领"。以五年级的游戏化主题学习"七桥问题"为例：一是发现，用质疑、问题解决、批判性思考对要解决的问题进行明确，确定学习目标；二是筹划，组建学习共同体与实践共同体，确定要探究的步骤；三是实施，项目共同体依托情境化学习、学习共同体、搭建脚手架、探索表达、自我反思等要素展开学习；四是评估，对问题解决的方向、时间、速度和效度等展开评估，并进行调整，形成认知图式。

（3）游戏化精神，基于项目的协作学习

游戏精神乃是一种童年的精神，着实应成为贯穿儿童教育全部实践和所有环节的灵魂或主线。它也是审视和评判儿童教育教学过程质量的一把标尺，在游戏中观察了解和评价儿童。通过游戏原型，从主题中生成支持环境——游戏情境，从问题中产生探究场景——游戏联结，从仿真中促进知识联结——触发系统，在环境中确定游戏规则——游戏任务，在设计中实施目标任务。通过自己设计游戏，学生能对游戏主题进行研究。随着多玩家、逼真的虚拟环境、角色扮演、用户自定义等元素的加入逐渐成熟，"游戏化"将越来越与"学习"贴近，学习者感受到知识成倍增加，并自发觉得这玩意儿很酷，而乐于同周围人分享。

四、拥抱挫折是儿童创造力培养的前提

我们期待每个孩子都能成功，并且告诉他怎样才能获得成功，却从来没有告诉孩子：失败了该怎么办，错误了该怎么办？我们希望孩子能够成为百毒不侵的"钢铁侠"，却又将他们像小鸡一样孵在安乐窝。

对于如何给孩子正确的挫折教育，主要有以下四点：

1. 熵定律：无序性与自组织之间的博弈

2020年有个高频词：熵。熵，是化学与热力学概念，用来度量一个系统的失序现象。熵增，简单说来就是无序不断递增的过程，就如人的生活，若是没有规律、不自律，就会混乱，很多问题也随之发生。相反，熵减

意味着自律、有序。

首先,生物进化一定会经历熵减的痛苦。每个生物在进化的过程中都在不断地复制,会复制成功,也会复制错误。研究发现,人类在复制过程中,出错率远高于其他生物,进化速度却比其他生物更快。因此,薛定谔说,人活着就是为了对抗熵增定律,生命以负熵为生。

其次,基因复制出错会加快生物进化速度。比如都是大象,为什么有的有象牙,有的却没有象牙?要知道,在稳定的生态环境下,只有2%～4%的雌性非洲象不会长牙。

最近统计数据显示,在非洲南部的莫桑比克,内战结束后(20世纪90年代后)出生的雌性大象,出于动物本能的保护机制,有三分之一都没长象牙。亚洲大象已经逐渐失去了生长象牙的基因。为什么?面对人类滥杀、捕猎的无序,大象用复制基因突变来对抗,繁衍出无牙的下一代。

再次,抗熵增的复制有自组织的肌理。人类基因在传承中比动物基因复制更容易出错,因此人类的基因进化相比动物显得更快。

抗熵增的过程中,无序性和自组织之间博弈的关键是复制,其内在肌理可总结为4点:

自反省:对未来行为最好的预测是过去行为,反省机制会让在压力中长大的孩子产生"痛苦预期";

自适应:在复制过程中人类具有一种调节和适应的机制,这就是人类"愈挫愈勇"的原因;

自组织:复制过程中存在一个将无序变成有序的自组织进程;

自净化:如果能在无序中赢得有序,便可能获得惊人成功。

2. 天平秤:在复制错误与复制成功中平衡

生物进化离不开复制,但复制成功与复制错误常常同时存在,如何找到两者之间的平衡?

(1) 辩证思维:复制错误和复制成功是辩证存在的

曾经,落后的电力基础设施困扰着整个埃及的发展,于是埃及人复制苏联技术,建造了阿斯旺水电站的拦水坝,这不仅为工农业发展提供了充足的电力资源,还创造了新就业机会。

与此同时,水坝将尼罗河拦腰截断,大量富有养料的泥沙被阻于库区上游,下游灌区土地得不到充分的营养,土地肥力持续下降,化学肥料使用加剧,这导致农业生产费用增加、水质污染等一系列问题。此举是复制成功还是复制错误?值得思考。

(2) 整体思维:正反馈与负反馈是建立在系统之中的

我们需要在正反馈和负反馈中建立系统。正反馈是指已知变量的增加引起该变量进一步增加,从而破坏系统的稳定性。例如南非的反饥饿计划。为抑制舌蝇,当地决定引入菜牛替换野生动物群,陆续迁入数百个牛群。可是,大量牛群迁入很快导致过度放牧和干旱,这片可居住土地变成沙漠。菜牛增多,需要的植物和水源也要多,这就是正反馈。

负反馈是指一个变量的增加引起另一个变量的减少。比如池塘里的鱼儿和植物都需要水,鱼儿的排泄物给植物养分,植物提供食物给鱼儿,这个多那个少,"鱼—水—植物"就在一个生态系统中达到系统平衡。

正如德国心理学教授德尔纳所说,避免失败的关键在于要用系统而不要用分量,要以整体而不要以局部的方式进行思维。

(3) 因果思维:注入疫苗到生成抗体是连续的反应

大家期盼已久的新冠疫苗已出炉,注射之后便不再害怕感染。但你知道这是为什么吗?疫苗是把没有遗传物质的病毒注射到机体里,促使机体的免疫系统产生抗体并形成有效的记忆细胞,当同类病毒再次入侵时,记忆细胞马上做出反应生成抗体。

同理,儿童的耐挫力如同打疫苗,在注入轻微的"挫折痘"后,孩子便会产生抵抗力。在孩子的成长中,挫折是不可或缺的"记忆细胞"。

3. 降落伞:挫折学与复原力之间的云梯

挫折学是指人们直面充满负面意象的挫折,并活用挫折,将其转化成积极的创造能力。如何让挫折平稳落地?我们需要一把降落伞,在挫折学与复原力之间找到云梯。

(1) 复制中会面对失败,或早或晚

所有人都知道挫折的重要性,都希望把挫折作为孩子的"重要生长素",但是挫折≠挫折教育、挫折教育≠吃苦教育、挫折教育≠痛苦教育、挫折教育≠打击教育。真正的挫折教育不是制造挫折,而是当孩子遭遇挫折的时候,告诉他应该如何应对。

(2) 成长历程中需要"恰好的挫折"

对孩子们(特别是小学孩子)来说,最主要的成长场域是家庭、学校。因此结合孩子日常生活中常常遇到的各种事件、经历和交往,我们的老师、家长、孩子共同梳理出了学校和家庭的20条挫折清单,并在日常的生活与环境中带着孩子一起从耐挫力的选择题、判断题、实践题做起。

当孩子发现自己遭遇的挫折可能是同龄人都会面对的难题,当家长看到挫折也可以是孩子成长中必要的财富,他们都会对挫折坦然视之。

当然,挫折教育的弹力也是有阈值的,不能让孩子们过度"氧化",也不能一蹶不振,要找到平衡的点。

学校挫折清单:

① 因一些原因等受到嘲笑;

② 被同学取不喜欢的外号;

③ 被同学随意拿心爱之物;

④ 考试分数低;

⑤ 被同学不小心/故意打到;

⑥ 共同完成的作业却独立做;

⑦ 被同学传一些不好谣言;

⑧ 被同学说出缺点;

⑨ 故意踩在我擦干净的地上;

⑩ 不小心摔倒/弄丢东西;

⑪ 作业重写;

⑫ 被老师批评;

⑬ 同学在自己本子上乱涂;

第二章 天赋自由：每一个儿童都是永远的创想家

⑭ 回答问题卡壳；

⑮ 同学不愿意和我一起玩；

⑯ 有同学背后说自己坏话；

⑰ 不敢当众发言；

⑱ 不小心弄坏同学东西；

⑲ 被同学/老师冤枉；

⑳ 午饭吃不喜欢的菜。

家庭挫折清单：

① 被爸爸妈妈误解做错事；

② 客人拿走自己最喜欢的东西；

③ 考试分数低被唠叨；

④ 完成家庭作业时遇到不会的题；

⑤ 不会帮爸爸妈妈做家务；

⑥ 在查资料却被认为在玩；

⑦ 弟妹做坏事把责任推给我；

⑧ 把自己拼搭物品弄倒；

⑨ 做与学习无关的事被说分心；

⑩ 妈妈偏心兄弟姐妹；

⑪ 被父母制止自己的爱好；

⑫ 爸妈总拿我和同学比较；

⑬ 爸爸妈妈安排的额外作业太多；

⑭ 爸爸妈妈不理睬我；

⑮ 爸爸妈妈关系不和；

⑯ 题目不会做就被说没认真听；

⑰ 学不会骑自行车；

⑱ 爸妈没有时间就取消承诺；

⑲ 精心照顾的植物枯萎；

⑳ 好心办坏事被责骂。

4. 挫折教育要在培养关键期植入

3岁以前是孩子安全感、归属感建立的关键时期,挫折教育不适宜采取过于残忍的锻炼方法,而应在他们进入学前年龄段后循序渐进。

低幼阶段经常遭受的挫折是因为习惯未养成而被指责、批评、惩罚,学校可以采用读写绘的方式让孩子直面习惯挫折;中年级是孩子成长的马鞍期,是"易爆易燃"阶段,学校可以通过情境性的戏剧表演让孩子洞察自己内心,理解生活中的挫折;进入高年级,学校可通过项目化的研究让孩子理性看待社会的现实和挫折。

5. 背带系统:共生儿童抗挫力的赋能团队

儿童耐挫力背后需要一个强有力的后援团队。因此,不妨在家庭场域中构建赋能团队:超级家庭救援队、负面情绪管理员、风险评估委员会、同理心情感账户、乐观主义办事处等。让每一个家长都有一定的角色担当,从而给孩子更好的赋能。

同时,也应该让家长清楚地看到他们属于哪一种父母——专制型父母、权威型父母、宽容型父母、不参与型父母、直升机式父母等,清楚他们需要做怎样的改善;当孩子发生挫折的时候,如何去响应、如何去要求、如何在这个过程当中进行心理的控制和安抚等。

6. 伞衣:给孩子降落伞而不是保护伞

复制错误还需小心粘贴。孩子反复出现同样的错误,一是因为没有能力并且没有方法在短期内为自己解决问题;二是不需要承担责任,所以从未感觉到困扰。

情绪降落伞可慢慢着陆。让孩子学会管理情绪,成长型思维模式能使孩子拥抱学习和成长,理解努力、经历挫折对成长的作用。为此,我们学校设置了教师、家长、学生自我领导力"情感账户":人渴望有归属感,将自己归属于亲情、爱情、友情之中,彼此寻求寄托,而后将情感储存起来,在存储和提取的过程中相互鼓励,找到归属感。

真正的理解诞生于挫折。孩子们通过绘制挫折地图,在自我梳理过程中直面过往、在相互分享中打开心结、在寻找路径中砥砺前行。要让孩子在面对挫折的时候,仍然保有自信心、自尊心,不畏惧挫折,不做傻事,用平常心面对人生困境,积极寻求解决方法,在挫折中成长。

7. 伞绳:与孩子一起建立不怕挫折的规则

来组选择题:与其责备孩子不如帮孩子找方法,与其给孩子奖励不如给孩子鼓励,与其不断地教导不如给孩子引导,与其复制成功还不如在失败中创造。

做个大力士:应当让孩子拥有面对挫折的勇气力、直面后果的担当力、人际关系中的抗逆力、问题具体化的分析力、自我小秘密的边界力、面对成败的理智力。

经历失败周:每个人一生中都有可能经历这几类挫折或大难关,比如家庭变故、身体疾病、学业困难、朋友疏远、失恋等。学校设置失败体验周,将可能遭遇的挫折前置,让孩子们在可控的范围里去感受:经历一场分数稀巴烂的考试;模拟参加一场"亲人的葬礼";划去诺亚方舟上亲人名字的作文课;看一场关乎生死的电影;参加一项是自己弱项的比赛;经历一段全班人都忽视我的时光;模拟失去双手经历一天的生活……

8. 开伞部件:有度的挫折体验树

星河实小在每个班级都设置了一个"安全洞穴",不受时间和空间打扰,孩子们可以在里面缓解情绪,舔舐伤口。为了和孩子深度沟通、真诚交换意见,还设立"超级访问站"、假想演习所、失败实验室、名人错误创造馆、情绪垃圾箱等。

除此之外,学校还有"蜘蛛侠的风衣"挫折体验馆博物馆(如图 2-5 所示),由三部分组成:

你是坚强的蜘蛛侠吗:粉刷失败的围墙、分享挫折的经历;

做一件蜘蛛侠的风衣:开设有四门课,生命课、死亡课、价值课、工具课;

成为大家的蜘蛛侠:通过试错反应堆、自助阳光房、错误复原馆、共助创造圈,让孩子在新场景、辛体验、馨社群中获得力量。

"蜘蛛侠的风衣"挫折体验馆非常受孩子们欢迎,因为当失败的经历转变为做好事的动力时,他们会觉得自己有能力为他人提供帮助,而不是只感到不幸和无能,进而因为新的创造而增强价值感。

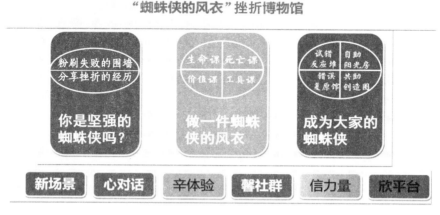

图 2-5 "儿童挫折博物馆"结构图

9. 哲人石:科学性与人文性结合的启蒙

幸福的人一生被童年治愈,不幸的人一生都在治愈童年。科学认识复制错误的机理以及挫折力生长的阈值是教育人和家长需要清醒认识的。《温暖的孩子》一书认为,语言上的贬低、情感上的忽视、行为上的体罚,如果个体在童年时期被父母或大人这样对待,会给其埋下一颗自卑的种子;童年时期恰好的挫折经验,能构建一生的情绪人格;对于一个童年时期的孩子而言,培养他们的底层情绪逻辑,让他们有一个更好的成长和发展是完全可能的。

复制错误为生物进化"加速器",拥抱挫折是不可或缺的"生长素"。每个生物生存和生长过程中,都会产生一种自我复制的物质结构,复制过程不可能完美,错误往往突然发生。自我复制是为了未来的生存,复制中的基因突变让生物在进化中遇强则强、遇刚则刚。对于孩子的成长而言,挫折是不可或缺的"生长素",生长就是将每一次遇到的困难和挫折都转

第二章　天赋自由：每一个儿童都是永远的创想家

化成一次学习机会。

挫折复原力解开的是关系逻辑，成长启蒙键按下的是科学系统。儿童成长关系学是新的课题，我们应当从关系的建构中厘定挫折复原力的要素和资源包。当家庭病了，孩子就会退行到家庭，无力应对外部挫折，用自己的"症状"为家庭疗伤。对此，我们不能孤立地看待孩子的某一复制过程，而要将其嵌入系统中考虑。

成长既然是一门科学，就有定理、公理、原理。按下儿童成长科学的启蒙键，对经验认知进行理性加工，我们才能用科学的系统去解释并真正改造儿童成长的世界。

第三节　儿童创想学习的五大特征

国家的兴旺、民族的振兴呼唤着素质教育，素质教育的核心是培养学生的创新素质，要培养出具有创新意识、创新精神和创新能力的人才。作为基础教育，创新教育的指向不是少数的超常儿童，而是面广量大的普通孩子。儿童创想学习有以下五个特征。

一、孜孜不倦的求知欲

国学大师朱熹曾说过："读书无疑者，须教有疑；有疑者，却要无疑，到这里方是长进。"求疑，无疑是创想课程的生发点。培养儿童的问题意识是造就创新人才的关键之一。没有问题意识，创新精神及创新活动将成为无本之木。

1. 开启儿童的好奇和想象

习近平总书记指出："好奇心是人的天性，对科学兴趣的引导和培养要从娃娃抓起。"小学生的好奇心和求知欲是特别旺盛的，对什么事情都感到好奇，都想问为什么。我们要推动儿童提高对周遭世界的敏感度，激发儿童去探索世界、发现事物特点的兴趣。儿童的大部分创造行为来源于好奇心,为了寻找自己与世界的联结、寻求身体与自然的融合,儿童会产生积极的想象。如何开启儿童的好奇心?这首先需要教师转变观念。全国教育系统劳动模范钱梦龙说,如果学生的"求知欲"被强烈的"求分欲"所替代,任何先进的教学理念、优秀的教学方法都将成为空话。我们要让儿童看到一朵雏菊、一棵小草、一株小树都有自己的好奇与想象、自己独特的理解与表达。

2. 让儿童充分参与游戏的设计

大千世界包罗万象,孩提时代是好奇心最重的时期,此时的孩子会对很多未知或陌生的领域充满探索欲望。游戏的具身体验与参与会激发儿童充分地思考、猜想、探索与行动。爱因斯坦曾说过,想象力比知识本身更重要。游戏是儿童创想的开启,在游戏中的儿童身心灵是打开的,是有着更多可能性、各种自由创意产生的所在。尽管创造力无法教出来、训练出来,但是却可以让儿童在自在的游戏玩耍中赢得创造力生长的机会。

3. 激发儿童的求知欲与求晰欲

儿童的求知欲源自对生活中事物的好奇、问题的发现,以及独特的思考与自由的想象。求知欲(或好奇心)构成了认知需要中最有代表性的因素。既然好奇心的本性就是揭示事实的真相,让人免于无知的困惑,那就没有别的任何东西,唯有符合事实的真理知识,才能满足这种特定的认知需要,给孩子心理上造成一种悬念,激发孩子的求知欲望。我们需要利用孩子的这个特点,结合情境有意识地诱导孩子去想象。如让孩子想象:假如自己到了火星上,该怎样生存?假如地球上没有了水,人类会怎么样?等等。孩子进而会想知道自己所想象的事能不能实现,这样就会使孩子产生强烈的求知欲望,积极地探索未知世界。

二、有理有据的探究力

项目化学习(Project-Based Learning,PBL)是一种动态的学习方法,通过PBL学习,学生们会主动地探索现实世界的问题和挑战,在这个过

第二章 天赋自由：每一个儿童都是永远的创想家

程中学到更深刻、更系统的知识和技能。全景式项目化学习完全不同于传统教学方式，它让学生基于项目本身，通过团队合作的方式，共同解决问题，实现个人能力和团队合作能力的提升，并在学习过程中提升学生的探究力、创新力和团队力。

1. 探究性的项目化学习

以项目研究为抓手，以推动创客精神为核心任务，以现代信息科技为主要创造源，融合科学、技术、工程、艺术、数学等多学科知识，创造性地运用各种技术和非技术手段，以及在团队协作发现问题、解构问题、寻找解决方案的完整过程中，全面培养学生想象力、创造力和动手解决问题的能力，以此寻求教学突破的杠杆，转变学教方式和评价机制，真正服务于学生学习力与创想力的发展，寻找到学生核心素养落地的力量。

以项目化学习培育儿童的创客素养，基于PBL学习，以项目主题研究为导向，以学科统整为途径，以团队合作为抓手，以体验探究为通道，全程激活儿童的探究力、创造力和团队力，满足个体的不同需求，立足学生发展的核心素养的培养，营造项目化、数字化、创想化的学习生态环境，促进学生的全面发展、个性发展、主动发展和终身发展。

2. 综合性的全景式体验

以"整合式综合主题课程"为主，注重以数学、信息、科学、艺术、工程等五门基础工具学科为核心的综合课程，以情境化、问题化的探究为脉络，使"综合化"课程的设置，能真正对学生进行全面发展、主动发展、创新发展的教育。项目化学习内容的选择要符合学生的年龄特征和经验基础，便于学生的主动学习和技术探究，有助于学生掌握基本的知识与技能、培养创新科学能力，这对教师和学生都有拓展和挑战意义。STEAM课程群的整体建构，不是另开炉灶，而是将学校儿童创想教育的理念和实践，通过创设平台，更加具体化、操作化地实施，学生可以学习一些创想的知识，了解一些创想的方法，积累一些创想的兴趣，增加一些创想的意识，养成一些创想的习惯，进行一些对学生自己来说"前所未有的思考、前所未有的行动、前所未有的创造"。

3. 融合性的创意化探究

要整体设置项目化课程群,研究课程中的创造性,构建创造素养的目标体系。一是与国家课程融合,通过主题探究的方式将科学、信息、艺术有机融合;二是与实践课程融合,与综合实践课程进行融合,通过主题探究加大做学玩合一的比重;三是与其他课程融合。通过学园课程支撑课程群的形态,培养学生的审美能力和创造思维,提高其道德品质,提升其知识技能,推动其智力的开发。如"3D打印"课程的核心理念是——学会学习,勇于探索,放飞想象,乐思善创。3D打印课程给学生的学习方式带来了新的思考,激发学生对科学、数学尤其是工程和设计创意的兴趣,让学生学习运用简易建模软件,发展立体空间思维。锻炼学生的科学实践能力和综合素质,不仅要培养学生的科技素养、创新思维,也要提升学生的艺术和审美修养,培养学生善于合作的品质。

三、独出心裁的思维力

高阶思维能力是创新能力、问题解决能力、决策力和批判性思维能力的核心,近年来高阶思维及其培育的研究已成为一个教育热点问题。在构建和完善基础知识概念和基本问题解决能力的同时,着重培养学生综合分析问题、解决问题、动手探究、团队合作等学习能力,系统提升学生的学习力,发展高阶思维。混合式学习空间的打造,价值不是为了单纯地知识传授,而是希望学生在获得知识的过程中,掌握科学方法,发展科学思维,培养科学精神。通过学习空间的重构,以支持学校课程教学中学与教方式的变革和新时期基础教育育人目标的有效达成。

植根于问题情境中的学习是基于对学科教育内在逻辑的理解,是对儿童认知发展规律的把握,是对儿童学习特点的理解,是对儿童教育原理的构建。独出心裁的思维力的培育不仅要从哲学上找到依据,而且还要借鉴心理学、教育学等研究成果,构成基本原理,具体体现在以下三个方面:

1. 具身学习原理

从年龄、心理、生理特征来看,儿童天真活泼,生性好动,注意力集中

第二章 天赋自由:每一个儿童都是永远的创想家

时间较短。游戏具有强烈的吸引力、情境性与挑战性,学习是全身心参与的过程,儿童摆脱"离身思维",身心灵结合、做学玩合一,在自我与世界的互动中获得认知发展,可形成一种"具身认知"。认知、身体和环境是统一的整体,具身认知注重的是心智、思维、观念与身体的契合性,身体与环境的互动参与制约着人的认知发展。儿童认知活动时,与身体状态、环境是分不开的,而儿童的思维力正好可以契合这些元素,因此要尽量发挥学生好动、好玩的优势,使学生在动手、动口、动脑中学习,形成自我的认知图式。

2. 情境认知原理

人类在长期演变中,保留了两种记忆,一种是"语义记忆",另一种是"情景记忆"。知识是在情境中发生与习得的,儿童的思维力设计的背景必须与儿童的经验有意识地联系起来。知识融入情境的目的是要与儿童的已有经验相关联,儿童的思维力将知识嵌入生动的情境中;为儿童提供丰富的学习环境,使不同知识结构的儿童能够发展自己的个性;使儿童获得的知识是一种积极的知识,可以被体验,可以被感知,并可以应用与转化。脑科学告诉我们,创造性思维激活的正是大脑区域——儿童的自我意识、他心想象和场景记忆所在的脑区。在情境认知中,儿童的思维力场景常以不变的教学原理来应对不确定性与复杂性的学习过程,学生在玩游戏中思考,从具体到抽象,形成乐趣和完成挑战。

3. 统觉思维原理

情境认知关照下的儿童学习是一种自由活动,能使人放松,能满足人的好奇心;游戏可以丰富人的情感,使人获取知识,发展智力和能力。当一个新的刺激发生时,通过感官的门进入意识的门槛,儿童的视觉、听觉、触觉,甚至身体都会得到最和谐的感受,获取的内容包括知识结构、学习方式、方法策略、情感体验以及思维方式、价值判断等等。统觉的能力是由一切产生于外界的经验所赋予的,在大脑中留下深刻而生动的印记,将不可避免地提高儿童学习的效率,使其身心愉悦。通过统觉,人们的理解、记忆和思维相互结合,从而可以完成高阶的思维活动。

与众不同的思维力源自求异，求异是创意课程的生长点。求异思维是诞生一切创新的源头。求异思维要求我们摆脱正常的习惯性思维方法，在观察问题和分析问题时不受任何原有框框的限制，突破传统的思维惯性，从独特的角度去思考问题。其方法是打破常规、自由想象，只有这样才有创新的可能。

四、精益求精的工匠心

精益求精的巧匠心，独具匠心的创造力，其精髓是不断突破、追求完美、坚持不懈、精益求精的精神。当下，"中国制造"正在向"中国智造"强力迈进，我们要补上"工匠精神"这一课，让学生为中国腾飞担当更多责任。

1. 问题导向的解决力

设计问题情境，探索解决问题路径，在问题探究中呵护创新的火花。古希腊思想家苏格拉底"提出问题—独立探索思考—获得知识—发现真理"的"产婆术"被视为创造教育的萌芽；自然主义教育重视学习兴趣、好奇心、思维能力的培养，是现代创造教育观念的重要组成部分。这些教育思想的目的都是让儿童置身于鲜活的问题场景，产生积极探索、一丝不苟的探究精神，帮助儿童成为终身问题解决者。工匠精神的形成不是一个顿悟的突变过程，而是长久的坚持和执着形成的一种习惯和生活态度，孩子个体的能力和格局将决定孩子的人生深度与广度。

2. 跨界资源的整合力

让孩子动起手来。要让孩子有创造力、有活力，就要放手让孩子去做一些事情，动手改造、改变存在。如组装东西，让孩子沉浸在"工匠精神"之中。创造力不是单一领域的训练，而是建立在多个不同领域的关系的联结之中，让儿童盘活学习的资源，将多个不同领域的创意联系在一起去解决问题，打破学科的壁垒，在生活问题解决中发展形象思维与抽象思维、逻辑思维与直觉思维、聚合思维和发散思维等等；通过资源的整合与再生，让儿童不断打破固有的观念和思维方式，以"问题解决"为主轴，沿

第二章 天赋自由：每一个儿童都是永远的创想家

着"生疑—探疑—解疑—释疑"的线索，盘活不同领域的资源，贯通、重组、再构，建立起解决问题的思维框架。

3. 自我导向的实践力

耐心做事、精益求精是每一个匠人都必备的态度，做事态度体现在"责任＋精益求精＋毅力"上，还体现在实践探究的精神上，那就是不断在"尝试—观察—猜想—验证—归纳——运用"的过程中建构自己的现实。我们需要帮助儿童构造出自我导向的个性化学习，如低年级：采用观察日志、角色扮演、游戏参与、面谈采访、创想小卡片等形式；中年级：采用问题解决、朋辈课程、自编报刊、少年说、创想锦囊等形式；高年级：采用论文答辩、戏剧表演、项目学习、个人公众号、微课题报告、创想档案袋等形式。这些方式在尊重儿童的"个性"和"独特性"的基础上，更有利于儿童创造力特质的认知灵活性和远距离联想能力的形成与发展。

五、别具一格的创造力

大国创新，人才为重。无论国内还是国际，关于创新人才的竞争异常激烈，培养更多拔尖创新人才成为教育肩负的重要时代使命。中国创新拔尖人才的培养需要大学、中学、小学乃至幼儿园的贯通衔接，小学阶段的启蒙、培养与奠基不可或缺。那么，如何在小学阶段打开"儿童创造力"这扇门？杜威提出："教育的本质即是生活，生活即是发展；发展、生长，即是生活。"人民教育家陶行知先生在《创造宣言》中说："处处是创造之地，天天是创造之时，人人是创造之人。""生活即教育"回答了创造力教育何以成为可能。

生活场域是好奇心打开最本真的起点。无论家庭生活、校园生活、社区生活，还是班级生活、亲子生活、朋辈生活……日常生活是社会生活的基本条件，生活世界被胡塞尔视为"一个不言而喻的基础性世界"，儿童的好奇心藏在日常的生活场域中。生活是需要设计的，设计丰富而多彩的生活，让日常的问题、儿童感兴趣的话题、有疑点的课题、好奇的问题、生活中的热题成为儿童学习、探究、实践的内容，让生活成为儿童认识世界、改造世界的综合活动。这些鲜活的课程元素,最大限度地接近儿童的生活经验,符合儿童的生活需求。日常生活是创造性活动中的基础性实践,也将成为儿童创造力动机激发的最本真的起点。

问题情境是想象力开启最广阔的田野。好奇心、想象力、创造性、协作性和批判性思维,这些正是儿童的天赋,而我们要做的是让儿童的天赋自由。在真实而丰富的生活情境中,儿童探索的是自在的生活本身以及在日常的生活之中更好的存在方式,生活情境最贴近儿童的真实世界,切合儿童生活的现实需求。生活是一门综合了所有学科的学问,小学的日常教学要更多与儿童的生活联结,即将教学活动置于儿童现实生活情境之中,让学生在生活中学习探索,在学习中更好地创意生活。如此,生活情境成为儿童想象、实践、创造的媒介,而设计学习过程正是以一种自然方式整合不同学科创意的过程,并以一种"熟悉感"与儿童产生共鸣。

跨界课程是创造力激发最美妙的路径。课程的功能,是提升儿童的核心素养。而素养的养成,需要生活作为土壤。课程的实施,将其放到生活大环境中,使儿童在真实的场景中动脑又动手。通过课程,儿童在挖掘过去的生活中感知真相,在经营现在的生活中遇见精彩,在设计未来的生活中创造可能。我们要重视日常教育中的创造力培养,积极探索儿童的创造力与体育、美育、劳动教育、科学教育和社会实践的结合,优化跨界思维,培育跨学科的教师队伍,设立长程化、持续性的学习线,从而在跨学段、跨学科、跨年级的生活实践中激发儿童的日常创造,让儿童的生活力与创造力兼具、自觉性得以培养,让儿童真实地感受到教育是为了改造社会,是为了创造更美好生活之价值追求。

求疑、求异、求精,最终都是为了求新。在基础教育阶段开启拔尖创新人才的早期培养,本质上是发现孩子的天赋、开启儿童的兴趣,并为不同群体的孩子提供适合的课程土壤,而生活就是最广阔的课程田野,承载起儿童全面而又有个性的成长。课程,因生活而鲜活,沟通内外,自由生长;生活,又因课程而美好,关照当下,创造未来。

第三章
让儿童创想课程向四面八方打开

每一所学校都有自己的使命,星河实验小学也是如此。从诞生的那天起,星河人就始终在思考:为什么办学?办怎样的学校?通过怎样的路径可以抵达一开始出发的初心?而课程的开发、实施、管理是学校使命必达的重要载体,如何建构与育人目标相关联的、匹配的、有着逻辑向度的课程,将成为星河人不断实践、不断反思、不断抵达、不断生长的旅程。

第一节 创想群岛:建即时即地"做创行"的场景

场景的整体构造是为了顺应孩子天性,发掘孩子潜能,珍视其好奇心,培养其探究兴趣,发展他们的想象力,培养他们持续学习的能力,为孩子们创新精神与实践能力的生长提供丰厚的土壤。创想群岛作为学习空间,通过丰富的场景沉浸感、体验感以及参与感,将学习中的儿童与儿童、儿童与场景连接起来,让儿童在触手可及的"做创行"场景中共享空间、交换资源、集聚社群、联合创新,激活其兴趣,增强其创新意识,初步发掘其优秀潜质,培育早期拔尖创新人才。

一、苹果花园:一个自然群岛式的创想空间

苹果花园是创想群岛的代名词,不是指某一个场域,而是指设计家庭、学校、社区的全域创想场景。学生自主探究和创新实践的场所,是融合学习内容、学习方式和技术装备于一体的新型学习环境,是创想化的学习环境的时代重构,是涵盖科学、技术、艺术、人文、社科等领域的育人平台建设。为打破家校社的壁垒,我们从十大学习场景(如图3-1、表3-1所示)出发,描绘学习空间新样态,给学生提供丰富的学习经历,让星河娃在创想群岛上充分施展才能、不断创想。

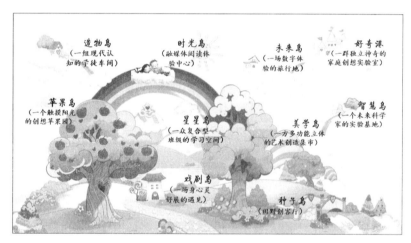

图3-1 "苹果花园"十大学习场景

表3-1 "苹果花园"十大学习场景

域	岛		内容
好奇港	一群独立神奇的家庭创想实验室	每个家庭	每一个家庭就是一个全脑思维研究室、每一个房间都可以成为一个创想实验室、每一个时段都可以开启一场说做就做的探究。"1000＋创意实验 1000＋创想小导师"的家庭创想实验室号召孩子们整理自己通过课堂、阅读、电视、网络、课外兴趣班等渠道获得的科学认识,选用身边随手可得的素材实验展示,像科学家那样观察思考、提出问题、反复实验,提升动手、思维和解决问题的能力

第三章 让儿童创想课程向四面八方打开

续表

域	岛		内容
星星岛	一众复合型班级的学习空间	各班级+走廊+长廊	通过教室空间复合与技术支持,实现教室空间内外与线上线下融通: 信息台:多倾听问题声音;问题墙:多提出好奇的想法 游戏区:多玩玩不同组合;关联带:多找找有联系信息 发现屋:多讲讲独特发现;冒险角:多试试有难度挑战 操作坊:多做做新鲜实践;探究地:多想想解决的思路 优化梯:多改改设计方案;人物榜:多学习爱创造伙伴 领导树:多储存每天美好;星星单:多集聚最美的光芒
苹果岛	一个触摸阳光的创想苹果园	苹果园+种植园+餐厅	利用先哲智慧,结合试验田优势,将真实生活场景展现给孩子,让孩子通过自身的感知、操作,发现大自然中颜色的变化、水的浮力、光合作用、植物生长规律。苹果园联结爱丽丝餐厅,拓展室内劳技空间,将培育的成果送入餐厅烹饪、烘焙或做手工等,学生参与完整的生产与制作流程,对于真实世界获得整体性认知。苹果园以自然为友,使学生了解人与周边环境的关系,了解自然系统的脆弱性,将可持续理念植入心中,成为孩子创想的秘密花园
美学岛	一方多功能立体的艺术创造集市	西一楼广场	集市以美术、音乐、舞蹈、科创为主题,创造个性化、体验式、合作式和功能多样化的活动空间,让学生成为"生产者""消费者"和"管理者",实现对美的认知、鉴赏和创造。广场有各种各样的工具包,具有独立学习区、设计讨论区、零件加工、组装调试区、发布演讲区、电脑学习区等公共学习空间,可任意组合排布。由教师发布或学生自己发布不同主题进行讨论,支持个性化学习与志趣发展
智慧岛	一个未来科学家的实验基地	地下一楼科学创想馆	为了适应未来科技的发展,升级多元智能创想馆,将相对分散的各主题空间整合,融合各种类型的高端实验室设备,打造集成式的科创基地,提高设备和课程资源的利用率,跨学科与项目式的学习将学科交叉融合,孵化学生的科技创新成果。创想馆中智能资源开发,主要指针对科学、数学、物理、生物等领域设计综合学习项目,借助多元智能理论开发,发现适合开发的智能类别,并设计相应的智能活动

续表

域	岛		内容
造物岛	一组现代认知的学徒车间	五楼北面教室	培养具备基础设计造物能力的人。一个个汇聚各种机器、木材、陶泥、布料的静谧空间,使学生深度了解木工、3D打印、手动工具等造物手段,在开放的环境中获得造物技能。儿童的潜能被唤醒,想象力的远度、制作的广度、人心的温度皆能在此体现。基于现代认知学徒理念,体验一件作品从构思、设计到生产、展示、评价的全过程
未来岛	一场数字体验的旅行地	负一楼数字体验中心	利用一定的物联网技术,如安装遍布校园的传感器以及其他各种信息化的手段,既可以获得多角度大数据,帮助学校管理者快速了解校园内正在发生的事情及相关信息,又可以让儿童在体验、玩乐、学习、互动中领略到数字时代的无限魅力,在儿童心中播下思考、探究、创造的种子
时光岛	一站式融媒体阅读体验中心	图书馆+绘本馆	时光岛延伸小星星图书馆和小时光绘本馆的基础阅读功能,拓展合作性学习空间、个性学习空间、知识碰撞空间等,让学习方式得到充分优化。智慧装置与互动媒介等技术的支撑让学习资源无限拓展,学生可以在不同空间参加各类读书活动、讲座、分享交流会等等,让阅读成为最美的习惯
种子岛	田野创客厅	20个娃娃博导站	与20家创新企业、高校联动成立的20个娃娃创想实验室,给超常儿童提供与博士生、科创专家对话、访学、实验、实践的田野创客厅,通过云平台与物联网等管理系统以及社区公共生活,与家校社联动共创形成做学玩创的儿童创客空间
戏剧岛	一场艺术与创新兼备的旅程	负一楼苹果剧场	创造性戏剧主张通过文学故事戏剧化的想象、创造与自我表达,促进儿童个性发展,帮助儿童理解自我和社会。创造性戏剧注重表演的过程,其主要目的不在于训练舞台演员和呈现完整的作品,而在于使参与者在即兴的自我表达中培养健全人格,进行有效学习

二、玩创手册:一本真实学习连续体的指南

"自然群岛"围绕学习环境的建设与重构,创想群岛超越空间设计的物理层面进入学习场景设计的意识层面,与学校课程改革、组织管理调整、评价体系完善等相适应,根据不同的教学需要,充分满足不同学生和

第三章 让儿童创想课程向四面八方打开

学生群体的个性化学习需求。通过项目化、协同化、定制化以及情境化的学习，推动学生积极主动地学会创造。星河实小立足六个要素编制《玩创手册指南》，形成"做学玩"合一、"思创行"一体的样态：

① 自然为友。儿童是天生的大自然之子，儿童的自然生长指向人性与自然性的契合。在苹果园里，儿童参与开发"垂直绿链"的垂直农业生态系统。它收集屋顶雨水浇灌植物，在室内外形成生态循环系统。垂直绿化、雨林生态、都市农业、室内种植、鱼菜共生，这些不同的区域，既汇聚绿色技术，也兼顾学生跨学科学习和作品展示功能，集教学、实践、游戏、创作、展示于一体。从设计创新的角度，可以说它是景观，也可以说它是创新类课程教学的开源创新平台。

② 情境为联。生活中的每样事物几乎都是跨学科的，学校也应如此。创新实验室通过真实情境的创建，让学生在实践中体验和探究，将实验室从单一学科拓展到跨学科，从自然学科拓展到人文、艺术、社会科学、工程技术等新领域和综合学科，让学生真切感受到学科之间的关联，有机会去回答与解决实际生产生活中的问题。

③ 项目为王。PBL 项目制学习教学法几乎贯穿所有学科的学习。在这里，PBL 项目制学习教学法以设计思维教育为导向，将强调知识输出的基础型课程与强调体验式学习的创新型课程相结合，强调真实情境，强调跨学科，强调以人为本。PBL 项目制学习教学法支持研究性、项目化、合作式学习，聚焦对学生多元学习方式和深度学习的支持，提升学生的创新素养。

④ 思维为核。引领我们的孩子去观察、思考、分析和研究大自然，与问题和平相处，以解决问题为中心，培养学生的好奇心、同理心和创造精神、设计思维、创造性思维、批判性思维，使其善于从多种可能的路径中找出一条最佳路径，让理性思维、感性审美、批判性建构、原发性创造在有意蕴的探索和劳动中完美交融。

⑤ 朋辈为群。群岛式学习空间还可通过融通现实学习空间和网络社群学习空间，将学校、家庭、社会的教育力量进行整合，使学生、家长、教

师变成学习共同体和生命成长共同体。如通过微信公众平台、微信公众号集群等,让师生和家长们在这里共同成长为观察者、记录者、研究者,同时,和谐朋辈间生长关系,使其结成真正意义上的"朋辈成长共同体"。

⑥ 技术为媒。学生可以通过读取手环数据,借助近场通信技术了解自己的学习进程;利用无线交互技术和多屏互动技术,获取丰富的多媒体学习资源;依托云计算技术,形成学习的评价与自适应反馈。如此,学生能在各类技术支持的环境下获得支持,在工坊产生的数以千计的课题中,其各种创新潜质也能得到开发。

三、五彩通道:一串可迭代的创造者角色

创想群岛以设计思维为逻辑起点,即像设计师那样,以人为本地定义问题、发现需求、寻求方案、争取支持、实现创新。以设计思维为指导的创新型课程分为创新基础、创新技术、创新实践三大类模块。学校形成了由"工程师""设计师""创新者""科学家""创业者"所组成的五彩通道,以主题学习提升交叉学科知识点的跨学科应用能力为出发点,进行"可持续项目"的主题设计。

比如,"ME""WE""YOU""THEY"是第一学期的几个主要专题:

"ME"主题聚焦认识自我;

"WE"主题聚焦朋辈协作,沟通交流;

"YOU"主题聚焦常州城乡生态环境的建设;

"THEY"主题聚焦世界如何运转。

围绕每个主题,孩子们和老师们一起设计了3周左右的课程,从艺术、审美、心理、历史、地理、科学等学科切入进行创新设计。

设计思维有5个关键步骤:

第一步,同理。每周都有一个半天,同学们会以小组为单位,分头出发走出去调研,从真实环境中查找资料,思考"我的'用户'在哪里,我想服务谁"。

第二步,定义、界定问题。在头脑风暴和调研之后,进行整理和汇总。

第三章　让儿童创想课程向四面八方打开

第三步,思考解决方案。用大量头脑风暴、思维导图等方法,在思想发散、互相启发、创新的阶段,迸发出很多学生课前难以想象的创新方案。

第四步,原型制作。原型制作是对解决方案的一种再思考,每一个细节的设计都可能对解决方案提出新的反思,可行性上的困难也会反过来修正解决方案。

第五步,测试。有了产品原型后,就要正式请用户试用,聆听用户的反馈。

对学习环境灵活布局和功能分区,便于学生开展多样化的学习探究与互动协作,形成实时反馈互动的教育场。创想群岛要让儿童的身体站起来、感官打开来、情感热起来、思维立起来、问题解出来,让儿童处于一个"可持续"空间内,带着问题发现、解读、研究,进一步以创新思维影响身处的空间。

第二节　指向素养的儿童创想课程的整体建构

培养创新型人才是一项长期而系统的工程。近年来,基础教育领域对这一问题也越来越重视,但在实践层面还有很多地方需要改进。如好奇心、想象力、创新精神与实践能力等素养在中小学阶段就需要启蒙与培育,但如何通过行之有效的做法使之落地,就很值得关注。学校"创想教育"理念,指向儿童创想素养的培养,创想素养和创新素养、创造素养一脉相承。"创新"是"创造新的,革新";"创造"是"发明、制造前所未有的事物";"创想"则是依托想象力,创造希望实现的一件事物的形象,希望把以前没有的事物创立或者制造出来。相对而言,前两者更注重物化的表现,倾向成人世界;后者更注重创造前的思维孕育,更多的是一种思维方式,也更加贴近儿童。学校通过系统化建设儿童创想课程,迈出了儿童创想素养培育的坚实一步。

一、旨归：用整体育人的视野创生创想课程

作为中小学的教育工作者,我们试想一下,没有中小学对创新意识、创新思维的呵护、培育与奠基,又何来大学创新人才的诞生？对于小学阶段的课程,我们拥有怎样的使命？星河实验小学所进行的"儿童创想课程范式的实践建构",基于三方面进行了深入思考：

1. 让学校课程拥有整体的育人视野。既然把国家创新人才的培养启蒙和奠基的责任扛在自己的肩上,那学校传统课程设置线性、分科的现状已然无法满足学生综合性处理实践问题的需求。我们通过"合并同类项"的课程整合,以国家课程为核心,以"创想素养"为DNA,同时开发指向创造思维、创新精神和实践能力的实践课程,形成复合式、融合性、实践化的课程结构,通过课程的变革催生学与教的转型。

2. 探索创新人才培养小学课程生态系统。培养创新人才是长期而系统的过程,首先要建构的是生态的价值系统。中小学教育需注重让儿童从小树立远大志向、发展创新思维品质,并在中小学相互衔接,一以贯之。星河实小用儿童创想教育的理念,激发场域里的每一个人参与到课程建设中的热情。其次要形成生态的场域系统。儿童创想课程既是有边界的又是无边界的。有边界是因为创想课程有着特定的课程目标、整体的课程体系以及丰富的实践策略。无边界是因为儿童创想课程的建构向四面八方打开,有着家校社的融通与共建,与儿童内在的生长需求和规律联通。

3. 为儿童学习品质培养寻求实践路径。学习品质需要尽早启蒙、奠基和用心培育,特别是创想素养指向的三个维度：一是孩子好奇心,孩子对一切的好奇、好问、好玩需要在课程的建构中得到落地；二是儿童的想象力、探索欲与创造力,要让孩子养成敢想敢问、主动探索的习惯,并从中习得相应的创想技能,敢于为了改造生活进行创造；三是孩子自我的领导力,那就是学会坚持、学会计划、学会自控的品质。这些学习品质养成的

主体是儿童,需要让儿童的学习从心智发展特点出发,让儿童成为学习的主人,参与到学习的过程中,在认知的顺应和同化中建构自己的认知结构。

为了突破钱学森之问的瓶颈,我们在高标准地实施国家课程的同时,通过课程体系的整体建设,确立了"创想无界 心筑未来"的教育哲学,促进儿童创新思维和创新人格的培养。

二、内涵:用系统建构的思维厘定创想课程

1. 厘定创想课程的内涵范畴

创想课程是星河实验小学学校课程的统称。从课程内涵的角度来看,儿童创想课程是在素养导向上以国家课程的创造性实施为主体,以指向创想素养的校本课程为支撑,以培养儿童核心素养和关键能力以及儿童好奇心、想象力和创造力为关键目标的学校课程的总和;从育人的视角来看,课程的价值指向的是对儿童天性的呵护、潜能的开发、情感的激发、发展需求的唤醒。创想课程的建构,让儿童成为课程的共同开发者、参与者、创生者。由此可见,创想课程既指向课程结构的完善,又指向课程实施方式的变革,最终指向和谐育人生态的形成。

2. 形成创想课程的价值坐标

星河实验小学以"让儿童过一种创想生活"为旨归,确立了"每一个孩子都是银河中最闪亮的星星"的儿童教育立场,并以"端行、好学、健美、乐创"为儿童形象特质,以好奇心、想象力、创造力为关键培养目标,在此基础上对儿童创想课程目标进行系统构建,并力求做到"三个结合":一是学校育人目标与学生发展核心素养的要求相结合;二是基于国家课程标准的教学与培养学生的好奇心、想象力、创造力关键目标相结合;三是针对不同年级学生的创想素养要求与其认知风格特点相结合。

创想课程的价值坐标横轴:建构结构、路径、评价三方课程的系统。探索小学阶段创新教育实践的课程系统,促进学校整体变革和内涵发展,形成鲜明的"创想"文化特色;为国内外儿童好奇心与想象力、创造力的培

育在课程的研究上提供丰富的理论与实践;形成相应的创想课程学习环境,构建儿童创想课程体系,儿童创想课程实施形态与策略、评价方式,梳理实践操作要领与实施策略,为其他学校普及提供参考样本。

纵轴:促进教师、学生、家长三维素养的生长。提升广大家长、教师群体对于好奇心、想象力、创造力重要性的认识,引发人们从儿童生命成长的角度认识、研究、呵护、培育儿童的好奇心与想象力、创造力,增强对国家期待和民族复兴的担当责任感;整体培育儿童的创新素养,激发儿童的问题意识与创新意识,激发儿童的好奇心、想象力与创造力;以思维为核心研究儿童好奇心与想象力、创造力的结构要素,提高学生整体创新思维水平,培养综合实践能力和创新素养,促进个性特长发展。

在此基础上,学校形成了儿童创想课程目标链,针对低、中、高年级学生提出了不同的目标要求,即低年级重点关注儿童的好奇心和问题意识,中年级重点培养儿童的想象习惯和质疑能力,高年级则注重培养学生的创新思维与创造人格。同时学校还结合陶行知先生的创造教育思想,经过实证观察与广泛论证,从儿童日常的学习行为——观察、体验、发问、探究、合作、表达、情感这七个方面切入,针对不同年级学生提出了对七要素培养的具体的目标要求,并将其细化融入课程总体目标—学段课程目标—年级课程目标—学科教学目标—单元教学目标—课时目标之中。

3. 梳理创想课程的内在原理

杜威针对传统教育中重心在教师、教材,唯独不在儿童的"无儿童"的现象,提出了"儿童中心"的论点,倡导教育要基于儿童,为了儿童。他说:"现在我们的教育正在发生一种变革,是重心的转移。这是一种变革,一场革命,一场和哥白尼把天体的中心从地球转到太阳那样的革命。在这种情况下,儿童变成了太阳,教育的各种措施围绕着这个中心旋转,儿童是中心,教育的各种措施围绕着他们而组织起来。"杜威的"儿童中心"学说为儿童创想课程提供了依据,儿童创想课程正是坚守儿童立场的课程,是促进儿童核心素养发展的课程。

加德纳多元智能理论的提出，刷新了人们对于人的智能的认识：人有除语言、数理逻辑智能之外的音乐、空间、人际、内省、身体动觉、与环境协调等多种智能，多元智能在人的发展中有着重要的地位和价值。各种智能只有相互支持、相互促进，才能形成完整的智能结构。多元智能理论对传统教育也产生了强烈的冲击，它要求教育必须与儿童的智能特点对接，支持儿童发展多种智能并促进各种智能共荣共生，让儿童充分享有和发展各种把握、认识世界和表达自我的方式。加德纳多元智能理论为儿童创想课程提供了原理，创想课程正是基于儿童学习复杂性而设计的课程，是努力为每一个儿童设计的课程。

陶行知认为，每个儿童都具有巨大的创造潜力，儿童的创造力需要解放和培养，并提出了"六大解放"的主张。他激情澎湃地呼吁，要使"处处是创造之地，天天是创造之时，人人是创造之人"。儿童一生下来就秉承了人类的创造潜能，一旦有适合的环境，其创造性就能萌芽、开花、结果。他的这一思想被众多的心理学家、教育学家研究并证实。儿童创想课程正是做、学、思、创、行五位一体的课程，是促进每一个儿童自由而全面发展的课程。

儿童创想课程是以呵护好奇心、培养想象力和发展创造力为目标的学校课程的总和。它既包括创想理念指引下的国家必修课程，也包括单独设置的校本选修课程；既包括环境课程，也包括学校的活动课程。它以儿童为中心，以科学创想能力为内核，基于儿童，为了儿童，并让儿童共同参与，努力体现儿童天性的兴趣、需要、话语、活动、价值观念以及儿童群体共有的精神生活，强调尊重儿童学习的独特性、差异性、创造性，是激发个体潜能的课程，是引导个体主动发展的学校课程。

三、路径：用实践育人的思路建构创想课程

一是确立了"儿童唯一、整体育人"的课程观，对三级课程进行整体规划统整，让"创想"统领学校课程，形成整体的创想课程体系；二是以呵护儿童好奇心、培育想象力、发展创造力为关键目标，课程目标与国家要

求、学校育人目标、学段创想素养指标相结合；三是课程内容基于儿童学习科学，从科学认知、科学方法、科学精神三个维度形成创想课程群落；四是形成横向模块成列、纵向递进成序的课程结构；五是课程方式注重从规定式的课程转变为融合式的课程、从单科推进到复合式课程群、从书本的静态知识变为动手动脑的实践课程（如图3-2所示）。

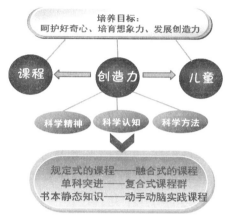

图3-2　儿童创想课程建构

1. 从单科突进走向复合式的课程群

儿童创想课程内容与学校的育人目标、学生的兴趣、已有的经验等有着非常密切的联系。在高质量实施国家课程过程中，对学科核心知识、关键能力进行梳理和统整，根据课程目标，从科学认知、科学方法、科学精神三个维度，在对儿童创想课程目标进行系统设计的基础上，学校又对课程内容进行有效统整，建成了儿童创想课程三大课程群，即核心课程群、协同课程群、支撑课程群，实现了课程从原有的规定式到融合式、从单科推进到复合式推动、从单纯的静态书本知识学习到动手动脑相结合的转变。

核心课程群：这是指统整以后的国家课程。学校在核心课程群建设中，围绕创想主题重点做了三项工作。一是梳理出每个学科的核心知识与关键能力；二是在每门学科的年级序列化课程标准中融入好奇心、想象力、创造力这几个关键目标；三是经过学科内外的内容统整，形成基础性课程与拓展性课程两部分，既满足了不同学生的发展需求，又能有效落实学生创想素养培育目标。其中基础性课程即学科内知识的整合，占比75%～85%；拓展性课程指学科间知识的融合，占比15%～25%。在实践应用中融合学科核心素养，提升学习能力，发展创想素养。发挥"群"的作用，举一反三，适当拓展，聚焦学科关键能力和课程关键目标，满足不同

第三章　让儿童创想课程向四面八方打开

学生的发展需求。

协同课程群：儿童创想素养的培育，需要知情意行的协同。为此学校在核心课程群之外，又开发了协同课程群。一方面在国家课程"道德与法治""体育与健康"以及地方课程"公民与实践"中融入儿童创想素养目标；另一方面围绕低、中、高不同年段学生创想素养标准要求，开发出相应的创意游戏、创造方法、创新思维等课程，循序渐进地推进儿童创想素养的培育。目前已建成"100＋创意游戏""100＋创造技能""100＋创新思路""100＋我的发明"等校本课程。"协同课程"多为拓展型、统整型、实践型课程，是对国家课程的拓展、延伸和补充，主要聚焦于培养儿童的创想思维、创新精神和创造能力，老师、学生、家长、专家以及社区人员都可以成为"协同课程"的开发者与参与者，参与课程建构、学习、评价等工作。

支撑课程群：如果说核心课程群是从国家课程的角度出发，协同课程群是从校本层面推进，那么支撑课程群就是在年级和班级层面的深入了。星河实验小学在校内依据低、中、高年段设立了三个"小学校"——青苹果学园、红苹果学园、金苹果学园，支撑课程群的开发与实施就由三大学园具体负责。在每周五下午两节联排的创想课期间，三大学园围绕星河学子素养特质，针对"智慧之脑""健康之体""审美之眼""创造之心""责任之肩"五大领域，开设出 18 个类别、72 门个性化的创想课程供学生选修，为所有孩子提供发现自身兴趣、创造无限可能的机会。以不同年段的学生的兴趣、爱好、年龄特征为"群"，教师自主开发并实施以项目研究为主题的相应课程。

2. 从规定式的课程走向融合式的课程

（1）整合化的课程内容

教学要素的"契合"。以学科内容为原点，以核心素养为维度，即重点内容、教学活动类型、教学形式、教学场所、学习资源和学习方式的优化"组合"。

学习资源的"整合"。相同基因学科间方式的类比，国家课程中的"道德与法治"与地方的"诚信与做人""环境教育""生命教育与学校期待"的品性课程有机整合。

项目学习的"融合"。在真实的情境中发现问题,产生项目化学习的主题,围绕创想素养目标,将问题的解决有机融合到儿童的学习、生活的有机整体中。

(2) 弹性化的课程机制

课时制。既有游戏十分、发散一刻、创想百分百等按照不同年段孩子的成长节律,实现短课时、中课时、长课时的长短相间的弹性课时;又有综合实践、创意科学等 40 分钟＋40 分钟的联排课时;还有角落课程、场馆课程等 n 分钟课时的灵活设置,服务于儿童的主动探索和积极探究(如表 3-2 所示)。

表 3-2　弹性化课时设计

微课时	10～20 分钟	晨诵、口语、创想游戏、晨光爸爸、花样运动等
中课时	35～40 分钟	数学、音乐、体育与健康、英语等
联排时	40+40 分钟	美术、语文、创想课、戏剧、STEM 课程、公民与实践等
个性时	n 分钟	支撑性课程、创想学院课程、FSC 基地课程等

学科跳级制。简称跳科制。不同于跳级制,它是发现儿童的优势学科,支持儿童优先发展,并用优势学科驱动其他学科的共同发展,让每一个孩子发现自己的潜能和无限的可能的制度。"跳科制"的价值取向是促进儿童发展的选择性、差异性与个性发展,不受固化的年级限制,不受班级统一的束缚。

(3) 按照儿童成长序列

一是创想课程目标序列的科学构建。以"创想"为主线,形成"阶段—学段—主题单元—课时"的目标链,编制儿童创想课程方案、课程指南、指导纲要。

二是创想课程组织单元的序列重构。按照儿童的年段特点设立"青苹果学园""红苹果学园""金苹果学园"三个成长序列与单元,让每一学段的学园创想课程更好按照年段和学段的阶梯循序渐进。

三是创想课程实施方式的序列构建。低段儿童以游戏化学习中课程、思维、评价的研发为主；中段儿童则用问题四驱（大脑、心理、经验和环境）的学习方式来展开；高段是PBL理念下的项目化学习。建构星式课堂好奇心、思维量、方法值、创新点、学习组、表达力六大特质，让儿童全脑思维、多感官参与、场景化记忆，做学玩合一。

3. 从书本的静态知识变为动手动脑的实践课程

要使静态的冰冷的知识转变为学生火热的思考，需要激发多元的课程主体、建构学习共同体、激发个体与集体创造，形成多梯度的课程资源。

低结构多主体开发。从实践育人的角度，激发更多人参与到创想课程的研发中，根据开发主体的不同建构课程群落，如：儿童参与的朋辈课程、角落课程，家长参与的周一创想电影课程、读写绘课程，周五的晨光爸爸课程、博物馆课程以及线上虚拟课程，以教师为主体的三大课程群的整体建构研发，等等。

伙伴群项目化实践。在师生、生生、亲子、社会各界之间形成不同维度的伙伴群，对实践课程采用项目化的方式来推进，比如儿童参与的不同年段、跨年级研发的朋辈课程，相同好奇问题的角落课程等，都体现了朋辈之间的合作性、体验性、实践性之特点，形成了相应的学习共同体。

协同化立体度资源。一是空间突破：让每一间教室都成为脑科学实验室，普及家庭创想实验室，设立七大创想学院在市区建立的创想实践基地；二是时间突破：如周一的全校走班、周五早晨的爸爸时光、周五下午的年级主题；三是主体突破：儿童、家长、教师和社会有识之士、特聘老师成为课程的主体，形成"100＋"微课程资源行动计划。

为丰富学生的学习体验，激发学生的创新思维，学校还通过开展各种主题的项目式学习，让儿童经历体验、探究、分享的学习过程；同时鼓励不同班级和年级的学生组建学习共同体，在合作探究中提升问题意识和交流能力。学校还编制了《场馆课程手册》《野外课程实践手册》等课程指南,有针对性地指导不同阶段的学生开展项目式学习。如低年级的"场馆课程"更多采用"种子课"形式,重在鼓励学生从不同角度提出问题,在内心播种好奇的种子;中年级多采用"主干课"形式,让学生在探究体验中发现内在规律、建构策略模型、习得创造技能;高年级则多采用"果实课"形式,让学生根据发现的规律与模型关联生活中的原型,改造或创造新的事物。

四、打破边界生成多元的课程开发主体

在传统的课程观中,教师是学校课程开发和实施的唯一主体,儿童较大程度被动接受这些成人开发的课程,且各个学科间各自为营,缺乏整体育人的视野,学习内容与生活割裂、较为封闭,学习方式统一化、单一化较为明显。因此,要突破钱学森之问的瓶颈,创新人才培养的整体性、一致性与阶段性成为教育人共同直面的问题。要通过核心价值引领、机制创新、文化创生等激发场域里的每一个人参与到课程建设中来。因此,儿童创想课程既是有边界的,又是没边界的。有边界是因为创想课程有着特定的课程目的和要求;无边界是因为儿童创想课程向四面八方打开,与学校里的每一个课程、与生活、与儿童内在的特性联通,儿童生活的"全世界"都成为其学习的资源。儿童创新精神的培养需要学校、社会、家庭的共同参与。

一是打破家校壁垒,让家长成为创想课程的建构者。星河实小95%以上的家长都来学校给孩子们授过课,单周五的"故事妈妈"们组织开展电影课、阅读课、故事课,双周五的"晨光爸爸"们精心设计国防课、消防课、拓展课,美好的故事像种子一样被植入学生心田。学校整合家长教育资源,推行"专题系列"模式,生成课程菜单,引领家长课程导师采取点教、走教、助教模式,完善"晨光爸爸""故事妈妈"课程资源平台,学生可以随时随地访问,这既延展了学生的认知视野,又提升了家长的课程力。

第三章 让儿童创想课程向四面八方打开

二是打破学校与社会之间的边界,社会人士成为创想课程的建构者。通过成立 FSC 联合会,落实 33 个学校儿童创想社区基地,形成儿童创想课程群基地课程中的六大创想学院实践模式,构建儿童创想课程校外基地的物化网点,建立稳定的合作机制,形成了"三位一体"的儿童教育工作系统。每月一次的野外课程,每一次的 FSC 基地活动,学校都会根据课程内容和学生的年段特点设计课程项目单,采用前课程、中课程、后课程具体实施。

三是打破不同学段间儿童的壁垒,使儿童成为创想课程的建构者。通过角落课程、朋辈课程等群落建设,让不同年龄段的儿童彼此交往、互相影响;在角色体验中、在甄别不同同伴群体中、在奇思妙想中,让儿童用"儿童自己"的思维移情同化。打破课程内容依托零散活动的弊端,逐步形成课程开发自主化、实践项目化、伙伴协同化特质,形成创想课程群落。通过"学生学习共同体",促进伙伴群项目化的实践。

四是打破师生之间的壁垒,师生共同成为创想课程的建构者。在学校层面,形成了自上而下和自下而上的师生共同开发创想课程的模式;并从七大创想学院维度在周一推行全校走班学习开始,目前周一七大创想学院课程达到 72 个门类;周五则从星学园序列推行学园课程,形成了"种子课—主干课—果实课—生长课"的课链新样态。

学校认为,学生的创想空间存在多个维度,每个维度都蕴含着丰富的课程资源。如从空间角度,可分为班级教室空间、校内共享空间与校外创想空间等;从人际关系维度,又可分为师生空间、朋辈空间等。为有效开发这些空间资源,学校进行了多种探索尝试。如学校摒弃一般专用教室的概念,建成了包含魅力数学馆、电磁奥秘馆、人体科学馆、魔力衣橱、数字厨房等在内的 36 个主题课程馆,打造校内共享空间,激发学生学习探究的乐趣。通过与区域内的 30 多个企事业单位签订合作协议,打造校外创想基地,为孩子们提供每月半天的野外课程学习机会,让他们在校外实验室与试验田里开展创想小课题研究。

学校还通过构建"角落课程",有效开发利用朋辈资源。儿童是课程的学习者,更是课程的参与者和创造者。"角落课程"是指儿童在校园各种各样的角落里,生发自己感兴趣的问题或课题,按照儿童自己的课程规范,邀请学校内兴趣相投的伙伴一起展开探索研究的"课程"。如此,他们能随时生成新的研究创意和想法,随时开展跨班甚至跨年级的合作探究。如校园的某个角落也许有个"昆虫部落",孩子们可以在那里观察小昆虫;也许有个"创意农场",孩子们可以亲自动手培育农作物;等等。角落课程的内容和地点会随着课题的变化而变化,合作伙伴也会随着一个课题的结束,自行解散再去加入新的团队,开展新的研究,走向新的合作。

儿童创想课程围绕小学阶段儿童学习整体的、实践的、体验的、关联的特点,站在整体育人、实践育人、协同育人的视角,进行系统建构与创新实践,在育人目标的关照下给一所学校课程的体系建构实现价值目标提供了模式和路径,也为国家创新人才的启蒙提供了通道。

第三节 儿童创想家:研"1+1+π"的课程链条

创新素质系统是知识、思维、监控、协作、践行、动机和人格等71个维度交互作用的结果,包括创新人格、创新思维和创新实践等要素。学校在课程链条设计中,关照了七维度联动、要素融入,设置"1+1+π"的课程链条。第一个"1"是指面向全体学生的国家课程嵌入,第二个"1"是面向绝大多数学生的"目的地想象"课程的编制,第三个"π"是指面向"超常儿童"课程的定制。三类课程面向全体—群体—个体,鼓励学科内、学科间、年级间交叉融合,注重在全域场景中、在特定任务情境的创新实践中体现创新人格和创新思维的综合表达(如图3-3所示)。

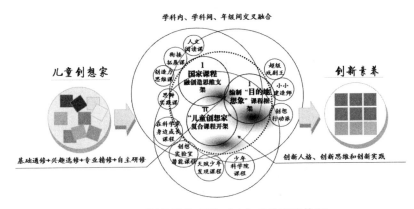

图3-3 课程群落:研"1+1+π"的结构体系

一、"1"是嵌入:在国家课程中融入创造思维支架

要在语文、数学、英语、音乐、美术、科学等学科课程中挖掘创新元素,重构教学设计,尝试课堂变革,注重创新实践、创新思维和批判性思维培养。小学生思维发展的特点是以具体形象思维为主逐步过渡到以抽象逻辑思维为主,从小学三年级开始学生就进入思维发展的关键阶段。学校在三至六年级开设5分钟"思维即刻",训练的具体内容是学科教师根据学科核心要素而自行确定的(如表3-3所示)。

表3-3 "思维即刻"训练内容

序号	年级	思维训练重点	训练线索
1	三年级	顺向思维和逆向思维	在学科学习中逐渐进行训练分析与综合、比较和分类
2	四年级	聚合思维和发展思维	从探索问题的方向对学生进行训练抽象和概括,是把事物的共同点、本质特征综合起来的思维过程
3	五年级	再造性思维和创造性思维	左思右想、前思后想,促进思维之间的关联、再造想象,按照思维的创造性纬度进行训练
4	六年级	上升性思维、求解性思维和决策性思维	用自己掌握的知识和经验去验证某一个结论的思维,横向思维大多是围绕同一个问题从不同的角度去分析,侧向思维是利用"局外"信息来发现解决问题的途径的思维。这是从思维的目的维度进行的训练

同时以"大观念统领下的单元学习"与"学科项目化学习"为两翼,借鉴较有代表性的协作知识建构过程要素、创造思维认知过程,各个学科以知识为载体,设计"四段式"协作知识建构学习活动。

知识共享:是创造性思维生成和发展的准备阶段,主要包括问题感知、提出假设、头脑风暴、共享观点四个环节;

知识协商:使问题得以解决并取得突破的过程,思维由酝酿阶段向顿悟阶段转变,主要包括探索吸收、质疑辩论、联想突破、达成共识四个环节;

知识建构:是验证协同知识成效、论证研究假设的过程,主要包括设计方案、评估方案、试测方案、完善方案四个环节;

知识集成:是学生观点聚敛、思维升华的过程,教师组织学生以口头表述、海报展示、辩论会等形式进行成果汇报。

这四个阶段全面贯穿了准备—酝酿—顿悟—验证的创造性思维认知过程,并强调个体知识建构、组内知识建构、组间知识建构的迭代循环。

教师挖掘学科内容中的思维要素,以创造性问题的解决能力为导向,以学科项目化学习的实践和研究为着力点,促进学校教与学的方式变革。

二、"1"是嫁接:编制一套"目的地想象"课程框架

"目的地想象"简而言之是通过无限的想象力和创造力到达目的地。目的地想象课程不同于传统意义上的竞赛活动,是紧密围绕创意激发、团队合作和问题解决三大技能设置的课程,课程目标定位于培养学生创新思维、团队合作和动手实践能力,涉及内容、目标、方法、评价等四方面。学校开发了"超级戏剧王""小小建造师""创想行动派"三门课程。这三门 DI 课程都是以创意设计、解决问题的方式训练思维,但侧重点各不相同(如表 3-4 所示)。

表 3-4 "目的地想象"课程

课程目标	① 培养参与者有创意的、有判断性的思维 ② 培养参与者学习并应用创意解决问题的方法和使用工具的能力 ③ 培养团队合作、互相帮助以及领导才能等能力 ④ 提高提出问题和研究问题的技巧,注重创意探索,关注细节 ⑤ 提高书面表达的应用水平和口头表达能力,以及即兴和深入展示的技巧 ⑥ 促进对各方面特长和天赋的发掘、培养和使用 ⑦ 立足于对现实生活问题的解决

续表

课程框架	超级戏剧王	突出创意、逻辑、表演,侧重于观察能力、思维能力的培养。以语文、数学、英语学科为主,进行剧本编排、文学创作、语言逻辑训练,旨在提升学生文学素养
	小小建造师	突出动手、创造,侧重于团队合作能力、实践能力的培养,以科学学科、美术学科、体育学科为主,进行方案设计、绘制背景等训练,旨在提升学生艺术素养
	创想行动派	突出思维、结合动手,侧重于语言和动作的配合,以音乐学科、科学学科为主,进行思维构建、思维逻辑训练,旨在提升学生科学素养
课程样例	"小小建造师"课程单元设计样例: 第一单元 "我好奇、我探索、我创造" 第二单元 轻木世界——DI赛场的结构原理 第三单元 家有创想实验室:做学创智慧从心出 第四单元 比拼我们的技术路线 第五单元 扑克牌立木顶千斤 第六单元 神奇的传递装置 第七单元 OM艺术创想主题 第八单元 百变布景 第九单元 DI中的音效制作 第十单元 创想少年思维即兴挑战	
课程思路	重在开发"学科+实践兴趣+问题探索"的"目的地想象"课程。融合数学、语文、科学、音乐、信息等课程与工程、技术、艺术课程知识,打破学科壁垒,学以致用,探索开设创新创造等应用课程,培养学生的科学兴趣、创新意识和创新创造能力	
课程实施	① 时间安排:每周一下午是学校DI课程时间,同一门课程不同主题由不同教师教授 ② 师资设置:每个学期初,学科教师根据三门课程框架分别选择自己擅长的主题开设课程,学生选择不同主题进行走班学习。涉及学生思维、艺术素养等基础性和共性的主题,则是学生不动,由相关教师走班,让不同教师共同完成一门课程 ③ 弹性方式:由"团队挑战"和"即时挑战"两大要素达到"想象中的目的地"	

在课程设置上,增加人文阅读课、幼小初衔接拓展课、创造力思维训练课、思辨课、实践课等,并按照方向、问题、创造性、目的维度四个层次进行思维训练。同时编制"学科+STICE"实施方案。"STICE"是科技创新

创造教育的总称,包括科学(science)、技术(technology)、创新(innovate)、创造(create)、教育(education)。"学科+STICE"指"基于学科融合的创新创造教育",通过跨学科项目、专修课程学习、泛在学习等综合学习方式,整合不同学科的知识和方法,以系统的思维解决真实问题,建立各学科之间的有机联系,提高学生创造性解决问题的能力。课程指向儿童的创意思维能力、即时应变能力、知识遴选能力、时间管理能力、成本控制能力以及团队合作能力,让学生把 DI 团队精神带到班级中,影响周围的同学。学生在应用中能感受到团队的力量,自身的价值得到了充分体现,从而会更积极地学习与生活。

三、"π"是专适:定制"超常儿童"复合课程模块

针对著名的"钱学森之问",学校按照"整体设计、链环实施、校本自主、抽离加速、多方参与、协同创新"的原则,设立"超常儿童早期培养实验研究",为超常儿童提供"精、全、博、简、优"的课程计划,采用四种资优儿童培养方式——集中式资优班、分布式资优班、资优巡回辅导班、资优特殊教育班,形成以培养自主能力为主的"基础通修+兴趣选修+专业精修+自主研修"的"四修"课程体系(如表 3-5 所示)。

表 3-5 "四修"课程体系

序号	课程模块	研习方式	内容
一	少年科学院课程	基础通修	以识别潜能方向、培养和发展兴趣为目的的专门课程;以室内课程为主,如"数字科学家""带你走世界""结构建模""认识星空"等,所表现的才能可归属于不同的领域,激发兴趣、保持兴趣
二	天赋少年发现课程	兴趣选修	以识别优势潜能方向和培养潜能为目的的课程;以项目班实践活动为主,如"虚拟天文观测活动""思维训练定向越野""趣味智能运动会""探索植物四季""科技悦读行动""越做越好玩的科学"等,让学生亲身参与科学研究,接触前沿课题,体验科学研究的艰苦和魅力,提高科学素养及科研能力

续表

序号	课程模块	研习方式	内容
三	创想实验室潜能课程	专业精修	以提升优势潜能发展水平为目的的课程,如天文、机器人、工程技术、科学思维等课程;陆续与武进星星充电、丰顺企业、长海公司等创新实验室合作,进行专门领域课程开设与创新实验室建设、学生课题研究指导方面的合作
四	在科学家身边成长课程	自主研修	为天赋少年班聘请教授、研究员或科技专家为导师,指导学生项目研究小组完成科学研究课题;与常州大学、河海大学、江苏理工等大学合作,举办科学名家讲座、参观实验室等活动,之后推进以学科微课程、学科讲座、"Office Hour"、假日创新课程等为载体的导师制计划

第四节　天才一小时:指向创造性思维的实践范式

"天才一小时"(Genius Hour)是一种新型的学习方式,以激发学生的学习热情和兴趣为目的,是一种培养学生创造力、引导学生从事探究性学习和进行自我激励的活动,并赋予学生"学我所爱、爱我所学"的选择权(如图3-4所示)。让孩子们每周将20%的时间用来策划和实施个人感

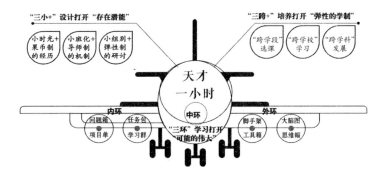

图3-4　"天才一小时"

兴趣的项目,鼓励学生像科学家一样思考问题,像工程师一样解决问题,把鲜活的生活引入课堂。

一、"三小+"设计打开"存在的潜能"

一是"小时光+果币制"的经历。既有普惠全体学生的创新思维学习内容,更有为了满足小部分学有余力的学生的需要,结合拔尖创新人才培养目标和特点设计的"小时光"经历;在教学内容上,以通识教育为主,着重培养学生的基本能力和基本素质,包括书面表达能力、口头交流能力和批判性思维,还有基本的创新思维、创新方法。采用"果果银行"果币的学分积累发现每个人的多元智能。

二是"小班化+导师制"的机制。始终采取小班化教学,行政班30～35人,超常儿童潜能班每班的人数在20人左右。小班化设计的目的是让教师能够充分了解每一个学生的特点,从而开展更具针对性的教育教学,潜能项目班配备了一名"荣誉导师"和一名"专业导师",让学生与导师定期见面讨论,接受"一对一""面对面"的指导。同时,小班化教学也有利于促进师生互动,更好地培养学生的口头表达能力和交流合作能力。

三是"小组别+弹性制"的研讨。注重"小组别"研讨,通过专题研讨会、体验式学习,为学生提供独立进行科学研究的机会。小群体动力学的大量文献为群体结构、群体规范、成员角色、领导功能、过程简易化等问题提供了丰富的资料。小型工作组具有众多优势,包括所有成员有充分参与的机会,师生之间有舒适的非正式关系与群体存在任务责任感,这些都有利于促进自主选择、勇于挑战和敢冒风险文化的形成。同时,还设置了进入—退出制,保证学生动态地流进和动态地流出。

二、"三跨+"培养打开"弹性的学制"

一是"跨学段"选课。"跨学段"选课是基于问题导向而实现超常儿童的学习内容在不同学期和不同年级有一定的选择性的选课方式。同时,弹性学制也是在学分制的基础上演进形成的,超常儿童享有优先选课权,

第三章 让儿童创想课程向四面八方打开

选课系统会提前向超常儿童开放,提前选课,超前教育,实现跳级,进而可以提前毕业并且缩短其毕业时间。

二是"跨学校"学习。学习空间不仅仅局限在校内,还包括线上线下以及高端企业,即争取广泛的校企合作与交流的机会,以及国际友好学校、友好城市的交流互访,使学习场景相互融通。通过大、中、小学以及创新型企业联合培养、访学交流、问题研讨等方式,把社会中一切有利的教育资源引入学校,让整个世界都变成学生学习的平台,为创想教育提供广阔的空间。

三是"跨学科"发展。强调跨学科知识、实践探究及问题解决能力的重要性,设置研究类课程、创作类课程、鉴赏类课程。通过微型课程设计更好地发现儿童的兴趣、爱好、个性与潜能,在儿童兴趣发展中培养其创新意识。

三、"三环十"学习打开"可能的伟大"

莎士比亚有句名言:"做学问必须合乎自己的兴趣,方才可以得益。""天才一小时"计划的目的之一就是激发学生的探究兴趣和学习热情,培养学生的创新思维,允许不同的学生用不同的时间学习不同的内容,让自己达到所能达到的最高水平。

通过内环、中环、外环的三环联动,从九个支架打开"天才一小时"学习的样态,让孩子学会从问题出发,寻找支架,获得结构(如表 3-6 所示)。

表 3-6 "三环十"的九个支架

内环	打开问题箱	在项目正式启动之前,教师可以问学生:什么在困扰着你?你喜欢什么?你想知道什么?这三个问题帮助他们打开思路,这个主题必须是学生无法直接从一个简单的搜索引擎中得到答案的。使学生找到兴趣之所在,从而展开探究学习
	设计项目单	制订研究计划,包括:我的问题可不可以划分为阶段性的小目标并按时完成?我需要什么材料和工具完成研究?我需要哪些同伴,我们的团队分工是什么?我需要教师给予我哪些资源和帮助?通过细致的研究计划可以跟踪学生的研究进程

续表

内环	启动任务包	项目任务的基本要求:需要儿童通过综合利用信息收集、组织、存储、巩固、问题解决、创见、决策、实验、调研、系统分析等认知策略提炼自己的观点或给出解决的方案。项目性任务包中提供:解决的关键问题、理解问题的资源供给、学习进程引导建议、思路拓展指引问题链、任务完成发布要点、提供帮助的教师等等。关照任务包有三个要点:① 你要去研究一些问题;② 你要去创造一些东西;③ 你要把项目成果展示出来
中环	共建学习群	(1) 学习内容的集群。精心选择结构化的核心知识,建立单元式的学习群落。如:以核心概念为主题的线串式结构单元;以知识模块为单位的张网式结构单元;以思想方法为锚桩的复合式结构单元;以关键能力为轴心的螺旋式结构单元。此种学习方式可以用于学科学习,也可以用于跨学科学习。通过对各科课程要求的结构性重组,帮助儿童进入更具挑战性的融合学习中。 (2) 学习组织的集群。以共同体学习方式推动学习进程;以共同的学习需求为目标,形成共同愿景;以儿童学习为中心,以群组教学为主,通过整合多样资源,建立"开放多元""自主选择""自由对话""意义生成"的学习群,建构具有特色的学习群制度,由学生、教师、家长等人构成线上、线下整合的共同体
	搭建脚手架	提供"学习氛围"支架,构建民主、开放的教学环境;运用"已有经验"支架,促进学生自主性思维的发展;提供"图示支架",促进学生形成清晰的思维程序;搭建"情境支架",实现创造性思维能力迁移;提供"开放评价"支架,拓展思维的广度与深度,让学生自主思维。围绕一张 MISO 表格进行探索。MISO 表格主要由媒介(Media)、采访(Interview)、调查(Survey)和观察(Observation)四项组成,学生们根据实际情况对四种研究方式进行合理安排,以获取所需资料和数据,这有利于学生探究能力的提升和科学规范的形成
	供给工具箱	在"天才一小时"计划中,学生将会创造一些东西,他们的成果可能是数字化的、实体的或是服务性的,如产品、实物模型、视频、文字报告等。学生可以利用各种工具,例如社交平台、视频平台等多元化方式展示他们的研究成果,在成果展示过程中,学生得以表达想法、发出声音,提高自我效能感

第三章 让儿童创想课程向四面八方打开

续表

外环	建构实践道	"天才一小时"一般采用普适化的五个步骤：① 定项目，教师参与帮助评估项目，创建"问题解决墙"，便笺贴在墙上专属区域；② 提交项目建议书，教师给出反馈建议，提出至少三个基于前期探究产生的问题，教师提供指导或提示；③ 开始做研究，利用在线资源（视频、网站、图片）、计算机应用、动手操作、书籍、杂志、实地调查以及咨询专家等；④ 评价与反思，学生在开始实施项目后，在项目笔记中记录项目进展，以便反思操作过程和发现问题；⑤ 展示项目作品，通过视频、海报、3D模型、演讲、绘画等丰富多彩的方式展示作品
	形成大脑图	在"天才一小时"计划中，过程性评价贯穿项目运行的始终。研究成果的展现方式一般包括三个部分：作品、文字报告和演讲。演讲中又会让孩子调用PPT、视频、幻灯、图表特别是大脑思维图等多种展现形式，全方位展现自己的研究成果
	六顶思维帽	评价也突破了学科的界限，而以多元化的展示平台开放性地记录学生的成长历程和项目的里程碑事件。六顶思维帽是一种具有建设性、设计性和创新性的思维管理工具。这六顶思维帽，实际上就代表了全局分析、客观事实、感性直觉、乐观思考、保守行事、创新思维六种思维特质

总之，"天才一小时"的核心在于这是一个让孩子发挥主动性、创造性，从自己的兴趣点出发，深入学习、思考、研究、探索、创造的过程。在这个过程中，孩子学会了怎么把一个想法变成现实，还成了更好的阅读者、实践者、创造者、写作者、沟通者和倾听者。

第五节 星河大脑：支持创新素养的数智系统建设

"星河大脑"指的是以互联网为基础设施，沉淀、打通大数据，以支持儿童创新素养发展为核心，建成一套完善的"感知层""传输层""决策执行层"（即"感、知、用"的学校智慧大脑架构），通过对学校的创想教育教学的实践进行无感沉淀,自动形成丰富、清晰、多维度的学校数据资源,进行即时分析、诊断、预警、监测、评价、反馈,并提供融管理、学习、成长支持于一体的人工智能系统。

一、数智魔方:建"精准供给"的智慧空间

魔方有千变万化的组合,但也有其规则。支持儿童创想家的"数智魔方"的概念就是通过对千变万化的大数据的分析、重组、整合,找到规则,开发出符合实战需求的软件、平台、模型,以服务不同的儿童成长需求。以此为基础,学校设置了数智三阶魔方供应链。面向儿童创新素养发展,这是三阶魔方的中心轴,这一核心价值轴始终不变。这个核心价值轴分为核心组织、数字资源、协同机制上下三层,对儿童创想家的孵化的价值创造、数据协同与组织赋能做出核心定位。

核心组织:"数智魔方"的逻辑起点是支持个别。学生是学习的主体,优质的教学过程应该是在教师指导下学生自我建构、自我发展的过程。然而,学生的个体差异性决定了教和学都应该从学生的兴趣、能力出发。"星河大脑"无感沉淀形成了学校教育教学活动的数据资源,正是准确把握学生个别差异的有效保障。

数字资源:"数智魔方"的价值追寻是改进学习。数字资源是整个供应链中的核心部分,集聚盘活各种支持儿童创想创造创新的资源。以数字为核心的上下延伸的转型价值轴是整个供应链的关键点,"星河大脑"在数据沉淀的基础上,实现"了解学生、发现个性、激发创造"的跨越,对学生的培养达到"激发学习兴趣,满足学习需要,培养创新能力,积累实践经验,体验学习成就感"的目标。

协同机制:"数智魔方"的终极目标是孵化创造。在以学生为主体的"个别与集群定制"教育教学的基础上,好奇心、想象力、创造力、独立思考能力、怀疑精神、自学能力、动手能力、思维习惯和方法等九个能力柱共同转动,每个能力柱下都独自由六面管理模型(场景层、资源层、方法层、组织层、评价层、管理层)进行纵横细深的方法运作,通过协同,最终完成儿

第三章 让儿童创想课程向四面八方打开

童创新素养发展的目标。"数智魔方"给教师提供强大的教学支持中台，采用"精干前台＋强大中台"的方式，整合全校甚至全域优质的教学资源。老师可以依托这个高质量的平台来教学，以"让最聪明的'大脑'为更聪明的你服务"为目标，让数据活质化、系统化、有效化，成为教育迎接挑战的超工具支撑。

二、数据赋能：启"创想之子"的成长画像

小学教育阶段是学生的学习能力、性格塑造、健康基础的重要形成期。在大数据技术的作用下，智慧空间可以为学校的学生管理工作提供数控集成服务和数据挖掘服务等。比如学业能力数据采集、平行习惯数据采集、身心健康数据采集、实践活动数据采集、成果分享数据采集，以及儿童的创新素养——科学报国情怀、扎实学科基础、科学研究能力、发明创造思维、健康心理素质——的可视化评价。

① 用大数据刻画学生成长画像的内涵

学生成长画像的基本元素涵盖个人基本情况、学习成绩、生活状态以及社交情况等方面。借助成长画像的这些基本元素，可以发现学生的学习、发展和成长轨迹，有助于分析学生的学习水平和学习技能掌握情况，深入了解学生的生活状况与精神状态，预测学生的成长状态、智能风格和心理状况等，为儿童创新素养发展提供相应支持。

② 用大数据刻画学生成长画像的作用

基于大数据对学生成长画像基本元素的描述与分析，可以实现对学生开展个性化与精准化的教育引导与发展辅导目标。从学生个体角度出发，对学生成长画像基本元素进行归纳分析，采用大数据发展雷达图等评测工具，既可以及时、客观地发现学生在思想、学习、生活、实践中的显性、隐形问题，也可以了解学生在成长轨迹中体现的发展规律和趋势，对个体创新素养发展实际需求与问题给予相应发展辅导与支持。

③ 用大数据刻画学生成长画像的路径

对于学生的成长，要全方位、全过程精准采集数据，计划通过多种方

式、多种途径将学生成长数据聚合在网络学习空间,形成学生个人成长画像。学生每学期综合素质评价数据来源为平时动态数据、在校实证材料、小思平台二维码扫码数据、期末评定导入数据等多种。学生每学期综合素质评价结果以"不同维度积分+期末教师评语+本期成长大数据图表"的方式综合表达,最终形成学生个人成长画像,并在校园网、公众号等平台上呈现,作为学生电子成长档案和学校评先评优的依据。

三、迭代身份:培"赤子之心"的赋能团队

"幼态延续"指的是在生物减缓成熟的过程中,具备这样特征的物种在达到成年以后,还会保持其幼年时期的某种状态或特征。影响适应能力的五大要素——警觉性、韧性、从经验中学习、好奇心、创造力,几乎都因幼态延续而得以加强。因此支持儿童创新素养发展的团队构造中,把"赤子之心"作为团队的基因。

1. 培养葆有"创想气质"的教师团队

创新的直接驱动力——想象力与好奇心,也许正深藏在每个人幼年时期探索世界的过程之中。我们需要培养有着赤子之心、创想气质的教师团队。

孕育气候。推动全体学科教师成为有"赤子之心(坚定的信念、有趣的灵魂、健康的体质、可爱的玩童)"的创新辅导员,让班主任成为创新教育核心联席力量。鼓励班主任将创新教育融入班级文化建设,在班级管理、教学中引导学生在做中学、学中玩,以开发创新潜能。

涵育气度。赤子之心的教师有着创想的气质、服务社会的创新责任感、追求真理的创新精神、敢为人先的创新勇气、坚忍不拔的创新意志、善于合作的创新禀赋,培养和保护自身对学习、研究的浓厚兴趣,提升社会情绪能力。社会情绪能力包括了解自己的情绪和控制自己的情绪,了解他人的情绪,有同理心。

培育气质。指向儿童创想家的育人方式改革,设立"大科学观",探索各类学科的整合路径,通过无处不在的"创新课堂"等方式,坚持全科阅

读、全科习惯、全科思维,围绕创新人才早期培养展开教学研讨,探讨学科整合点,并联合高校促进全科教师系统学习创新思想、方法和实践,整体提升教师的创新能力。

2. 开启具有"游戏精神"的家庭时光

人类比其他物种更多地依赖于学习和行为的塑造来获得成功,需要一个延长的童年期来获得成功所必需的知识。人类身体的幼态持续又会引起心理上的幼态持续特征——好奇、好游戏、好动感情、好社交、爱好合作。星河实小用游戏的机制研发《家庭美好时光手册》,开设基于创想的年、学期、周、日四维家庭美好时光轴。

一是年时光轴。开设年度家长时间银行,通过学期校级新父母家长夜校、月家长年级学堂、双周班级家庭成长营,以及私人定制星父母咖啡厅、家长阅读社群,家长可以将成长时间储存在时间银行,并可兑换育人资源、互助机会。二是学期时光轴。开学初制定家庭学期使命宣言、家庭计划,学期末共同绘制成长地图、设置家庭庆祝时刻。三是周时光轴。有每周家庭新闻时光、每周五家庭会议时刻以及学习沟通交流时光、自主安排的闲暇时光。四是日时光轴。每天安排亲子劳动时光、运动时光、阅读时光、家庭创想实验室时光,通过21天的打卡行动形成良好的习惯。

而做游戏是一种典型的幼态持续的行为,四条轴线形成家长和孩子在创想中共成长的实践线索。游戏具有发展价值,有益于儿童认知、社会性、情感等的整体发展。以游戏为载体,让学生主动地去获取知识,在观察、探究和发现中去绽放独特的思维,去发现问题、探究问题和解决问题。

3. 构建持有"多体协作"的智库资源

幼态持续有利于提高儿童对社会的适应性和创造性,能够为儿童提供发展的可塑性与学习能力。创新人才基础培养路径需要协作体的力量,多位一体,构建创新人才培养的智库体系。

其一,成立星河教育集团创新学术指导委员会,聘请高校教授、教科研专家、高科技人才、特级教师、学科带头人为创新学术指导委员,指导科学实践和项目研究。

其二,充分整合家长、专家、社会力量资源。建立了各级别专家工作站,开设"星河少年说""家长说""大家说大讲堂",形成学生、教师、家长、专家、社区辅导员"五位一体"的创新教育力量网络。

其三,以智库方式整合,充分聚合武进高新区和高校资源,建立"校企联盟",委托常州大学、河海大学、江苏理工大学等高校联合培训科创教师,搭建创客空间、博士工作站、云平台等创新教育高端平台。

其四,建立超常儿童的家校社协同机制。根据交叠影响阈理论,父母和老师在超常儿童教育的家校合作中起着不同的作用,父母是家校合作的重要主体和参与者,而教师是家校合作的推动者和引导者,社会能够为学校提供稳定的支持。超常儿童教育中的家校合作机制,能实现超常儿童全面发展、身心健康和终生成才的教育目标。

星河实小打破学校的围墙和大门,把内心所想和亲身体验,与设计师和艺术家们碰撞,将全世界的前沿知识和传统知识结合起来去发挥创造,去追寻更多可能。

第四章
每门学科都是儿童创造的孵化田

第一节 一体化思政:在童年写下不负未来的红色交响诗

根据中共中央办公厅、国务院办公厅《关于深化新时代学校思想政治理论课改革创新的若干意见》的具体要求,小学阶段重在启蒙道德情感,要引导学生形成爱党、爱国、爱社会主义、爱人民、爱集体的情感,培养他们立志做社会主义建设者和接班人的美好愿望。星河实验小学在围绕"培养什么人、怎样培养人、为谁培养人"这个根本问题上,按照循序渐进、螺旋上升的原则,通过顶层设计、课程建构、机制创新,设计打造小学一体化思政课程体系,实现"课程门门有思政、教师人人讲育人"的格局。

围绕"立德树人"根本任务,传承初心使命,赓续精神血脉,星河实验小学以"培养世界眼光、家国情怀和创想素养的当代少年"为目标,建立一体两翼的星河思政育人方案。"一体"即以立德树人、培养当家少年为主体,"两翼"是指思政课程一体化、课程思政一体化,将立德树人贯穿教育教学全过程,全方位、全员推动思政课程与课程思政同向同行(如图4-1所示)。

星河实验小学构建"国家课程+融合课程+校本思政课程"的课程体系,思政课程一体化将《习近平新时代中国特色社会主义思想学生读本》

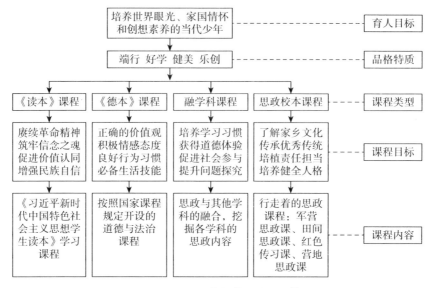

图 4-1 星河实验小学思政课程体系

(简称《读本》)与"道德与法治"课程(其教材简称《德本》)的队伍、课程、教学、评价、资源等横向一体化建设;建立了常州市首家一体化思政联盟,推进不同学段思政课教学研讨按照顺序性、梯度性、衔接性的方式实现循序渐进、螺旋上升机制,推进大中小学思政育人纵向一体化;课程思政一体化是将各学科融合一体达成政治要求一体化、培养目标一体化、设计教学方法一体化、创新育人资源一体化等多维目标。"一体"和"两翼"不可分割,二者相互联系、相互促进,构筑思政育人大体系。

一、贯通构建思政课程建设一体化的"立方体"

1. 立足思政课程"儿童需求"与课程实施"精准供给"相结合

加强思政立体供给的精准性,以满足学生成长发展需求和期待作为行动原点,学校采用"前置调查＋中场过程采集＋后设效度分析"的工具包,满足儿童的理想启蒙需求、知识习得需求、情感体验需求、社会交往需求、行为实践需求五维需求,立足儿童成长需求、主体差异和道

第四章 每门学科都是儿童创造的孵化田

德启蒙规律开展课程方案、教学环节的规划与设计,实现"教"与"学"的精准对接。

道德与法治的实施要做到"三个领":① 让课标为领,研读道德与法治课程标准,梳理道德与法治学科关键能力,从学生法治意识、道德行为、适应社会、热爱生活四大核心素养出发,厘定规则践行、自我保护、道德认同、行为管理、认识社会、规划生活、实践探究和社会参与这8大关键能力,分别从认识、判断、践行、内化4个达成层次对课堂和学生进行考量,并细化到每一年级、每一学期、每一课时。这些研究有效地提高了教师课堂教学质量,也提升了学生的德法学科素养。② 让教材为引。用好统编教材,注重日常教研。对整册书、每单元、每节课学什么,如何学,教什么,怎么教做好教材解读思维导图,明晰安排,使每位老师都能加深对教材的理解,加强对学生的了解,加大对教学的研究,积极推进课堂教学改革,提高道德与法治课程育人的实效。③ 让阵地为要,以小学道德与法治为思政教育的主阵地,根据学科内容和学生实际,挖掘各类课程资源,把"学习强国"平台中生动的、鲜活的资料直接搬入课堂,使思政课成为学生真心喜爱的课程。

对学习《习近平新时代中国特色社会主义思想学生读本》做到以下几点:一是每册集中学习1学期,平均每周1课时;教师每月开展常规研讨,每月按照计划上课,增强教研的系统性、时效性,落实立德树人根本任务,切实发挥好《读本》铸魂育人的作用。二是每月一研讨,从精心准备、课例展示到听课评课专题研讨,形成共研成果;在教学过程中,教师注意把握不同学段学生的实际,注重不同学段之间的纵向贯通,形成中小学不同学段之间循序渐进、螺旋上升的学习氛围。三是学校思政教研组归类整理《德本》与《读本》相结合的教学内容,梳理《读本》中适合开展爱国情、强国志、报国行三个维度、十个主题教育实践活动的内容,与学校德育活动相结合。四是创新《读本》学习方式,把朗读《读本》100课的微课音频录制下来,供学生在上学路上、午休时分听一听,增强学生对习近平新时代中国特色社会主义思想的体验、认同和自信。

2. 坚持思政教学"情理贯通"与实践行为"知行合一"

思政教学需要"情理贯通"。立足儿童生活情境、学习场景以及朋辈交往实景的互通关系，深化道德与法治课堂互动式、讨论式、探究式、案例式的教学方法，与情景化、故事化、游戏化的讲述方式精准融合，做到道德与法治学习过程的"情理贯通"，通过模型建构和实践检视，使每个教学环节与思政目标一一对应。星河实验小学在梳理小学道德与法治课堂教学现状的基础上，结合本校的德法教学提炼出包含"预构—探构—导构—自构"四大教学环节在内的"自主四构"教学模式，具有较强实践操作性，有利于教师将不同的教学方法灵活地应用于相关的教学环节中，并通过"前置诊断—学习体验—讨论完善—积累反思—推广提升"五段修炼策略开展具体教学实践，探寻出小学道德与法治课堂的高效教学之路。

实践行为需要"知行合一"。一是用生活场景激发儿童愿学、乐学情绪，形成强烈的学习动机，增强学习的兴趣，解决学生中存在的厌学、逃学等问题；二是用朋辈协作学习方式吸收他人的观点，充实自己的想法，在共享成果的基础上达到自身知识系统的全面构建；三是强化学法指导，使学生掌握良好的学习技能与方法，为学生的自主学习奠定基础；四是知行合一，使学生将自我作为认识的客体，对自我作出客观的评价，从而对自我思想与自我行为进行激励、控制与调节，并形成积极的政治立场、价值认同和健康的心理品质，不断提高自身的注意力、意志力和抗挫折能力。

3. 用"科学性"构建思政育人建设一体化的"评价梯"

教学评价的主要对象是教师的教学工作和学生的学习，因此，教师应该掌握的主要评价技能为两个方面：一是对学生学习过程和学习效果的评价技能，二是对教学任务完成质量和效果进行评价的技能。科学把握思政育人评价的五个维度：

一是双边评价。对学生在学习过程中各方面的表现进行综合性评价，如态度、能力和方法、学习结果，对教师的评价指向目标落实、方法运用、学生参与度与进步成效。

第四章 每门学科都是儿童创造的孵化田

二是一主一辅。以质性评价为主，量化评价为辅，重视儿童在思政教育上的个性化表现，采用的评价方法主要有观察、访谈、问卷、成长资料袋评价、作品分析等。

三是评价多元。方式多元，积极鼓励儿童自评、互评，鼓励家长与其他有关人员广泛参与；尺度多元，关注每一个儿童在其原有水平上富有个性的发展；渠道多元，收集儿童各种表现，准确全面地评价儿童；功能多元，如形成性评价、诊断性评价、终结性评价、量化评价、质性评价等。

四是标准尺度。评价的主要目的是激励每个儿童发展，促进每个儿童的品德发展与生活能力的提升。

五是闭环反馈。帮助学生准确了解自己的学习状况，反思自我，明确自己的努力方向。

二、融合建构课程思政建设一体化的"行动图"

要把做人做事的基本道理、社会主义核心价值观的要求、实现民族复兴的理想和责任融入各类课程教学之中，思政课程与课程思政二者犹如车之两轮、鸟之两翼，缺一不可。同时，要使各类课程与思想政治理论课同向同行，形成协同效应。星河实验小学积极探索以育人为导向的课堂教学变革，提高多学科协同育人的实效性，挖掘其他课程和教学方式中蕴含的道德法治教育、思想政治教育资源，实现全员全程全方位育人。

1. 融合：梳理学科思政元素地图

思政课程与课程思政实现同向同行，首要前提是要找到共同的方向：建立耦合式的内在契合关系；结合不同课程特点、思维方法和价值理念，精准挖掘、科学提炼和精心绘制包括政治认同、人文修养、道德规范、法治意识、科学精神、传统文化等为主题的思政元素地图。根据教育部印发的《中小学德育工作指南》，星河实验小学充分挖掘各门课程蕴含的德育资源，编制《星河实验小学课程思政实施指导纲要》（如表 4-1 所示），将德育内容有机融入各门课程教学中，实现各门学科在落实思想政治教育方面的共同追求。

表 4-1 星河实验小学课程思政实施指导纲要

学科	思政育人特点	思政育人要素	实施策略
语文	通过阅读与鉴赏、表达与交流、梳理与探究等学习活动，侧重于熏陶渐染、潜移默化	热爱读书 负责任地表达 家国情怀 理想信念 中华传统美德 审美鉴赏与创造 多元文化	一是在阅读鉴赏教学中，厚植家国情怀。结合课文内容分析人物形象、主旨引领 二是在梳理探究活动中，树立精神标志。通过大单元教学贯穿对祖国语言文字、传统文化的热爱，有爱国主义教育标志 三是在作文指导中，落实立德铸魂 四是在期末试题中，积淀精神追求。让学生在语境中，不忘育人选材，考查核心价值
数学	通过习题演算、讨论交流、合作探究、社会实践等活动，侧重于逻辑推理、实践反思、数学审美与道德品质的统一	思维严谨 理性精神 数学审美 爱国主义	一是通过猜想验证、逻辑推理、例题演示，形成有论据、有条理、有逻辑的思维习惯与表达能力 二是通过运用数学知识解决问题，培养勇于探索、敢于质疑、善于思考、严谨求实的理性精神 三是通过学习、感悟、表达数学所独具的数学美，让数学成为追求真善美、创造美好生活的资源 四是通过有关数学史料，激发学生的民族自尊心，增强民族自豪感
英语	在培养学生英语语言运用能力的过程中，渗透情感、态度、价值观教育，对学生进行具有多元文化素养、国际视野和家国情怀的人文教育特性的培养	多元文化素养 国际理解 家国情怀	一是分阶段聚焦于英语拼读能力的培养以及朗读、书写等基本素养，让孩子在阅读感悟中做爱动物、爱自然、会规划、会关心、有自信的小学生 二是结合教材内容，基于单元主题，通过价值观引领，做节约资源、保护环境、有远大理想的社会主义接班人 三是聚焦三大主题：人与自我、人与自然、人与社会，基于单元主题，以阅读和写作为抓手，让孩子成为做事有条理、爱好有选择、懂西方文化、更爱中国文化的好少年

第四章 每门学科都是儿童创造的孵化田

续表

学科	思政育人特点	思政育人要素	实施策略
科学	初步形成正确看待自然界和人类科学事业的观念和态度；获得初步认识自然和改善自然环境的科学方法；获得科学精神的滋养，养成学科学、用科学、爱科学的个性心理品质和良好习惯	初步的科学世界观 初步的科学方法 初步的科学态度和科学精神 初步的科学规范和公德 初步的公民科学价值观	一是从小研究到大课题，开发学习资源让学习联结生活，以项目研究为载体点燃创新火焰。目标指向高阶思维的发育、问题解决能力的提高 二是设计数十个根据教材内容的课堂拓展微型项目，如社区宠物粪便管理、学校卫生设施重新设计、残疾宠物生活支持、学校资源节约利用等三十多个项目，把学生培养为能学以致用的未来建设者 三是从校内到校外，用家庭创想实验室拓展创造空间。家庭创想实验室打破学习的边界，唤起儿童对这个世界的好奇、想象和创造
音乐	通过聆听、鉴赏与创造音乐，培养学生的人文素养、审美兴趣、实践能力及创造精神	高尚情操 精神涵养 审美能力 文化传承	一是体会音乐作品表现出的对祖国山河、人民、历史、文化和社会发展的赞美，培养爱国主义情感 二是通过"2＋1学习"，让学生掌握必要的音乐基础知识和基本技能，拓展其文化视野，让学生形成音乐素养，丰富精神内涵 三是开展十多个音乐社团，让学生参与丰富多样的艺术实践活动，引导学生探究发现、领略音乐的艺术魅力，涵养美感，和谐身心，陶冶情操，健全人格 四是通过"五个一百工程"经典音乐课程，让学生系统地学习母语音乐文化和不同民族、不同国家、不同时代的音乐作品，激发学生热爱、传承与发扬中华民族音乐的文化使命感

续表

学科	思政育人特点	思政育人要素	实施策略
体育与健康	通过课程教学与校内的各种体育活动,培养学生完美人格,陶冶学生性情,引导树立正确的社会人生价值	珍爱生命 规则意识 竞争意识 团队精神 意志品质 爱国情怀	一是顶层设计,以"积极乐观的向上力、刻苦勤奋的意志力、爱动会玩的合作力、永不言败的耐挫力、勇于拼搏的挑战力、行动迅速的执行力"作为全体学生体育精神的核心指标 二是以体育人,建构星河实验小学三原色体育课程体系——建构不断进阶的底色体育课程、亮色体育课程、彩色体育课程 三是通过形成自上而下与自下而上的上下联动课程机制、家校社三位一体的资源保障机制以及低中高三段的学段课程衔接机制,实现了四变:课堂变了、课间变了、比赛变了、评价变了
美术	丰富学生的视知觉审美体验,陶冶审美情操,提高生活品质;美术学科德育特点包括人文性、审美性、情感性	审美情趣 审美创造 爱国情怀 美化生活	一是在名画赏析中培养审美感知能力;在国画学习中养成良好品德行为;在兴趣培养中提升创造美的能力 二是开设空中美术馆,以美育美,不断提升学生的审美意识,提高其发现美、创造美的能力 三是深化课堂改革,全面提升学生艺术素养,陶冶学生情操,发展学生个性

2. 融通:构建跨学科思政实践方式

思想政治教育有其自身的规律,在思政课程、课程思政建设过程中,各学科之间要打破教学上互不往来的状况。星河实验小学通过开展跨学科主题教育教学活动,共同找寻思政课程中显性的思想政治教育、其他学科开展隐性的思想政治教育的普遍规律,力求能够达到让思想政治教育入脑、入心、入行的效果。

在课程思政建设中开展跨学科主题教育教学活动,就是不同学科围绕着一定的思想政治教育主题,结合学科特点开展该主题的教育,然后以此为基础研讨思想政治教育的规律以及与之相适应的教育方式,

第四章　每门学科都是儿童创造的孵化田

选用"画龙点睛式""专题嵌入式""元素化合式""隐性渗透式"等融合手段,推动思政"资源流"和学科"知识流"的双向融通,提高课程思政的价值黏性。

2021年6月至9月我国三名航天员乘坐神舟十二号载人飞船进驻中国空间站,开展为期三个月的工作后,顺利返航。我校开展了"少年问天·第九空间站"跨学科主题活动。科学老师带领学生模拟航天实验,给他们植入科学的种子;数学老师带领学生感受空间站的距离与飞行速度;信息课上,3D打印航天模型的制作让孩子明白科技强国与自己息息相关;美术组组织学生开展以"创想空间站"为主题的创意绘画;体育课上,大家来为"空间站健身"献一计,探讨如何在失重环境下锻炼,保持人体健康;语文老师组织学生给航天员叔叔写一封信,表达对航天员的崇敬,抒发对祖国的赞美……

"少年问天·第九空间站"评价建议(如表4-2所示):

1. 评价目标:家国情怀;2. 评价方法:交流反馈、作品展示、成长档案袋;3. 观测点。

表4-2 "少年问天·第九空间站"评价表

(1)	创作主题是否鲜明,是否表达了对中国航天事业的热爱	☆☆☆☆☆
(2)	展示内容能否体现中国航天空间的特点	☆☆☆☆☆
(3)	能否更加深刻地认识、理解中国航天文化,感受中国航天人的奉献拼搏	☆☆☆☆☆
(4)	是否具有创造性思维,是否表达了自己对祖国航天事业的独特创意	☆☆☆☆☆
(5)	表达思路是否清晰,对同伴学生有启发性、导向性;是否情感丰富,渗透社会责任感、民族自豪感等	☆☆☆☆☆

对学生思想政治学习情况的评价,我们将其渗透、贯穿于整个主

题教学活动中,在进行"少年问天·第九空间站"的教育活动时,不仅在学生平时学习时对他们的情况进行过程性评价,也要把学生的作品收集起来进行评价。航天模型、创意空间站绘画、给航天员的书信、空间站运动设计等一系列作品,都可以由学科老师进行成果性评价。将这些评价情况记录下来,就可以准确地反映学生在"少年问天"跨学科主题活动中的思想政治素质发展过程,既可以不断矫正学生的学习,也可以为后续开展思想政治教育提供参考和依据。

在此过程中,逐渐形成以下课程思政路径:

在课程思政内容上,构建"专题课程＋交叉课程＋融合课程"的体系。专题课程是为达到某一目的或解决某一专项问题而专门开设的课程,如挖掘红色资源,讲述"红色故事",植入"红色基因",让儿童的生活体验与道德体验、知识学习与社会参与、问题探究等彼此渗透。交叉课程是指在课程目标、课程内容、课堂活动等方面涉及多个学科的课程,如结合区域地理特点、民族特色、传统文化等地方文化资源,创建"地区系列""民族系列""世界系列"的思政特色课程。融合课程是指打破学科藩篱,将同一领域中有着内在联系的不同学科加以交融,形成一门新的学科课程。通过以上课程体系,构建跨学科融合课程,打破传统的课程模式和学科壁垒,多元化培养学生的综合能力。如模拟联合国,讲好人类命运共同体故事,因地制宜开发地方和学校思政课程,引导学生厚植家国情怀。

在课程思政形式上,构建"学科课程＋讲坛课程＋活动课程"的体系。为避免学科课程单一化和形式化,提升课程实施的多样性、实践性和参与性,就需要构建"学科课程＋讲坛课程＋活动课程"的课程体系,形成"课程内容活动化"和"活动内容课程化"的"两化"局面。将课程思政学科中的内容延伸到讲坛课程和活动课程中,提升课程实践的体验性。讲坛课程以讲座为主,以专家学者、行业精英、榜样人物为主讲人,以培养学生兴趣、拓展学科知识为目标。比如爱国主义系列课程,它既有与小学校史发展有关的校本教材,也有多样化、创意化的活动课程。活动课程应设置开

第四章　每门学科都是儿童创造的孵化田

放的教学情境,以志愿服务、职业体验、专题访谈、社会调查等各项活动为媒介,提供课内外探究活动设计,丰富教学内容,强化实践锻炼,促使学生形成情感体验,内化所学知识和价值理念,外化日常行为习惯,形成科学价值体系和健康独立人格。

从课程思政对象上,构建"共同课程＋年级课程＋班级课程"的体系。课程协同既应强调横向贯通,又要注重纵向衔接。课程体系的设置既要考虑社会发展要求,又要尊重学生身心发展特征和需要。在此背景下,学校既有主题班会课、国旗课程、道德讲堂、思政实践活动课等公共课程,也有立足年级打造出一系列与思政内容相结合的校本课程,还有集中体现爱国主义系列、传统文化系列、劳动教育系列、法治教育系列等年级或班本课程。如每学期第一周为"民族文化周",深入开展学校"民族大团结、强国有我"活动,打造"七彩星河中华优秀传统文化节"等品牌活动;每学期定期组织开展"学宪法讲宪法"活动、FSC社会实践基地活动、星星农场活动;等等。

3. 融为:形成多学科一体化研讨机制

(1) 主题日培训,转变思想。通过德法教师队伍建设增强思政课教师的使命感与责任感,以对习近平总书记在学校思政理论课教师座谈会上的讲话进行圈点批注、专家解读、专题报告、视频学习、研讨交流等形式,进一步学原文、悟原理,促进"思政课程"到"课程思政"的思想转变。"思政课程"与"课程思政"都是用来实现思想政治教育的教学方法,无论是传统思政课程的教学内容、教学方式、教学主体,还是新的课程思政中的教育元素、教育过程、教育模式,都是组成思想政治理论教育体系的重要部分,"思政课程"与"课程思政"具有统一的价值性。在情感教育方面,"课程思政"将德育贯穿教书育人全过程,是通过整合所有课程思政资源将思想政治理论渗透日常课堂教学的主渠道,是显性教学的表现形式,"思政课程"与"课程思政"具有统一的情感教育作用。

(2) 跨学科研讨,协同育人。星河实验小学以跨学科主题教育教学活动的开展为抓手,开展学科间的研讨会、集体备课、学术沙龙、教学观摩,共同探讨学科育人的经验;开展跨学科教科研课题或项目联合申报,在课题研究或项目实施中不断改进学科育人的方式;开展任课教师每学期对每个学生进行学业述评的活动,改变仅仅以考试成绩评价学生学习情况的做法,将学生思想政治素质作为评价的重要内容。通过跨学科研讨,共同挖掘学科中的思想政治教育资源,共同开展跨学科主题教育教学活动,共同对学生开展思想政治素质评价。思政学科和其他学科开展共同行动,形成教育合力。

4. 融创:形成"行走的思政课"品牌

星河实验小学按照思政课教学要求,结合地方和学校实际,结合家乡变化让学生感受改革开放和乡村振兴的成就……把别样党课、团课、队课"搬"进星河。"田间地头的思政课":每一个村都是一部历史,每一个农村的变迁,都印证着一个时代社会、历史发展的轨迹。一条主线是红色村庄,通过沉浸式党课、团课、队课,党员、团员、队员共同聆听村党支部书记讲村史,体验一场生动精彩的党史学习教育。"军营里的思政课":把国防强国教育的思政课堂搬入军营。通过体验军营的实践育人,切身感受到建设国防强国的重要性与紧迫性。"红色文化传习所中的思政课":如在"常州三杰"纪念馆、王诤将军故居、常州博物馆等开展沉浸式"实境课堂",打开学生家门口的精神宝库,让学生学好党史这门"必修课"。同时,还可开展"红色基因故事汇""红色故事展演""我给革命先烈写封信"等活动,让少年儿童在互动式教学中对话革命先烈,铭记辉煌历史,传承红色基因;寒暑假,在"行走"中,了解历史,感悟革命文化和民族精神,激发学生的爱国情怀。我校围绕系列主题,共同打造思政教育实践基地和思政研学线路,按线路分专题进行思政教育实践,打造"行走的思政课"。

三、整体铺设思政育人资源一体化的"罗马路"

1. 系统构建常州市首家大中小一体思政联盟

为深入学习贯彻落实习近平总书记关于加强大中小学思政课建设的重要讲话精神,深入推进新时代大中小思政课一体化建设,常州首家新时

第四章 每门学科都是儿童创造的孵化田

代大中小学一体化思政课联盟在常州市武进区星河实验小学正式落户。联盟旨在共同奏响永远跟党走的主旋律,书写浑然一体的大中小学思政教育的"五线谱",把握合乎规律的党团队贯通育人的节奏感,构建大中小学思政育人上下衔接、前后贯通、整体育人的一体化链条。

我们坚信"养育一个孩子,需要一座村庄"。星河实验小学党支部率先和星河社区支部形成党建联盟,建构了一体化建设的"党团队一脉相承、家校社一体联动"的红色贯通链,以学校党员引领学党史为圆心,以家庭、社区为半径,将红色基因深植在千家万户,引导团员青年、少先队员通过"五单五新",进行情境化、体验式、互动型思政课堂,为全区党团队贯通育人提供区域推广模式。这一模式刊登在"学习强国"网站。

① 家校订单,党员开设"星父母咖啡厅",微型思政课堂开启"互助式"家校实践活动;② 联系清单,党员供给大思政服务单,用"实干指数"换取百姓教育需求的"幸福指数";③ 邻里约单,党员引领"新社区贯通链",通过"邻里思政"打通了学校党建联结社区党建的"最后一百米";④ 共建回单,党团联动"新乡村振兴营",党员带领团队开展"党带团学党史、振兴乡村明使命"、献礼中国共产党成立 100 周年等活动;⑤ 家风存单,党带队寻觅"宝藏般的家人",通过"寻访我的党员妈妈""我的爸爸是先锋""寻找宝藏般的爷爷奶奶"等上好家风代代传的家庭思政课堂。如今,这一贯通式的思政育人模式从湖塘镇广泛运用到湾里社区、周家巷社区、张家坝社区、马家巷社区等 11 个社区,星河实验小学推行的理想启蒙课、价值辩论课、信仰公开课、家国情怀课等"六项思政红领行动"被社区广泛运用,成为区域思政育人的品牌。

2. 大中小一体化贯通的思政联盟群落

大中小一体化打破传统大中小学之间的自我保护意识,以新时代人才培养战略需求为目标。跨界学习促使大中小学思政课教师进行有效沟通,合作研究和资源开发。大学思政课教师深入中小学思政课教学一线,通过讲座、听课、评课和个案调查等,发挥其在理论性知识方面的优势,为中小学思政课教学、科研提供有效的引导与帮扶,并将自己的学科理论知识在中小学思政课教学中付诸实践,稳步推进一体化进程(如图4-2所示)。

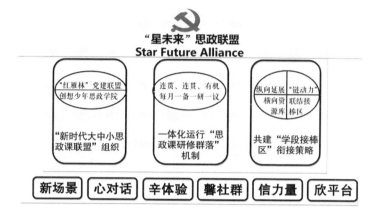

图4-2 新时代大中小一体化思政联盟结构图

(1) 大中小贯通建新时代思政课联盟的组织

由常州市武进区星河实验小学发起,江苏理工学院、常州市工业职业技术学院、江苏省前黄高级中学、江苏省武进高级中学、常州市武进区湖塘实验中学、常州市武进区淹城初级中学、常州市武进区星河实验小学、常州市武进区星河实验小学分校等大中小八所学校共同组建联盟。联盟把习近平总书记的殷切期望化为立德树人的强大动力,面对市党代会提出的"常有优学"之教育名片,为每一个学生从儿童到少年到青年贯通根植红色基因、代代相传革命薪火形成合力;以新时代大中小学"星未来"思政课联盟为阵地,以星河实验小学"创想少年思政学院"为载体,扎实推进新时代大中小学思政课一体化教学研究改革创新。星河创想少年思政学院培育了无数立志向、有梦想的少年。如在"学宪法讲宪法""家风故事"比赛中获得省市区一等奖的潘梓涵、管宇辰等十多位学生;如"江苏省好少年"王路宸,"常州市好少年"向怿夫,"常州市十佳少先队员"管清扬,全国创客大赛金奖获得者万子谦、陈苏驿、年闰泽等三十多位学生,全国中小学生创·造大赛摘金夺银者蒋昊轩、夏语涵、傅煜城、周雨乐、王路宸、耿哲、张修齐、陈钰樊等二十多位

第四章 每门学科都是儿童创造的孵化田

学生……他们向上向善,牢记习近平总书记的谆谆教诲,立志向、有梦想、爱学习、爱劳动、爱祖国,从小"扣好人生第一粒扣子",努力成长为担当民族复兴大任的时代新人。

(2)一体化运行布设"思政课研修群落"机制

思政课对学生的影响是连贯、连续、有机的,推进大中小学思政课教学一体化建设,教师队伍一体化是关键。联盟成立后,以家庭思政教育沈炳军工作室、新时代思政育人曾美婷名师工作室、习总书记新时代读本进课堂芦燕工作室三个思政课名师工作室为载体,建立一体化思政课研修机制:一是每月一研,构建沟通交流机制,大中小学思政课教师不断掌握学段之间知识的逻辑性和关联性,目标上前延后续、内容上"瞻前顾后"、策略上前后贯通;二是每月一议,定期组织大中小学思政课教师开展教学研讨,共同探索思政课教学改革创新的方法和路径;三是每月一备,构建大中小学集体备课机制,围绕思政育人过程中产生的难点、堵点和痛点等问题开展集智分析,着眼于一体化的育人机制和全链条的育人模式,使大中小学不同学段思政课互融互通,创建共享机制、优化要素配置,全面落实立德树人根本任务。

(3)共建"学段接棒区"衔接策略

一是向纵向延展"链动力",在大中小学思政课教学一体化中培养"链"式思维,推动大中小学思政课教学资源链接、教师队伍对接、教学载体衔接,形成大中小学思政课教学一体化的资源链,为大中小学思政课教学一体化提供"链动力"。二是向横向拓展"资源库",通过思政微课比赛、全科思政教学展评、案例博览等方式建立大中小学思政课典型课例资源、视频资源、网络资源等教学资源,更高效地服务思政课教学改革,以教学资源整合化助推大中小学思政课教学一体化。三是学段联结"接棒区"。"守好一段渠"更需"跑好接力赛",遴选可以合作教学和学习的内容,采取分年龄、分层次、相耦合、可交融的教学方法,较好地实现大学生给中小学生理想启蒙、中小学生向大学生传递情感,双方在体验交流中生成良好思政教学效果的精准教育,着力在各个学段、各门课程间的"接棒区"上做出大文章。大中小学召开"同上一堂党史课"集体备课会,聚焦"献礼建党一百周年"和"爱国主义教育"两大主题,积极探索中华民族优秀文化基因和红色基因融入大中小学学科教学的途径,采取"线上+线下"的活动形式,让上万名教师参与其中。通过说课、示范课点评、教材解析、总结研讨,促进了校际协同,发挥了辐射带动作用。

3. 协同拓展思政育人主体的一体化

星河实验小学在德育资源的基础上开发创新课程思政资源。课程思政资源是学科教学完整发挥育人功能的基础条件。

(1) 以教师开发为主导。基于本校学生的特点和需求,教师针对学生全面发展的实际需求,挖掘和甄别社会"赋性"和"赋能",发挥社会资源的教育价值。如"晨光爸爸""故事妈妈"课程,FSC基地课程等。

采用结构"三配置":科学规划道德与法治教师队伍的数量和结构,按照低中高三个学段配置了德法备课组长,每个年级设立1~2名德法骨干教师,对每个班的德法课程教师采用网格化管理模式进行引领和培养;统筹考量思政教师的不同个人经历、不同兴趣爱好、不同个性,结合个人特长、个人经历和个人意愿把教师配置到每个班,统筹安排,人尽其才;道德与法治专任教师配置远超30%以上。

实施内容"三培训":建立完整的思政专兼职教师岗前培训体系,做好全员师德师风培训,做好教材教法培训;以"四有"好教师标准严格要求教师,让教师坚持以德立身、以德立学、以德施教,锻造过硬育人本领,做到"教育者先受教育";组织教师参与教育部、省教育厅和学校三级培训。几年来,共一百多人次在南京师范大学、江苏理工学院、扬州大学等高校进行学习、培训、交流、研修。

做好路径"三培养",赋能成长关。教师成长是个过程:一是实行导师制,从常州大学、江苏理工学院、武进党校等聘请了十位思政导师,组团式精准培养;二是思政上课听课评教培养,一对一点评指导,补短板;三是举行了三届思政专职教师与兼职教师基本功比赛。集团曾美婷、芦燕等六位教师成长为常州市道德与法治骨干教师以及区级学科带头

第四章　每门学科都是儿童创造的孵化田

人、骨干教师。

（2）以专家开发为支撑，发挥校外教育机构的专家力量，对于建好"社会大课堂"有非常重要的意义。挖掘人力、物力等各种维度资源，成立家长思政宣讲团、思政育人导师团（党校讲师、大中小学思政教师、政府政治专业人士）等团队。

（3）善于用好国家重点建设资源。国家重要的教育示范基地是宝贵的课程思政资源，如常州博物馆、常州三杰纪念馆、李公朴纪念馆等，这些资源的利用方式由不同学科教师深入研究，并根据学科教学要求有效对接，发挥同一资源对各相关学科的教学支撑作用。

（4）利用珍贵的"即时性资源"，及时获取，及时提炼，如举办艺术展览、重大科技活动等，其中包含特殊时期非常难得的教育资源，如新冠疫情期间的生命教育，神州十三号载人火箭发射圆满成功中的"航天梦"，冬奥会中的勇于拼搏、为国争光。另外，可在优秀传统文化资源、传统文化艺术教育资源、重大发明的教育价值资源、现代革命精神教育资源、现代影视和网络信息教育资源等方面进行探索。

第二节　以体育人："创想体育"课程建构与实践探索

体育对于儿童的一生都有着不可或缺的价值与意义，然而在真正能成为有着锻炼的习惯、健康的体魄、矫健的身体的人之前，我们的体育还有着理念与行动的距离。小学的体育课程如何为儿童的终身健康奠定基础？如何激发每一个儿童热爱运动的热情？如何让每一所学校按照规律以体育人？这些依然是摆在我们眼前的现实问题。我们经过十多年不断深化进阶的体育课程改革，逐渐建构起"三原色"的创想体育课程、"三环四动"的体育课堂以及"三足鼎"的体育学习评价，形成了创想体育课程改革不断蝶变的三次方,凸显了创想体育的特质。

一、整体育人,重画一个"体育目标"的坐标轴

1. 学生第一:育健康爱创的星河娃

我们根据培养"积极的生活者、终身的运动者、智慧的学习者、美好的创造者"的目标建立起星河实验小学创想少年健康发展的四个维度,让每一个少年都能成为有积极人生观、会生活能独立、有健康身心的人,能主动学习、开启大脑、有智慧的人,乐于创造、改变生活、学会担当的人。同时,根据国家课程标准提出的"发展心理与社会适应能力"目标,结合集团学生实际,提出将"积极乐观的向上力、刻苦勤奋的意志力、爱动会玩的合作力、永不言败的耐挫力、勇于拼搏的挑战力、行动迅速的执行力"作为全体学生体育精神的核心指标。

2. 两维坐标:横有列纵有序的价值轴

站在整体育人的角度,"体育课程一体化"将课程总目标定位为体育与健康素养培育,理解体育的内涵、审视我们的体育目标,以高观点、低结构、宽路径的方式来重构我们的体育体系。高观点即体育是以体育人的教育,不仅是强健身体的教育,是直抵心灵的教育,也是发展情感的教育,更是提升核心素养的教育。低结构指体育目标之序列化,它包括运动技能与习惯、健康知识与行为、体育品德与情感、健全人格与养成四个维度。宽路径则将各学段、各学年的课程目标内化为星河期待,达成处处可悦动、日日有习惯、人人有技能、班班有特色、家家爱运动之目标,我们需要横向成列,纵向成序,形成美育目标的立体坐标轴。

3. 四个转换:以终为始形成目标链

重点梳理《义务教育体育与健康课程标准》(2011版)中小学阶段的技能要求,按照教学实际罗列一至六年级每个学期的技能教学内容,落实每一个学段每一个学期儿童体育学习目标的分层分类的制定并与学习内容契合,形成"小学目标—年级目标—单元目标—课时目标"的目标链,上下贯通、层次分明。在制定时,每个年龄段有所侧重:低段——体育游戏

第四章　每门学科都是儿童创造的孵化田

与健康习惯;中段——体育技能与健康心理;高段——体育精神与健康人格。同时,将课程目标—领域目标—水平目标—效果目标,分层制定到各个年龄段,在课程实施中重点落实。

二、对标育人,定制两维"身心两健"的标准尺

1. 制定一把学生体育学业尺

在落实国家课程标准的基础上,制定星河学子体育学业标准"2＋3＋1"(羽毛球、游泳必修,篮球、武术、棒垒球、足球自选),从而确定每个年级体育课程的目标、内容,做到目标分层进阶,内容清晰明确。每个学生小学六年毕业前,需掌握至少四项体育技能,其中有一项是学生最拿手、最喜欢的项目。除基本技能外,学业水平还包括学生的体质体能水平。体育组将根据"力量、柔韧、速度、耐力、灵敏"等五项身体素质的最佳发展期,适当参照《国家学生体质健康标准》,设定每个年级学生体质体能测试的内容与标准,引导学生学会检测、学会锻炼。

2. 刻画一把身心完整的健康尺

运动负荷——刻画一把"130 度"的身体尺。每一所学校都规定每天锻炼一小时的红线标准,但是事实上你会发现时间是有了,运动强度、运动负荷、身体机能没有得到应有的发展。这如何来衡量？因此无论是体育课还是大课间、体育活动,星河都设置了一项标准,那就是学生的运动负荷应达到平均心率 130 次左右每分钟,运动负荷能让孩子出汗;这一标准同样也普及家长,让 30 分钟的家庭锻炼也能参照此项标准,以此来衡量运动安排的科学性和达成度。

心理负荷——度量一把"360 度"的心灵尺。体育课的运动负荷,是指学生在练习时所能承受的生理负荷和心理负荷,因此我们从 360 度视角关照儿童的心理健康,关注学生在练习中的生理和心理变化。运动负荷的安排是否合理,运动项目安排是否适切,对体育课的质量有直接的影响。无论是对运动负荷还是对心理负荷都要进行全方位立体把握,负荷过大或者过小都会给儿童带来伤害。

3. 建立三维学科育人的常规尺

制定了《星河实验小学体育学科学习新常规》《星河实验小学体育学科教学新常规》《星河实验小学学生学业水平标准新评价》三个维度的体育学科育人的常规标准,把学生体质健康水平作为学校学生综合素质评价的重要指标,将学生一天的运动负荷、体育锻炼情况、运动能力以及体质健康作为重要评价内容,让每节体育课的实施有标准可循、有要求可依、有指标可参照。

三、规律育人,把握"儿童生长"的三个关键期

在低年段我们强调"基础牢",让儿童养成良好的体育习惯,形成积极的体育情感;在中年段强调"体能强",让儿童掌握扎实体育技能,形成正常的体态身形;在高年段强调"高素养",让儿童形成身心两健的体育人格与素养。

1. 体育学习要捕捉不同年龄段的敏感期

儿童的体育学习存在敏感期,随着儿童大脑的发育、身体的生长,其各方面机能需要在体育学习的敏感期得到强化、优化,这是我们整理出来的小学阶段不同年龄段儿童的生理发展特点和运动敏感期的节点。比如6岁时儿童骨骼和肌肉的弹性好,是让身体柔韧性发展的敏感期,适合体操、游泳和武术等学习;7～8岁,脑皮质运动区神经细胞的分化特别敏感,特别适合动作速度的训练;9～12岁,是肌肉收缩速度训练的敏感期;13～14岁,皮质抑制调节机制达到一定强度,是"一学就会"的年龄,是可学会一些新动作、新运动技术的敏感期。

2. 体育锻炼要紧扣10岁前的窗口期

在课程实践建构中,根据课堂观察与儿童体育锻炼的实际数据可知,10岁之前,一方面是儿童身体素质发展的重要窗口期,另一方面也是儿童神经系统发展的关键期。在这一窗口期进行科学有序、循序渐进的训练,对孩子身体素质和神经系统发展非常重要,如果抓住这一关键期进行跑、跳跃、投掷、攀、蹬、爬、越等基础技巧和肌肉训练,儿童会形成

深刻的终身肌肉记忆,这些基础素养会在后续篮球、足球、羽毛球、棒垒球等各项运动中发挥极好的支撑作用,儿童的体育技能发展会更加明显。

3. 体育素养应立足不可或缺的发展期

随着生长发育,儿童身体素质得到发展,又由于从事体育锻炼和训练其体能得到提高。体育教学和训练,应根据儿童身体素质发展的特点,采取科学的训练方法循序渐进,促进儿童身体素质的发展和运动技术水平的提高。如在发展儿童耐力素质中,可以抓住儿童身体的发展期,从8岁起可以采用慢跑等以心肺功能适应性为主的有氧运动;儿童11岁起则采用有氧耐力运动,促进肌肉代谢;等等。不同的发展期应有各自科学合理有机的运动训练重点,我们唯有关照儿童身心发展的发展期,合理设计、螺旋上升、把握节奏,才能提高体育教育的品质。

四、实践育人,打造学校"创想体育"的四驱车

把握好创想体育以体育人的"四驾马车",那就是儿童具身体验的运动场景、"三原色"进阶的体育课程、"三环+四动"的体育课堂以及数据+徽章+积分榜"三足鼎"多元的评价方式。

1. 即时即地具身创想的运动场景

要将儿童的身体发展置身在真实的情境中,将运动特色融于环境的创设中,重点利用现有自然环境的资源进行童话般运动资源改造,让孩子在校园每一个角落都能进行走、跑、跳、钻等运动练习,让儿童积极参与到创想运动中。

创想营:弹性化运动场景。让学校的运动场景课程化,让儿童可以随时切换,无论是晴朗天气的即时运动,还是雾霾天气的创想运动,学校不断进行创想运动空间开掘,如室内打靶、跳绳、踢毽以及室内泡泡操,以及走廊随时的情境性摸高、树屋的攀爬、战壕的匍匐前进等都能促进儿童创想运动。

冒险场:挑战性运动场景。重塑创造一般意义上的田径场的功能,制

造与其年龄相适应的"困难",使运动环境具有适宜的挑战性,重新设计、打造富有体育特色的物化环境,高效利用现有体育设施、空地、道路、墙面,赋予其全新的体育功能,形成立体的挑战性运动功能区域。

八卦阵:伙伴式运动场景。在小学阶段,儿童的运动非常注重群体和同伴合作性,因此可以通过设置高低大小不等的平衡木、攀岩架、跨越梯形成孩子喜闻乐见、极具挑战性的"八卦阵",让孩子在合作、团结、协助的过程中提高力量、平衡和柔韧等身体素质。

节律区:技能类运动场景。在联合器械区域调整器材,建设综合体健拓展区,主要提高学生的力量、灵敏、柔韧等身体素质。另外开辟技能拓展区,如乒乓球练习区、跳跃练习区、攀爬练习区、平衡练习区。孩子们在充满韵律节奏的故事或场景中完成跑、跳、躲避、接、传、投等各种运动。在广域游戏运动区,通过彩绘、粘贴等方式,卡通化地布置区域,凸显其体育功能,让身体和心灵还有思维在运动中发展、合一。

嬉乐坊:"互联网+"运动场景。一方面在校内运动场添置投影仪和大屏幕,在室外建成电子互动学习区,在教学、训练中利用摄影技术捕捉学生的技术动作,采用角色扮演的方式,便于纠错和形成正确动作。另一方面开设"创想健身房"空中运动课堂,由体育教师和学生拍摄教学类和健身类短片,学生离开课堂可以上网点击,有疑惑可以通过留言与体育老师互动交流,学生还可以采用游戏角色扮演的方式进行运动锻炼,激发运动情感。

2. 系统建构"三原色"体育进阶课程(如图4-3所示)

我们围绕一个核心——以体育人,立足体育学科核心素养的维度,融入育人目标的实现,整体建构星河实验小学"三原色"体育课程体系。通过不断进阶的底色体育课程、亮色体育课程、彩色体育课程的建构,形成自上而下与自下而上的上下联动课程机制、家校社三位一体的资源保障以及低中高三段的学段课程衔接,实现了"四变"——课堂变了、课间操变了、比赛变了、评价变了。

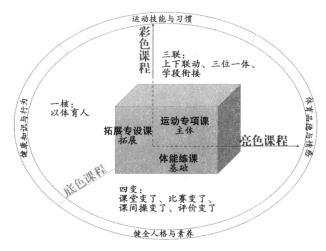

图4-3 "三原色"体育进阶课程

底色课程：主要围绕儿童跑、跳跃、投掷、攀、蹬、爬、越等基本的运动，开展分年级、有目标、有重点的学习和训练，达到课课练、人人行。将国家课程内容与儿童的身体基础素养课程内容有机整合，参差安排学习项目，加深考核训练深度。同时，系统建构"三间活动"：大课间活动体适能运动，学校统筹和班级自主选择相结合，分为合作类、力量类、速度类运动，推荐每个大类里若干个练习内容，以每周轮换的方式组织学生学习，在平时的活动之前增加了2分钟的迂回慢跑，在周五的时候还增加了一次体适能训练，充分提高学生的体能，增强学生的体质。午间二十分钟慢时光运动活动，学校充分利用午间时间，以体育课程基础活动为基础，引导学生有目的地进行低运动量的体育活动，每天12：00～12：20为开放时间。并统一采取学生自主管理、教师巡回指导的方式，每个活动区域有学生志愿者提供服务。课间创想运动八分钟，课间以学生自主创意运动、创想游戏为主，同时学校提倡课间体操、手指操、桌面游戏、地面游戏等小型、多样、低负荷的体育活动，建议进行科学有序的课间活动，为学生一生的健康素养奠基。

亮色课程：在国家课程的基础上围绕儿童体育素养发展的关键期

增设了特色课程,每个学生都可以在基础课程与分段课程必修的基础上,根据自己的兴趣爱好与先天特质选择选修课程。具体内容与项目如表4-3所示:

表4-3 亮色课程设计

一个基础	两个特色	三大项目	大课间设计	分段课程
力量训练"1+X"	武术足球	武术足球棒垒球	周一至周四原地队伍迁回跑操+自编操+分区域活动 周五原地队伍迁回跑操+自编操+体适能2遍	一年级:羽毛球/足球 二年级:武术/足球 三年级:棒垒球 四年级:游泳 五年级:篮球 六年级:篮球

同时,改变了大课间的常规模式,围绕身体健康素质(体适能)的诸要素,增加了发展心血管系统功能的来回跑、提高身体柔韧性的形体训练。

彩色课程:是指向每个孩子体育素养与个性发展的课程。具体包括三个维度:一是社团课程。对学有兴趣和学有余力的孩子提供社团课程,各社团采用"自培+外聘"的方式培养专业且高水平的体育老师来提高训练水平,并周周练、月月展、年年比。二是吉尼斯课程。每年举办校园吉尼斯闯关赛,固定项目和自选项目相结合,还不断开发新的挑战项目,全员参与,并设置个人单项挑战纪录和班级集体挑战纪录,以推动全体的参与,班级比赛分别设有篮球对抗赛、足球对抗赛、游泳挑战赛、冬季三项团体赛等丰富的体育赛事活动。三是亲子课程。跟着爸爸去运动、陪伴妈妈去锻炼成为常态。编写《星娃家庭体育锻炼手册》,开发亲子家庭运动课程。我校根据体育与健康课程标准与各年级学生特点,规定具体的家庭锻炼内容,培养学生终身体育的意识,使其养成经常锻炼的习惯。家长可以在手册上或者学校乐动App上查阅学生体锻标准、孩子达成情况,做到了然于心,在指导监督学生完成体育家庭作业时更有针对性和指导意义。还有晨练微课堂、创想运动八分钟、午后沸腾时光等儿童个性课程,为每个学生提供了丰富且具有选择性的课程。

3. 并联形成"三环+四动"的体育课堂

（1）课前创想"三环"设计

第一环：把握课堂内核主旨。把获得生存技能、习得锻炼原理、发展体健情感作为课堂主旨。第二环：优化课程编排方式。采用课程内容"嵌入式"融合、课程模块"主题式"融合、课程形态"嫁接式"融合三种方式优化课程内容。尽可能给学生提供更大的选择空间，给每个学生提供不少于三个可选择的运动专项内容，创设能进行长时间持续性学习的条件。第三环：体验多元学习方式，有常态深度学习、创想循环学习、合作挑战学习。结合体能发展敏感期，给学生提供新颖有趣的体能锻炼方法，每个学生能明确到什么年龄练什么，创设能进行自主科学锻炼的条件。

（2）课中创想"四动"联结

场景启动。问题化的主题情境贯穿学习的全过程，学生自始至终浸润在具身体验的运动场景中。由浅入深设置目标，阶梯式发展运动负荷，系统促进儿童运动技能与运动情感的发展。

任务驱动。以目标逆向设计任务包，促使内容的原生价值与儿童的再生兴趣联结，形成驱动性的任务，将散落的运动要求、技能目标、问题洞察转化为儿童创想乐动的任务包。

创想运动。开启问题箱、搭建脚手架、设置工具框、形成运动循环圈，通过创想运动的建构，破解学生运动技能提升的卡点和难点。

五感联动。运动过程中，我们倡导让儿童身心灵向四面八方打开，在创想运动中，同时调动了视觉、听觉、嗅觉、味觉、触觉等感知觉经验，五感的协同能促进身体与环境的融合、互动以及儿童的健康生长。

（3）创想三课的模型建构

为了让每个学生能获取更多的体育与健康知识，学校创设了能进行学科融合育人的条件。在创想体育实际操作过程中，运动专项、体能专练、拓展专设三类课型同步开展、整校推进。

一是围绕底色课程，开设循环化、协同化、游戏化学习的体能专练课，围绕跑、跳、投田径类与攀、爬、钻、翻滚、支撑等体操类的基本运动能力和小学测试专项技能,采用5分钟微学习,10分钟间隔锻炼,20分钟、40分钟整时段学习训练,多组次的不同组合循环学习,打造学生的强健体魄。

二是围绕亮色课程,开设连续性、结构化、体系性学习的运动专项课,如田径、体操、形体、足球、篮球、羽毛球、乒乓球、棒垒球、武术、游泳等适宜一至六年级连续性学习的运动项目,完善中小学专项运动知识与能力的衔接体系,培养学生的运动专长,使学生熟练掌握至少两至三项运动技能。

三是围绕彩色课程,开设融合化、挑战化、主题化学习的拓展专设课。从学生当前与未来的生存、生活情境中寻找主题,通过集体协作性、任务驱动化的综合拓展主题式体育体验学习,促进体育文化传承,健全学生的人格发展。

4. 探索"数据+徽章+积分"的素养评价

从整体育人的角度建立可操作、可实施的体育学习评价体系,以体育学科素养的角度设计充满童趣、激发兴趣的评价方式:一是在学校的"果果创想银行"中专门建立"体育积分支行",每个分行制定了详细的积分细则,体育积分主要是围绕不同年级的目标,以耳熟能详、儿童乐见的"十大创想体育运动好习惯"为评价的支架,建立科学又富有儿童个性的体育积分制,让孩子每日锻炼、不断为生命健康成长赋能,对照目标"跳一跳"就能得到。二是评出创想少年体育之星,培养学科榜样人物,重视激励评价机制,在升旗仪式上为体育之星隆重颁奖,形成人人争当体育之星的氛围。三是根据积分数据,给特殊儿童开出适切的运动处方。如疗愈性运动处方:针对肥胖型、瘦小型、矮小型、近视等学生的运动处方;健身性运动处方:为发展全身耐力、体能与基础体育素养的运动处方;成长性运动处方:针对专注力、力量型、精细动作、气质需求等的运动处方。

为儿童一生的健康奠基,让儿童从小养成终身参与锻炼的习惯、形成健康的身心是教育必须要追求的目标。只有从儿童完整的生命的角度出发,发挥学校体育在促进人的健康方面的关键作用,整体育人、按规律育人、实践育人、以体育人,长期培养、持久显现,才能实现六年影响一生的育人成果。

第三节 做数学：指向核心素养的学习罗盘建构

"做数学"是以"做"为支架的一种数学学习活动，是学生运用材料和工具，在动手动脑相协同的过程中以人人参与的实际操作为特征的数学活动。"做数学"是学习者能够像数学家一样去思考与实践，理解数学知识、解决数学问题，从而更好地认识、探索与创造世界。"做数学"强调学习者在这一过程中充分地感受数学的思维性与优美性，充分地发挥数学的想象力、洞察力、判断力、推理力、抽象力和建模力，从而在更深层次上培育学习者的理性精神、创新意识。通过"做数学"推动数学学科育人，形成新时代数学教育的新型范式与有益探索。

让儿童面对真实情境中的问题时，通过体验、感悟和反思，抽象出数学概念、命题和结构，建立数学模型，并运用逻辑推理和运算解决问题。这种综合性特征，体现了以数学认知为基础，以数学基本思想和关键能力为核心，以独立思考和自主学习、数学核心素养的形成过程为关键，根据小学生的年龄和认知特点、教师对核心素养的可理解性及教学的可行性而界定，所形成的小学数学核心素养的综合体系。以学生为主体，以培养学生的小学数学的学科关键能力为核心，以数学情感、思维方式、数学精神为三翼，建构学习罗盘关照下的"数学学科核心素养"，在模型建构中形成多层面、多方位的全面学习愿景，为学生自身数学能力得到良好的培养打下坚实的基础。

一、做一个罗盘：梳理"整体性"学科核心素养框架

学习罗盘。《学习罗盘 2030》将学习框架比作"罗盘"，把"能力"视作知识技能、过程方法、情感态度和价值观的集合，它为学生应该走向哪里

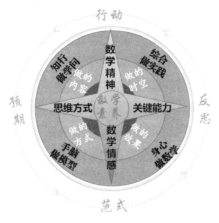

图 4-4 指向"做数学"的"学习罗盘"

提供了一张地图,强调每个个体都应该拥有自己的"学习罗盘"(创造新价值、解决新问题、承担责任),帮助学生实现"在未来陌生环境中的自定航向"。图 4-4 是指向做数学的"学习罗盘":核心为做一个有数学素养的人,以数学精神、数学情感、思维方式与关键能力作为罗盘的指针,内圈为做数学的内容、时空、方式、效果;中圈为身心做数学、手脑做模型、知行做学问、综合做实践四个维度;打开学习罗盘的循环圈,外圈由行动—预期—范式—反思四个阶段构成,揭示了学习的迭代过程。

完善课程内容、加强实践环节。① 增加概括概念、发现性质所需的素材,提供丰富的、真实的应用问题;② 安排动眼观察、动手操作、动脑思考的实践活动,使学生通过自主活动获取理解概念所需的"事实",从而形成对概念本质的深刻体悟;③ 延长知识的获得过程,给学生提供感悟知识精髓的时间和空间,使学生获得"如何思考"的智慧。

给学生的学习方式和教师的教学方式带来实质性变化。① 从认知方面看,调动各种感官参与数学认知活动,获得抽象数学概念、发现数学规律所需要的现实材料,抽取共性、得出规律,进而认知数学原理和性质,并获得解决问题的方法的启发;② 采用体验式学习方式,让学生在"做数学"的过程中获得对抽象数学概念、数学原理的直接体验。

"做数学"是推进育人方式改革的有力抓手。激发学生对未知世界的好奇心、培养学生探索事物本质和规律的兴趣、发展学生创新思维的好方法,是培养学生创新精神和实践能力的有力举措。

数学学科核心素养,是指在众多的素养要素中处于中心位置,最基本、最重要、最关键,能起到决定作用的素养。学科核心素养是学科教育在全面贯彻党的教育方针、落实立德树人根本任务、发展素质教育中的独特贡献；是学科育人价值的集中体现，是三维目标的整合与提升；是学生在本学科学习之后逐步形成的关键能力、必备品格与价值观念。

1. 梳理小学数学学科育人价值坐标轴（如图 4－5 所示）

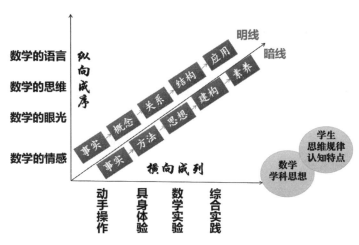

图 4－5 小学数学学科育人价值坐标轴

史宁中教授说："核心素养的实践探讨，其意义正在于，如何审视我们每一天、每一节课的价值，让每一次付出都更有方向感和成就感。"因此，小学数学学科育人价值的坐标轴擘画在常态的课堂中。

具体来说，横向成列按照年段递进，纵向成序按照要素进阶（如表 4－4 所示）。

表 4－4 坐标轴横纵向的递进和升阶

横向成列按照年段递进	低年级	注重动手操作，通过数学知识与生活世界广泛联系，实现数学知识与学生经验的沟通
	中年级	注重具体体验与数学实验，通过数学知识创生和发展的过程，使学生了解数学知识的来龙去脉，感受数学的基本思想和方法，感受数学思维方式的力量
	高年级	注重综合实践，让学生在利用数学知识不断发现、提出问题，分析和解决问题的过程中，产生主动探究的欲望，形成学习数学的内驱力，产生丰富的体验，形成有意义的认识

续表

纵向成序按照要素进阶	数学的情感	就是要激发数学的兴趣、动机和爱好
	数学的眼光	就是要有数学抽象的能力,而数学抽象的具体表现就是符号意识、数感、几何直观、空间想象
	数学的思维	就是强调逻辑推理,而逻辑推理具体表现为推理能力、运算能力
	数学的语言	就是要强调数学模型,数学模型具体表现为模型思想、数据分析观念。这样就构架起数学学科的核心素养体系

作为一线的教师,我们的任务关键是让我们的数学教学实践能更好地为学生的终身发展奠基,促进每一个学生健康地成长为精神独立、人格完整、懂得担当、能够独立的合格公民。

以发展学生数学学科素养为追求,根据学生的认知规律,螺旋上升地安排教学内容,特别是要让重要的(往往也是难以一次完成的)数学概念、思想方法得到反复理解的机会,以"事实—概念—关系(性质)—结构(联系)—应用"为明线,以"事实—方法—思想—建构—素养"为暗线。"数学事实"是数学学习的"原材料",以"事实"为支撑的概念理解才是真理解,才能形成对概念本质的深刻体悟。

2. 梳理小学数学学科课程内容谱系图

从教学内容的选择与设计出发,立足核心素养框架精选核心知识,重组现行教材内容,寻找小学数学教学改革的突破口,探索少教多学、轻负有效、提高质量之路。

选择"核心知识"教学,精简、重组教材内容,降低了知识点的零散程度,实现了减量不减质的目标。这为实现《国家中长期教育改革和发展规划纲要(2010—2020年)》要求的"优化课程结构,适度减少学科课程比重","合理设计课程内容"、组织编写教材,提供了案例支持。

选择"核心知识"教学,促使教师从整体上把握课程和教材,把握知识的内核及其背后的思想方法,并根据知识间的内在联系,重构内容结构体系,实施高效教学。这为减轻教师的教学负担,践行少教多学,加速专业发展提供了范式和课例。

选择"核心知识"教学,将学习兴趣、时间和空间还给了学生,让他们充分地动手操作,动脑思考,动口表达,主动建构,深刻体验,质疑问难,有效地改善了学生的学习质态。这为学生轻负有效地学习提供了实证。

围绕八个方面展开研究、形成成果:① 小学数学核心知识的界定、筛选,建立核心知识体系;② 小学数学核心知识的具体表现形式,核心知识链及其起点、节点和拐点,核心知识在各学段的呈现顺序和形式;③ 教学内容的简约化处理、整合和重组,非核心知识点与核心知识点之间的联系;④ 核心知识教学的要求、原则、策略和方法;⑤ 小学数学核心知识与关键能力、思想方法的融合,与解决问题教学有机结合;⑥ 核心知识教与学的一致性,以及中小学核心知识教学衔接的一致性;⑦ 四大领域通过核心知识教学发展学科核心素养的案例;⑧ 课堂教学评价和学期检测评价。

3. 定制小学数学学科能力发展循环圈(如图 4-6 所示)

通过数学背景的确定、学习素材的选择、数学活动的设计、学习过程的展开,让儿童做数学、理解数学、"再创造"数学、表达数学、应用数学,拥有数学的独特气质。

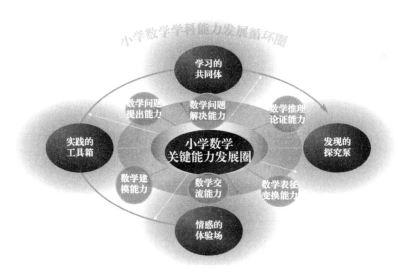

图 4-6　小学数学学科能力发展循环图

一是采用学科关键能力的结构体。小学数学学科关键能力的结构性体现为静态结构与动态结构的统一。从数学问题提出能力、数学问题解决能力、数学推理论证能力、数学表征变换能力、数学交流能力、数学建模能力六个维度形成能力发展循环。

二是形成能力发展的操作链:情感的体验场—实践的工具箱—学习的共同体—发现的探究泵。儿童的数学学科关键能力在教与学的过程中是可以具体化的,能体现出知识结构所产生的影响、能力水平的不同层次,能为解决问题提供策略性思维,为知识的运用和操作方式提供符合要求的方法、步骤、要求、环节和程序等等。这种操作性的能力可以用具体化的数学学科语言来表达,让数学问题的解决有章可循、有据可依。

三是形成能力要素的实践场。关键能力的要素构成是静态的,有着不同的类型,体现了要素之间的内在关联。数学学科的关键能力体现在数学问题解决过程中所表现出来的良好的、稳定的个性心理特征。数学学科关键能力以知识基础积累为基础,以问题解决为支架,促进认知风格的匹配,促进数学学科关键能力多要素的发展。

比如对学生空间知识能力的培养,可以从下列几方面进行训练:① 认识形体、树立形象,② 面与距离的比较,③ 图形的分解和组合,④ 数立方体个数,⑤ 图形概括,⑥ 图形推理,⑦ 找出隐蔽图形,⑧ 图形组合的判断,⑨ 图形的展开和折叠,⑩ 图形的辨认,⑪ 从不同的角度观察形体。通过这样由简单到复杂、由面到体、由观察到动手操作的训练,有助于学生更好地认识我们人类的生存空间,从而自觉认识和理解三维空间。只有认识理解数学,才能让数学细胞活在学生的肌体里。

二、建一座环岛:设计"立体式"数学教学实施路径

通过提供丰富的、真实的问题,安排动眼观察、动手操作、动脑思考的任务,如借助数学实验,让学生经历动手操作、用眼观察、提出猜想、验证结论等环节,充分体验"知识从何而来""知识是什么""知识向何而去"的完整数学学习过程。结合实际情境,引导学生独立思考、合作研究,设计

第四章 每门学科都是儿童创造的孵化田

解决具体问题的方案,并加以实施,体验建立模型、解决问题的过程,尝试发现和提出问题。

1. 工具岛:开发"做数学"的操作资源包

根据学段、内容以及目标的不同,"做数学"可以分成操作体验、数学实验、综合实践等三种不同的实践模型。

操作体验:通过设计动手操作学习单、游戏化学习手册以及数学教学用具,让学生在体悟的过程中获得感知、学会运用抽象思维;

数学实验:可以利用计算机、计算器、投影仪、交互式白板、数学图书、数学教具、数学学具、数学模型、制作材料等(如表4-5所示),让学生在探究过程中习得方法、发展思维;

综合实践:通过设计一至六年级的项目化学习资源包,让学生在应用的过程中积累经验、学会创新。

表4-5 实验工具表

项目	类别	内容
数学实验室的教学仪器	模型类	立方体、木棍、正方形、圆球、圆板、三角形、梯形等
	组合类	七巧板、组合积木、魔方、魔球、拼图玩具等
	转换类	圆的面积演示器,圆柱的体积演示器
	测量类	直尺、量角器、量筒
	盛放类	木盒、托盘、支架
	工具类	曲线模板、圆规、剪刀、糨糊、订书器、纸板、硬纸、橡皮泥、泥土、木块
数学实验设备	网络设备类	(1) 计算机、服务器;(2) 投影设备;(3) 网络连接设备;(4)电源(包括稳压电源和不间断电源);(5) 电子白板;(6)天时博平台软件;(7) 平板电脑;
家具设备	家具类	桌椅、实验推车、仪器橱、消防设备等
软件设备	虚拟工具	模拟实验需要在计算机上进行,需要的软件有 Excel、图画板、超级画板、VB、Flash、PowerPoint 等

2. 资源岛:设计"做数学"的实验馆群落

将"做数学"落实到数学实验室,引导教师转变教育观念、改进教学方式;使用"做数学"系列手册,为师生提供系统教学方案,使用这些系列手册首先关注以下要素:一是操作性,二是实证性,三是探究性,四是发展性;"做数学"中的素材选取,需要契合教学内容、知识点或活动环节;开发课程内容配套的系统学具,让"做数学"成为课堂教学的常态。

林群院士指出数学实验是头脑的实验,是数学强劲的动力。技术发展到今天日益成熟,我们的实验需要和现代技术结合在一起。数学不单单是做体力实验,而主要是做脑力实验。林群院士强调数学更重要的是头脑的实验,不单单是机器的实验。因此,数学实验室不仅有固定的,还有可移动的。学生不仅能在课堂上学习数学,而且可以携带平板和网络设备,随时随地研究、解决数学问题,可以在课外继续进行自身的体验、探究和实践,因而有一个充分发挥自主性和创造力的空间。

3. 思维岛:开启"做数学"的学与教模型

"做数学"的学与教模型具备以下特征:一是主体性与交互性,学习的主体是学生,教师的主导作用恰恰是为了保证学生的主体性,交互性体现在学生不仅要提升自身素质,而且要能和同伴、教师交流沟通和分享;二是情境性与实践性,这两个特点都要求"做数学"要把数学知识和生活情境联系起来,在情境中有所实践,将数学生活化,在生活中发现数学;三是开放性与教育性,形式、内容、结果等都是开放的、多元的、形式多样的。在整个过程中,学生不仅在知识方面有所提升,在情感态度价值观等方面也要有所发展,做到全面发展。

4. 协作岛:建构"做数学"的学习共同体

"做数学"从课堂学习共同体、班级学习共同体、空间学习共同体三个方面打开教学维度,强调师友、学友之间的协作,不同学习小组间的认同补充、评价和激励,有助于培养学生团队协作能力(如图4-7所示)。在"做数学"的"操作""合作""探究""分享"与"交流"等一系列活动中,学校关注的是学生知识学习的过程,侧重于知识获得的过程体验。因此,不仅要完善这样的体验过程,更要体现学生在学习过程中的主体意识、主动意识、协作意识,这种协作不仅是小团队的互补,还扩散到班级团队间的融合。学生有自己小单位里自我意见的表达,也有对其他小单位提出意见的期待,这样能让其不盲目自信,去听一听,完善和修正自己的观点,对自己想法和观点的认识也会得到提升,懂得凭借合作才能拓宽自己发展的空间。

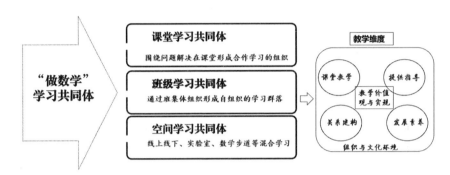

图4-7 "做数学"学习共同体

三、促自我导航,配制"万向型"数学自我导航钥匙

"做数学"是把数学教学视为数学活动的教学,以"做中学"为指导,强调学生经历体验、探索、创造的过程,突出实践活动经验的积累,培养学生的创新意识和探究能力。在定制方式、定制学习、定制风格的过程中,构建"万向型"数学自我导航钥匙,从而在根本上撬动课堂教学与学生学习方式的转型,促使核心素养的落地。

1. 定制方式:形成"做学玩一体"的学习范式

"做数学"是一种在教师的指导下,以学生作为学习的主体,由现实世界抽象出数学问题,通过猜测假设、操作实验、合作探究、互动交流等活动,探索发现数学规律、自主建构知识的学习活动。它是一个玩数学"应有尽有"的空间,一个做数学"即时即地"的地方,一个学数学"无处不在"的平台。设计操作、实验、实践等活动是小学数学教学中的一个常见的环节,将数学知识融入活动中,小学生可以在活动中巩固知识,提高动手操作能力,发散思维，实现做学玩三点兼备，促使思维、创造、操作能力的全面提升。

① 情境脉络中的学习。思维和认知只有在特定的情境中才有意义，所有的思维和认知都是处在特定的情境脉络中的，不存在非情境化的学习。② 实践共同体中的学习。人们在实践共同体中行动和建构意义，学习被看作是与他人、工具和物质世界互动的辩证过程。③ 行动中的知识学习。知识存在于个体和群体的行动中，随着个人参与到新的情境中，并在新情境的协商中产生。

2. 定制学习：完善"学用评一致"的学习链条

"做数学"应该是有任务驱动的学，是在生动情境中寻求问题及问题解决的学，是有评价反馈与自我调整的学。从这一认识出发，学校建构和实施了"学用评一致"的学习链条。"学、用、评"教学模式是指"学生学知识、知识应用实践、实践评价反馈"的教学模式。其中：学——问题驱动下的发现之旅；用——在新情境中提升"学"的品质；评——检测诊断带来"获得感"与生长力。该模式作为整套循环体系，将学生学习操作、实践应用检验、综合评价处理三者有机融合，不断循环。以"学"提升学生在掌握基本知识上的自主性；以"用"实现学生的知识向实践的升华；以"评"实现学生成绩的及时反馈，促进学生自我学习和自我提高。

3. 定制风格：建构"身心灵合一"的学科表达

对于教师的教学而言，研究数学学科表达与数学学科核心素养之间的关系有着非常重要的意义，包括两个层面：一是数学学科本身的表达方式；二是学生视角下的数学学科表达。前者准确、简洁，是数学表达的标准方式；后者主观、朴素，是学生在学习过程中由自己的语言表达走向数学学科表达的重要途径。在教学活动中，学生通过"身心灵合一"体验、揭示知识发生、发展和形成的过程，自主建构前后贯通的知识体系，促进思维能力的发展，培养数学素养。这是数学概念教学的核心任务，也是创造性自我的实现。

四、做一把弹尺：形成"进阶式"数学素养评价策略

数学课堂教学评价是培养学生数学核心素养的重要途径。数学核心

素养对课堂教学评价提出了关注数学思维能力的发展、落实数学核心的培养、注重形成性评价的运用三大要求。当前,数学课堂教学评价仍存在诸多问题,主要表现在以下四个方面:重教师评价,轻学生自评;重技巧训练,轻深度思考;重一般性评价,轻个性化评价;重量化评价,轻质性评价。为促进学生数学核心素养的形成,课堂教学评价可以采用"进阶式",并做出以下改进:强调多元评价,重视自评和互评的作用;强调评价内容的全面性,关注核心素养的情境性;提供具有实质内容的评价,体现个性差异。(如图4-8所示)

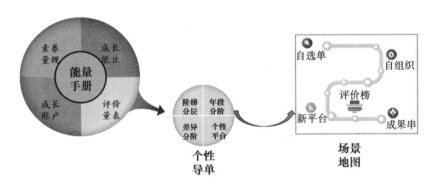

图4-8 "进阶式"数学素养评价策略

1. 能量手册:"学习罗盘"关照下评价工具研发

以"为了每一位学生的发展"为核心理念,基于"学习罗盘"的教育目标,构建课堂教学评价工具,经历评价工具"初建—修订—信度检验—运用反馈"的研发流程。从进行数学思考、解决问题、获得知识与技能、情感与态度等方面进行综合评价,以学生自评、小组评、教师评学生、学生评教师、教师自评的方式,将教与学两方面相结合。重视终结性评价,更关注过程性评价。在"学习罗盘"的关照下,为突显学生的主体精神,评价能力发展循环圈经历预期—行动—反思三个阶段,制定"课堂教学评价量表"和"课堂观察与教师评价表"。课堂教学评价量表向每一个学生发放,由教师、小组、学生完成填写,装进学生的成长记录袋。课堂观察与教师评价表由教师填写,作为教师进行教学反思、分析提高课堂教学质量的依据和手段。

2. 场景地图:"做数学"情境中的评价线索设计

一是开启自选单:设计"做数学"在情境脉络中的学习菜单。学生来到实验室等空间可以自选学习项目。二是形成自组织:无论是数学体验、数学实验,还是综合实践,学生都可以自己寻找学伴一起学习。三是打开新平台,"做数学"也是一个操作的平台,通过实际操作来辅助对新知的认识。四是寻找成果串:情境可以沟通数学知识的来龙去脉。以现实问题为背景创设问题情境,通过"做数学",使学生了解知识产生的根源,明了知识之间的联系,把握知识的生长趋势。五是形成评价榜。围绕学科核心素养的相应维度,将评价目标前置,将评价的指标方式贯穿在教学实施的环节中,将评价的过程融合在真实的情境中,形成教学评一致性。

3. 个性导单:"进阶式"素养的差异化评价方式

执行进阶式评价,要采用阶梯分层,"多把尺子"评价,引导学生积极主动发展主体精神,采取动态管理,提升评价有效性;多维锤炼学生,激活目标行为,使学生在收获快乐的同时,唤醒潜能,树立自信,得到发展。差异评价把学生的差异看作资源和财富,依照不同的特点采用不同的方法,科学地评价学生的内在潜能。它借鉴多元智力理论来评价学生,不单单关注学生的语言和数理逻辑能力,还主张从语言智力、数理逻辑智力、音乐智力、空间智力、身体智力、人际交往智力和自我认知智力等多方面去考查学生,关注个体智力的和谐发展,使学生在不同年段的评价体系中进行自我参照、自我进阶。

第四节　科学创想,让儿童脑洞向四面八方打开

小学科学课,作为一门研究自然和社会中普遍规律的学科,与信息技术正加深整合,正逐渐成为小学科学改革中一个在重要推动力——信息

第四章 每门学科都是儿童创造的孵化田

技术与课程的整合、新技术——支持下的新型课堂。但我们在日常的科学课堂上看到的却是理念到行动的偏离、难以走下讲台的教师、表演式的课堂、灵魂匮乏的组织形式、华而不实的教学行为……

为何技术与科学的结合落实到教学实践中却徒有形式而无精神？静静地思考，那是教师对科学课程实施的一种错位。当人们的思想、观念还没有真正接纳、内化的时候，人们已经热衷于模仿外在的操作，其实只有当一种思想被真正接受、认同和接纳时，它才能成为个人身上的一部分，教师才能在行动上真正改变。这种行动是自发的、发自内心的，需要科学与技术的融合和共生。

一、科学认知：手脑与技术兼具的打开方式

1. 动手、动脑、动心做的共生

共生，即共同生存、共同生活、共同发展。共生教学就是追求师生之间、生生之间的互相激活与共生共长。

（1）构建科学课程的泛在学习环境。泛在学习可以使学习者回归"自然的学习环境"。如今的学习过多地限制、狭义了学习的时空。因此科学学习让我们不断构建课程学习平台：让学习元、知识群、知识云、学习工具、学习社区等功能模块为儿童的科学学习时刻带上梦想的行囊。共生的境界富有浓厚的生命气息、生活气息、探究气息、创造气息，这样的科学课堂才能迈过低层次教学，迈进高层次教学，智慧地完成从书本到人本的蜕变，实现对学科价值的高度认知、对科学技术的不懈追求。

（2）打造儿童科学的自主学习平台。学校在网站上开辟了"创想科学"专题学习平台，通过建立一个创想科学主题学习网站，构建虚拟和现实相结合的学习情境，使儿童与教师在平台上实现基于丰富资源的交互式学习；"情景创设""协商会话"和"信息提供"是建构学习环境的基本要素。学习平台为学习者提供了界面友好、形象直观的交互式学习环境。"动手—动脑—动心"，实现真正意义上的"做中学"，培养学生的探究

能力。

2. 科学思维与技术思维的相生

科学的本质在于"探索与发现",技术的本质在于"发明与创造",两者都指向"创新"。独立形态的科学教育与技术教育对于未来人才的培养都具有独立的价值和意义。然而,科学与技术在思维方式上有着本质不同,科学思维遵循的是"实证思维",其强调的是逻辑的一致性;而技术思维更多地指向"工程思维",其强调的是面向实践领域的"权衡、优化"等过程。科学教育与技术教育的融合有利于儿童思维能力的发展。科学思维与技术思维两种不同思维方式结合,产生 $1+1>2$ 的叠加效应,形成良好的认知模式,有利于儿童创新思维的培养。

从科学教育与技术教育的过程来看,传统科学教育侧重于"内部认知"活动,而技术教育更加强调动手操作的"外部认知"。新近的脑神经认知科学的研究也表明:科学教育与技术教育的融合有利于改善儿童的认知分布,促进儿童"左脑"与"右脑"的和谐发展,从而为创新思维的发展打下基础。科学教育与技术教育的融合能够培养学生综合解决问题的能力,能够培养学生的合作、交流与表达能力,并能够在丰富的科学实践活动中发展学生的责任心,为学生现代科学素质的培养打下基础。

3. 内部认知与外部认知的融合

《科学(3～6年级)课程标准》(实验稿)中明确指出:"本次课程改革以培养小学生科学素养为宗旨,积极倡导让学生亲身经历以探究为主的学习活动,培养他们的好奇心和探究欲,发展他们对科学本质的理解,使他们学会探究解决问题的策略,为他们终身学习和生活打好基础。"

在科学与技术的融合共生中,需要更好地培育儿童科学学科的关键能力,学校对三、四年级的学生进行调查,让师生梳理一下科学中的哪些要素对他们具有较大的影响,学生和教师的统计结果如图4-9所示:

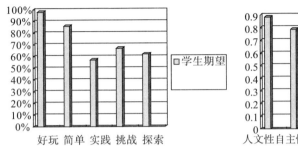
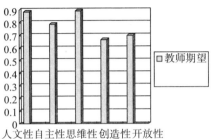

图 4-9　科学学科中的要素

基于儿童的认知与教师的认识,结合科学学科的本质特点和儿童认识科学的规律,学校认为在科学与技术的融合中,需要培育儿童的科学学科关键能力,具体包括以下三个核心要素:

(1) 科学与技术核心概念的理解能力

例如:在"水的变化"的教学中,任课教师如果能够通过制作教学课件的方式来模拟水的变化,要比单纯利用教材上静态图片来开展教学活动所获得的效果要好得多。例如教师可以首先在课件中制作一幅冬天的动画:北方的冬季,北风呼啸,雪花纷纷,小河里的水也渐渐结成了冰。然后再点击鼠标进入下一个动画,出现一幅春天的图片:百花开放,流水潺潺;此时任课教师再配合介绍:寒冬过后,春天到了,气温逐渐上升,天气渐渐变暖,原来冬天小河里的冰也慢慢地融化成了水。再次点击鼠标之后,进入夏天的动画:炎热的夏天,烈日炎炎,地上的一小滩水在烈日的暴晒下,逐渐变成丝丝水汽飘向天空,成为水蒸气,水蒸气在不断上升的过程中,遇到冷空气变成了云,云和云碰撞又形成了雨洒向大地,变成水。通过这种方式来向学生展示水的三态变化,能最大限度地激发学生的学习兴趣,同时还为后续"云、雾和雨"的教学做了良好的铺垫。

科学与技术的融合,能促进学生对科学技术的性质、概念、原理、过程的理解与把握。小学生的身心特点决定了动态的图片或动画,要比静态的图片更能够吸引其注意力,激发其学习的兴趣。信息技术与科学课程的整合,则能够将科学课程中的很多知识变静态为动态,更好地激发学生的学习兴趣,提高学生的学习积极性。

(2) 科学、技术、社会三者关系的融合能力

例如:在开展"环境对生物的影响"教学时,环境对生物的影响对于小学生来说,是比较抽象的,此时任课教师就可以通过 FrontPage 来制作课件,在课件中,以各种色彩鲜艳的图片或是生动形象的动画来引入。如:可以制作一个 Flash 动画来显示猫在遇到光线之后瞳孔的变化情况,让学生明白光线对猫眼的影响,并借此来激发学生的学习兴趣。在展示了一系列的类似图片或是动画之后,任课教师就可以对基本的知识进行讲解,并提出问题:"你们还知道类似的现象或知识吗?""你们认为出现这种现象的原因是什么?"让学生在讨论的基础上总结环境对生物的影响作用,提高其学习兴趣,实现预期教学目标。

小学科学教学中,有很多内容是比较抽象的,这些抽象的内容对于小学生来说,是比较难以理解和掌握的,以至于成为以往小学科学教学中的难点问题,影响了学生的学习兴趣。而信息技术的引入,则能够使得抽象的问题变得具体和形象,从而对教学过程中难点问题的化解有着积极的促进作用。

(3) 科学的精神、态度与科学方法的积聚能力

科学方法是科学家在长期的认识实践中所采用的研究方法,其中一些基本方法也可以为公众所掌握并用于解决社会生活中的许多实际问题,例如分类法、比较法、对比法、试错法、观察法、统计法、逻辑推理等。"多媒体"和"信息高速公路"成为工业化时代向信息时代转变的两大技术杠杆,科学与技术的融合共生以惊人的速度改变着人们的工作方式、学习方式、思维方式、交往方式乃至生活方式。

科学教育有利于提升学生的综合能力。实验过程中发生的各种现象需要学生用语言去表述和记述,这就运用到了语言表达能力;有的实验要求学生统计素材的数量等,这有助于发展学生的数学计算能力;有的实验虽然原理简单但过程奇妙,可以发挥学生的想象力,提高其逻辑思维能力;实验往往需要分小组完成,在活动过程中相互讨论、互相帮助,这就培

第四章 每门学科都是儿童创造的孵化田

养和锻炼了学生的团队意识和合作精神。运用科学技术解决日常生活及社会问题的能力,包括运用科学方法的能力、判断和决策的能力、与他人合作交流的能力、自我补充和继续学习的能力。

二、科学素养课程:多元融合模式的探索实践

1. 课程内容"嵌入式"融合

如"小学科学"第十一册第二单元《我们的地球》和第四单元《探索宇宙》,这些教学内容比较宏观和抽象,远离儿童的生活实际与知识基础,通过新技术的支持可实现课程内容可视化、面对面的形象化,解决无法跨越的时间和空间的限制问题,将宏观的宇宙现象浓缩进教室,把千万年的漫长时间变化缩短至几分、几秒展现在学生面前。同时,通过平板电脑等信息工具,学生可以先上网查询资料、信息,从最关注的信息入手,研究火山喷发和地震现象的形成过程,把复杂的地壳运动变得集中、具体和形象。这不仅可以让学生对地球的地壳运动有深层次的认识,更能使儿童经历科学研究的一般过程。

我们利用信息资源、数字化的方式进行教与学,跨越时空的界限,将信息技术融合到小学科学教学中来,充分利用各种信息资源和现代化手段,引入时代活水,与小学科学教学内容相结合,使学生的学习内容更加丰富多彩,更具有时代气息,更贴近生活和现代科技。改变传统的科学课程内容,不但能使科学教材"活"起来,更能让学生的科学学习置身于信息化的时代。

2. 课程模块"整合式"融合

案例一:在创想科学学习平台上,创想在线快乐堂,妙妙论坛,闯闯、翔翔兄弟,深受孩子们的喜欢。创想学习社区不仅仅为老师们收集整理了大量的科学课程的课件、教学设计、学材、习材、示范课录像等教学资源,更为孩子们的学习提供了丰富多元的阶梯课程——青苹果课堂、红苹果课堂、金苹果课堂。青苹果课堂旨在帮助儿童奠定科学学习基础知识和技能;红苹果课堂是满足个性化需要的潜能开发式学习课程,有魅力

科学一/二/三、生活科学 A/B/C、科学课题甲/乙/丙;金苹果课堂是立足生命给养的探究创造性学习课程,开设有创造之窗、时光隧道、生活我秀、魅力无边、我的定律等栏目。作为儿童课内课外的工具和信息交流的平台,创想科学学习平台让每位孩子在探讨与交流的过程中获得直接与间接的科学学习经验。

创想科学课程学习活动是在数字化学习环境中实施的,即学与教的活动要在数字化环境中进行,在网上实施讲授、演示、自主学习、讨论学习、协商学习、虚拟实验、创作实践等环节。这些多元化的选择更加符合儿童学习的个性化和选择性特点,能让儿童自主独立地进行发现问题、实验、调查、信息搜集与处理、表达与交流等探索活动,让不同的孩子获得不同的发展。于是,学习的发生无处不在,不再仅仅被设计在一个"教育环境"中。无边界的智慧教室的创新性意义在于可以让我们突破地域的限制,可以让我们的孩子接受在全世界任何一个地方、听任何一种对象来讲课,于是教室才真正被赋予了智慧的意义。

3. 课程形态"嫁接式"融合

学校将传统的课堂教学模式引向信息技术和学科有效融合的模式,信息技术和学科融合教学充分考虑学生的个体特点,在教学目标规定的最基本方面都能达到标准的同时,最大限度地发挥每个人的潜能与价值。所以,信息技术和小学科学教学方式进行融合,不但可以呈现一种宽松的研究氛围,还可以努力渗透 STS(科学、技术、社会)教育思想。

再如讲授《地球的内部》《火山和地震》《地表的变迁》《矿产资源》以及《太阳系大家族》《探索宇宙》等时,让学生进行收集信息—研究信息—整理信息—应用信息—拓展信息的自主探究,引导他们对地球环境、资源的形成与对人类的重要性问题考虑,还可以进一步培养学生利用科学评价、决策的能力,强化科学要以人为本的意识,提高学生的科学素养,张扬学生的个性特征。

这样的嫁接在维持科学学科与技术学科原来的独立状态前提下,将科学学科与技术学科中的一些主题或观点相互联系,构建独特的学习机制——做学玩创融为一体。通过寻求各学科间的内在联系使学生的学习更有意义,也有助于优化学生的认知结构。

4. 新技术支持下的科学课堂的重建

(1) 营造处处创想的学习环境

教学中将科学学习内容以综合性、多元化、选择性、立体层的视频、网络、多媒体、学习软件、微型课程包为主要呈现形式,以文本、图形、图像、动画、声音、视频等多种信息形式多层次、异角度地进行描绘,增强了学习的情景性、探究型、兴趣性、互动性和选择性,让儿童可以眼见其形、耳闻其声、感同身受,调动多种感官,感受到学习的兴趣、探究的乐趣。

一个泛在学习环境是一种整合的学习环境,它整合了物理的、社会的、信息的和技术的多个层面和维度。创想科学平台的开通,让孩子的学习方式不再是以个体形式存在,而是聚合为一个"学习元",即采用动态化、智能化、多元性的资源聚合方式,使得学习元可以像一个生命体,在内部"基因"的控制下持续地发展和成长。

(2) 经历人人实验的体验过程

在科学课程中,很多问题都是需要通过实验来进行验证的,但是目前科学课程中实验展示的可见性却有待提升,特别是在教师进行演示实验时,如果按部就班地进行观看,很多学生都表示无法清楚地观察到教师的整个实验过程。

例如:在开展"把固体放到水里"的教学时,在高锰酸钾溶解的演示实验中,通过运用实物投影仪进行展示,所有学生坐在自己的位子上就能够清楚地看到高锰酸钾沉到水底的过程,并观察到在用玻璃棒进行搅拌之后,高锰酸钾慢慢溶解的全过程;此时任课教师再加以适当的点拨和引导,学生都能够清晰、准确地对高锰酸钾的溶解过程进行描述,并实现对溶解实质的理解与掌握。

将虚拟实验应用于科学课程,就能让更多的学生轻而易举地、清楚地观察整个实验流程。由此可见,信息技术在科学课程中的运用,对实验可见性的提升是大有裨益的。

（3）拥有时时探究的发现平台

信息技术与科学的课程整合，并不仅仅停留在教师做做课件、学生动动鼠标的层面上，实际上，通过信息技术与科学课程的整合还能够很好地培养学生的主动探究能力。例如在开展"肥沃的土壤"的教学时，教师就可以为学生设置问题，如：怎样才能够提高土壤的肥力？你这种做法有哪些事实论据？并在此基础之上指导学生自行搜集资料，针对所收集到的资料进行整理、分析与加工，找出最可行的办法和最合理的解释。

这样一来，就使得学生的探究学习活动得以更加高效地开展，大大提高了学生的主动探究能力，使儿童学习体系在学习理念、信息组织、信息模型、存储结构、质量控制、共享范围等多个方面有较大的改善和提升。

在信息技术发展与科学课程实施的今天，依然还会呈现"两张皮"的现象。学校想从共生与融合的角度进行科学与技术结合的本质改变。一线的科学教师有责任思考科学教育与技术教育融合的突变，促进儿童科学核心素养的发展，从基础的常态做起，实现科学教育的真正意义与目标。

第五节　以美学经纬编织儿童创想的实践

儿童是怎样的？如何认识儿童的存在、儿童的本然世界？如何去理解儿童的内心、儿童的需求？如何积淀儿童一生的素养？如何去守望儿童童年的自在意义，守护童年的应然价值？也许我们需要去寻找儿童需要的"美遇"，那就是通过美育，为儿童的成长提供与之年龄阶段与成长规律相适应的、匹配的教育，重构儿童自在、自然、自由的育人方式与童年秩序。

一、为美定义,重写"美育目标"的坐标轴

席勒在《美育书简》中指出,美育让我们的身体和精神的整体达到尽可能的和谐完满,美育的浸染更能激发生命的潜能、丰富生命的意义、体验生命的美好。我们对学校美育目标的确定,不能简化或等同为艺术教育。以美育人,指向的是完整的人。我们要站在整体育人的角度,理解美育的内涵、审视我们的美育目标,以高观点、低结构、宽路径的方式来重构我们的美育体系。美育是审美教育,是直抵心灵的教育,也是发展情感的教育,更是提升人审美素养的教育。审美教育激励人的精神,温润人的心灵,且与德育、智育、体育等相辅相成、相互促进,从真正意义上培育儿童的审美素养。

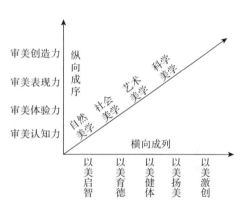

图 4-10 "美育目标"的坐标轴

审美素养指主体对美的事物(自然美、社会美、艺术美、科学美等)进行感知、理解、体验、评价、表现和创造的基本品质与能力的总和。它包括审美认知力、审美体验力、审美表现力和审美创造力四个维度。我们需要横向成列、纵向成序,使之形成美育目标的立体坐标轴(如图4-10、表4-6所示)。

表 4-6 "美育目标"坐标轴横、纵向要素

	一年级	二年级	三年级	四年级	五年级	六年级
审美认知力	通过音乐、美术、体育、语文、数学等学科联系能发现美	通过戏剧、舞蹈等学科综合联系能感受美	通过与美的事物产生共鸣,积累美的经验,具有美感	通过感官直接接触美育的图文、音像等,对社会活动与生活有感知,能评价美	能对美好作品进行欣赏,对艺术以兴趣为主,能鉴赏美	以美的事物形象性、感染性、规律性特质启迪学生智慧和思维

续表

	一年级	二年级	三年级	四年级	五年级	六年级
审美体验力	学会感受身边的美并积极体验美	具有向往美好事物的情感	能区分生活中的美与丑	在个人或集体的创造、表演、欣赏、交流、评价等活动中,体验快乐	能分辨生活中的真、善、美并积极发扬	美的事物能使学生心情愉悦、性情陶冶、心灵净化、感情升华
审美表现力	运用一定的技能方法方式表现美	将自己感受到的美多元表达出来	能把美感直觉形象化,在感知、联想、想象中获得愉悦性	借助于自然美、社会美和艺术美等多种方式来表达	通过积极多元美的表现让学生获得审美情趣	美的事物启迪学生对社会、对人生的积极价值取向
审美创造力	用一定技法,遵循美的本质	各种创意设计制作、表达、交流以及多视角转换	对各类美的事物进行感知、理解、评价	对创作活动产生更多的吸引力,更强烈的感召力	具有一定的审美能力、正确的审美观念	用原创性的作品,赋予表达自我和发挥想象力的空间

1. 播下美的种子

让孩子从小就得到美的启蒙,初步掌握美学的基本常识,培养美的直觉意识,拓宽视野,净化心灵,培育积极的情感。通过各种形式的美,如音色美、情感美、节奏美、形象美、情感美、简约美、对称美、和谐美、整体美、哲学美、奇异美等,让学生感受美;通过各种领域、各种路径、各种方式,让学生在不知不觉中受到熏陶和感染。在感知美、体悟美、品味美、鉴定美的过程中,学生的智慧得到启发、情感得以激发、思想得以升华、价值观逐渐得到建立。

2. 汲取美的力量

以审美的意义来构建和丰富教育的意义,充分发挥美育在教育中的指导价值,凝聚精神,引领人的行为、优化人的情感,形成一种以愉

第四章 每门学科都是儿童创造的孵化田

悦、和谐和创造为特征的教育文化。比如社会美具有的历史的温度、人文的厚度使社会的美丽更加深刻。再比如在审美教育中物我合一,既是自然的人化,也是人的自然化。通过儿童审美启蒙课程的建构,我们从审美态度进入审美体验,逐渐发展到情感、想象的深入结构,让学生汲取美的力量。

3. 蓬勃美的生长

通过审美启蒙教育行动,儿童不仅成为美学的主体,而且成为美的客体。人对于一切美好的事物都有着天然的追求,也愿意把自己美好的一面表现出来,希望自己是一个美好的人。正如苏霍姆林斯基所说:"美,就是人性。"让每个孩子在审美教育中留下永恒的童年印记,让童年的美好鲜亮人生的底色。我们积极建构融"审美教育观"的"大美育"课程体系,以美育德、以美怡心、以美益智、以美健体、以美激创,形成全域美育、全员美育、全程美育,以美育人、蓬勃生长。

二、因美而建,重构"美的课程"的结构体

"美的课程"在"以美育美"的理念指导下,以培养"端行、好学、健美、乐创"的星河娃为目标,让儿童在发现美、认识美的过程中获得美感体验,在感受美感和欣赏美感的过程中培养审美能力,在辨别美和创造美的过程中培养审美人格。儿童"美的课程"有着物理性的构造,也有着心理学的融合,更有着儿童化的认知。让孩子们回归"生活"、"体验过程"和"现场学习"的教育活动,为孩子们建立一个"美的课程"。儿童"美的课程"是一种开放、综合、立体、多元而又个性化的学习样态,让孩子们采取美好的姿态"扣好人生的第一粒纽扣",擦亮自己的人生底色。图4-11为星河实小的"美的课程"体系图。

"美的课程"体系的主要内涵体现为:

1. 以美立美,让"空间美学"和美的教育场域成为常态

星河实验小学以构建"一座可以呼吸的儿童创想城"为主题,建构"空间的美学"和美的教育场域。这既是美学的一种观照,又是基于儿童立场

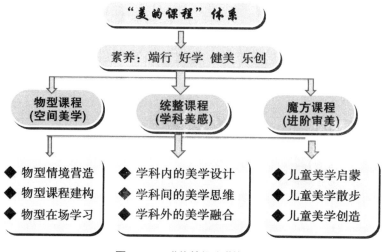

图 4-11 "美的课程"体系图

的关照,以物构型,物我合一。这座城里每一处文化景观都有故事,每一科课程都彰显文化魅力,每一处学习场域都富有创意,是一个充满好奇心、想象力和创造力的儿童世界。儿童创想城可以抵达未来的世界,可以联结、创想、建构;在这座城中儿童可以利用已有的知识与经验,开展美学活动,意识到美的意义,感受价值的力量,形成符合人的全面发展需要的美的教育生态。

2. 以美立教,让"学科美感"和美的课程建构成为常识

"以美立教"的教育理念不仅是实践方法的指导,还是思想理论的指引,也是一种"人文"的教育追求。在教学中通过创造虚拟、生动、愉快的课堂环境,摆脱学科的局限,在情境对话的实践中,让孩子沉浸其中、放飞心灵、培养情感、想象创造,使学科美感与美的课程成为儿童独立建构、自我意识和自我提升的过程,实现美学价值的内化与升华。要将儿童的审美启蒙教育纳入体验、自我认同和建构过程,为孩子的美好生活奠基。

3. 以美立人,让"进阶审美"与美学启蒙实践成为常象

儿童的审美启蒙为其创造美好的理想、美好的情感、优美的品格奠定

第四章　每门学科都是儿童创造的孵化田

了良好的基础,可以让孩子体验生活的乐趣,建立童年的理想追求,实现人类审美情趣与教育审美境界的有机融合。现代美育的核心价值与功能就是以美立人,在儿童美学启蒙教育行动中,我们将审美学习的互动性、浸润性、交往性、实践性等思想与理念贯穿在日常的教育教学过程中,强调用身体展现、用感官说话、用意象勾勒、用创意表达,让每个孩子以他喜欢的方式刻印自己的印记。

三、由美而学,重构审美教育的实践道

1. 统整课程,学科中的审美发育

（1）挖掘学科美感,以美启智

学科之美是一道崭新的风景。比如数学学科的思维之美、人文之美、理性之美,可以通过日常课堂走进数学家的故事、童话、纪录片、名言等,感受数学之美;创编数学节目（相声、小品）、数学游戏,阅读数学绘本,玩转数学实验,经历数学探索之美;选择数学小学科研究,形成小论文,画数学思维导图,感知数学思维的美。比如英语学科的融合之美,我们一、二、三年级在 *Story House* 教材和 Phonics 教学尝试的融合中完善 Phonics 特色课程;四年级和五年级推动"学英语绘本"中的图画书阅读课程和分层图画书的阅读整合;六年级在海量自主阅读中逐渐形成自主阅读课程的体系架构,促进中西方文化的融合。每一个学科都可以不断提升学科价值的认知性,如道法的道德之美、语文的文道之美、数学的思维之美、英语的融合之美、科学的探究之美、体育的健雄之美、音乐的韵律之美、美术的形意之美。

（2）丰富情感体验,以美育德

儿童第七感课程着力培养儿童的道德感,促进儿童的精神成长、德性生长、人格发展、人际交往（如图4-12所示）。儿童第七感课程的最终价值为:唤醒人内在的道德感、价值感和创造感。人类的五种感官认知使我们能够探索外部世界,第六感允许我们检测我们的内在生理状态。第七感是一种向内看,将自己的心理、大脑、人际关系转化为情感,建立自己的

价值追求的能力。比如,在欣赏自然美景的同时,我们为祖国的河流和山脉感到自豪,并激发爱国主义;在享受自然美景的同时,唤起旅游的文明意识和环保意识,感受大自然的美丽和起源,感受自然美与人造美的和谐的价值和意义;等等。

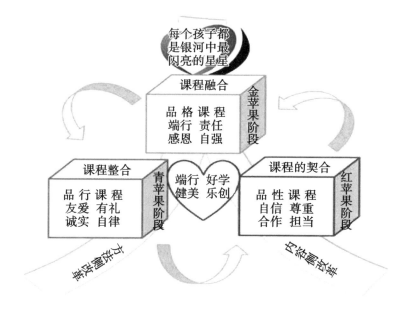

图4-12 武进星河小学儿童"第七感"课程体系图

在低年级、中年级、高年级分别设立儿童第七感课程的品行课程、品性课程、品格课程,从国家课程的整合、主题课程的契合以及实践课程的融合入手,组织学生在真实的自然和社交情境中激发美好情感、培养道德素养。每个课程主题将被整合到课堂活动、访问、互动、行为分析、情境表演、游戏活动、社会实践活动和其他活动中,通过审美实践,提高学生的文化意识,丰富学生的情感体验。

(3)旨归身心两健,以美健体

一个人不仅要有懂得欣赏美、发现美、创造美的眼睛,还要有一个健美的身体。学校围绕"健体怡心、以美育人",以提高学生身心素质、培养

第四章 每门学科都是儿童创造的孵化田

健康文明生活方式为目标,无论是有着传统文化、儒家思想的大课间设计,还是体育运动中充满动感、积极向上的音乐律动;无论是有着年龄段特征的丰富的体育课程,还是一个年级体育课联排的走班,都让孩子们对这些运动产生了浓厚的兴趣。丰富的运动不仅锻炼了学生的体格,也培养了孩子敏锐的反应能力以及团结合作的意识。艺术与身体的结合增强了学生对体育美感和技能的感受;同时学校注重学生的心理成长,以润物无声的心育活动,使学生在体验成长美、享受健康美的同时,成为一名身体健康和心灵阳光的健美学生。

(4)艺术原色重构,以美扬美

在为学生打下坚实的文化基础的同时,学校打破艺术课程的障碍,重视提高学生的审美意识和艺术能力,培养学生的艺术创造力。

底色课程,国家课程中的融入。学校在国家课程音乐、美术等艺术课程实施中进行创构,如在一至六年级音乐课程实施中,分别融进了打击乐、葫芦丝、竖笛、口风琴、铝板琴、陶笛等小乐器,采用律动表演、游戏、欣赏、音乐创作等方法对学生的感官加以刺激,有目的、有意识地培养学生对音乐的理解与想象力,从而达到音乐审美教育的目的。又如在美术课程实施中,低年级融进陶艺、沙画;中年级融进书法、色彩;高年级融进素描、版画。这些内容被纳入国家课程的实施中,根据学科的特点及学生的审美差异和特点进行实践,让学生理解和尊重文化艺术的多样性。

彩色课程,艺术主题中的契合。学校专门设立艺术创想课程,于每周一下午安排一个小时大课,注重审美体系多元化、审美教育内容专题化,从偏于技能的培养转向审美素养的培育。"牵着一条线去散步"的创意素描,重在形式语言的表达;"小百灵"的合唱学习,重在音色、音律、音质的和谐之美;"形体芭蕾"则重在形、神、劲、律的传达;"创造性戏剧"重在对学生人格的塑造;"我是小主持人"则重在培养学生的逻辑思辨能力、语言组织能力和表达能力。这些都在不断探究学生审美自主发展、个性化的融通学习方式,培养学生艺术表达及创意表现的兴趣和意识,让学生在独特的学习和生活中发现美、感受美、表现美,促进审美素养的发展。

(5) 以美激创,物我意象的审美生成

学习应是一种置身情境的快乐生活,每个人都应是在场的学习者、参与者、探究者。意境是审美主体将审美的把握(象之审美)加以融汇、内化(气之审美)创造的意识形态对象在主观意识中再现的召唤结构。儿童的审美创造注重"场"的效应,一是儿童能积极"入场",参与绘画、手工制作、作品欣赏、色彩游戏等活动;二是儿童自觉在场,通过分析美学元素,儿童能够与他们的作品进行情感交流,获得审美体验,产生情感共鸣,并获得丰富的审美观念;三是儿童能持续"闹场",如某年下大雪就有了冬天里的创想——用脚印在雪地创作的活动,孩子在这样随意的空间中,共同释放想象力,获得情感交流和情感表达。

2. 魔方课程,进阶中的美学启蒙

审美教育课程的产生是必然的,审美教育的生活转向也是必然的。儿童的审美启蒙、儿童的审美行为和儿童美学的创造构成了审美的魔方课程。在生活直觉美的过程中,儿童的审美启蒙增强了审美体验,培养了审美能力,为孩子的个性美形成提供了基础。儿童的审美启蒙既是认知启蒙,也是基本的技能启蒙,同时也应该是一种教育行动,让孩子们回归"生活世界""体验历史"和进入"情境场域"。儿童的审美启蒙是一种更加开放、全面、独立和个性化的学习形式和生活方式,超越学校、超越学科、超越课堂。

我们从五个维度确定儿童美学启蒙的价值取向:

自然美学:感受大自然的美丽,学会欣赏美丽的大自然,体验人类对自然美的美丽启示,学习分享美,在分享中体悟大自然与美的关系。

艺术美学:在创造想象力的过程中体验意境的美,知道美需要想象力和创造力,创造美需要考虑形式(线条、颜色等);感受新奇美与经典美的不同,创新是保持生命活力的源泉。

社会美学:认识到人与世界、人与人交往的重要性;享受与好朋友在一起的美好感觉,体会在美丽交往中的收获。

科学美学:学习各种创意、设计、制作、表达、交流以及多视角的连接

第四章 每门学科都是儿童创造的孵化田

和转换,勤于思考、敢于质疑,领会感悟、求证解惑,研究学法、及时反思,调整思维。

生活美学:认识到通过自己的劳动创造美丽来美化世界的重要性,并享受通过劳动创造美的乐趣;初步研究美化生活、创造美的基本方法。

第五章
用关系学重构激发儿童创造的朋辈群

周国平先生在《每一个生命都要结伴而行》一书中说:"生命纯属偶然,所以每个生命都要依恋另一个生命,相依为命,结伴而行。"笔者也想说:"儿童成长旅途,同样需要同伴,相互影响,相互濡染,结伴而行!"

于是学生朋辈共同体就诞生了。朋辈共同体是指通过朋辈互助等方式,使每个学生既能得到自我成长,又能互帮互学互助互促,推动学生集体共同成长的组织。人的生活空间处于不断变化之中,即从共同体走向陌生人社会(不同共同体的集合)的变化过程中。本章从五个方面分享儿童朋辈共同体的故事。

第一节 一元到多元:苹果园里的伙伴关系

2016年1月,有一项重要的政策受到广泛关注,那就是二孩政策的放开;与此同时,独生子女反对父母要二孩的新闻层出不穷。在此之前,我国推行了很多年的独生子女政策,钢筋混凝土建筑"关"住了孩子,成长

第五章 用关系学重构激发儿童创造的朋辈群

伙伴的缺失让孩子孤单地长大。这一时代的儿童有着依赖性强、社会适应性差等特点。

有人曾说这是典型的中国式家庭421综合征。在家庭内部,孩子们有小伙伴交往的只占2.07%;在调查结果中,90%的青少年在人际交往测试中为"一般"。我们期待从哲学、伦理学、社会学、心理学等维度去关注儿童的成长,重构学生成长群体的结构,探索一元到多元的社会适应性培养。

一、教室表情:学习组的串联与并联

学校把普通教室在物理空间和心理空间上进行了重构,通过学习组构建起了特有的"朋辈关系",让爱与被爱、支持与理解、尊重与信任等情感得到更好的满足。

1. 学习组的串联

横向串换与纵向串换:横向串换是组与组之间进行同角色的串换,简单的班内成员重组,让孩子们更加容易接纳他人;纵向串换是指一个小组内成员担任组长、汇报员、记录员、纪律员等不同角色的串换。

随机串换与自主串换:当在学习中某些方法、观点出现不同意见和分歧时,学生有与之分享的欲望时,当教学需要分层时,需要随机串换和自主串换。

临时串换与定时串换:根据班级情况和学生需要,每间隔一段时间(两周或一个月),重新把学生换到新的小组,让学生与不同群体的其他学生进行实际交往。

2. 班际间的并联

学生如果长期生活在熟悉安全的环境中容易产生惰性和保守心理,因此在班级内学习组串换的基础上我们开启了班际互访,让一个班派出几位同学组成访问团,到别的班级访问学习一段时间,通过班级互访、角色大体验以及小组游学等方式,打破相对固定的人际关系。

孩子们到其他班互访、互学、互动,能得到完全不同的感受和成长。有的孩子说:"我来到新的班级,一开始很害羞,可是同学们的友好让我消

除了顾虑,他们的大方和稳重是我没有的。"也有的孩子说:"这次换班,既让我们体验了全新的学习氛围,又交到了新的朋友,太有意思了!"有的孩子说:"新班级同学们对学习的专注和爱阅读的气氛深深打动了我,是我们班级需要努力的方向。"

3. 小助教的合联

课程宝贝:为了更好地促进孩子们主动探究、合作学习、积极交往,学校在空间设计上就建设了36个主题课程馆。在场馆课程的开发中,一个新的角色诞生了,那就是课程宝贝。场馆里每个项目都有3~5个课程宝贝,每一次场馆课程中课程宝贝就成了场馆里的小先生,帮助学生寻找同伴、生长想法、唤醒自我。

采用学长制:一年级的小伙伴刚走进校园,为了克服他们的焦虑和害怕心理,学校开展了新生夏令营活动,让大哥哥、大姐姐陪伴熟悉环境、熟悉规则。大哥哥、大姐姐牵着弟弟、妹妹的手,教会他们用餐、吃饭、扫地、交往、系红领巾等。

从伙伴制走向助教模式:三至六年级的孩子人人都可以申请担任CI助教,为结对班级上一次夕会课,在结对班级自主结对一名互助同伴,为结对班级做一件力所能及的事。助教模式激扬起生生朋辈效应,孕育出混龄同伴关怀之情,催生出师生感恩情怀。

人员"串换"改变了人际关系结构,间接地拓展了学生交往的空间。星河人连续四年进行了期末考试评价改革,每学期都会通过小课题、项目化学习的方式,让孩子们自我选择伙伴组建共同体。儿童的学习不是简单的个体体验,而是伴随着互动、交往、价值的彼此认同和自我实现。当学习真正发生,"学习共同体"必然同时产生,学生在协同学习中找到了自尊和归属。

二、家族模式:校园里的同龄到混龄

每个来到星河的孩子从一年级开始就和其他年级的孩子们组成了一个家庭,这个家族里有哥哥、姐姐、弟弟、妹妹,孩子们按照兴趣爱好组合

第五章 用关系学重构激发儿童创造的朋辈群

在一起,能接触不同年龄、不同性格的人,神奇的"化学反应"就发生了……

周一全校走班的课程群落:以学生兴趣为主导,不论哪个班级、哪个年级的学生,大多是按照兴趣意愿选择创想课程,这样就出现了很多"混编班"。同一个社团里,孩子们遍布于一年级至六年级;不同班级的孩子们走班上课,完全打破了班级的限制。

周五创想学院的混养社区:学生不是横向划分,而是纵向分成了七大学院。每个学院里面都有一至六年级的学生,管理模式变成了高年级带低年级的学长制。学院成了一个学生"混养"的社区,在这里学生寻找交流合作的伙伴,学习自我管理和社区自治。

每月半天进行FSC跨区体验:2013年12月学校首次提出设立FSC教育联合会的组织,来自全国各地的许多学校也纷纷借鉴和效仿。每个月第四周的下午,星河的孩子们就可以到FSC校外课程基地进行体验、交往和实践,来到大学、农场、博物馆和社区等,跨校、跨区域结识新同学。33个FSC课程基地,上百个野外课程自由选择……在这里,来自不同区域、不同学校、不同年级的学生组成一个新的班级,通过互相合作共同完成任务。

这样新型的教育模式打破了孩子的年龄界线,培养了不同年龄组孩子的良好社会行为方式。

三、合宿课程:家庭中的独养到混养

星河就是一个大家庭,在星河有一个特别的一天叫"双胞胎日",那一天,所有感兴趣的小伙伴都可以结交一位自己认为如亲兄弟姐妹般的同伴,并好好在一起相处一天,体会兄弟姐妹的情感和交往。那是孩子们非常期待而喜欢的旅程日。

同时,学校的一些班级还开启了合宿课程。"合宿"一词来自日语,是日本中小学生暑假中的一种传统活动,意在给孩子提供一个良好的学习娱乐环境,培养学生团结友爱、相互协作的集体精神和独立生活的能力。

"合宿"这个美好的词语引发星河君子兰中队所有孩子和家长的遐想。家长们都在集体思考,除了在学校,我们是不是可以创造一个活动空间,让孩子们的同伴关系建立在校园以外并有更深入宽广的延伸?于是,2016年9月下旬,星河小学君子兰中队家委会推出了"我爱我家、邀你相住"合宿课程。

"闺蜜"行天下(周心叶)

好朋友王子涵来我家,我感到非常兴奋和激动。妈妈说这样从小一起长大的好朋友以后就是闺蜜,这个词语真好听。我以后还想邀请更多的小闺蜜来我家,因为我有许多许多好朋友。10月4日,按照原计划,我们先到苏州一日游,游览了《枫桥夜泊》里姑苏城外的寒山寺,还逛了金鸡湖边的诚品书店。我们一起买地铁票、研究地图,因为有好朋友相伴,一天下来走了一万多步一点也不觉得累。晚上,王子涵住我家,我们一起洗漱、整理衣服、听故事,躺到被窝里还一直兴奋得睡不着觉。第二天,我们一起吃牛排、做陶泥、去图书馆看书。妈妈说我要像小主人一样招待好小客人。两个人在一起我再也不觉得孤单了。10月5日晚上,我和好朋友谈伊琳受邀又到上官家合宿,大家在一起好热闹,我有点乐不思蜀了。

从这一篇日记中,从家长的反馈中,我们不难看到孩子渴望有亲密伙伴,渴望与伙伴间能有更多相处、磨合的时间,他们对社交有着深切的需求。合宿课程让孩子拥有了兄弟姐妹,在这种体验中成长的孩子与他人交往就如同与家人相处一样,而这种开放环境,对于孩子构建人格关系、与他人形成良性互动都是十分有益的。

学校是一个会对学生社交能力产生重要影响的场所。"社交"是一个不曾被我们好好对待的事情。怎样保持友谊和解决冲突、怎样给予和接受帮助、怎样对待竞争与合作、怎样处理个人和集体的关系……这些都将关系到孩子长大成人后是否能适应社会。在能力所及的范围里,我们要

第五章 用关系学重构激发儿童创造的朋辈群

在引导教育孩子的过程中去为他们创设环境,让他们去体验、感受、自我发现……让他们有能力为自己建立健康、积极的社交圈。

四、角落游戏:情境中的位移和位遇

苏霍姆林斯基说:"每一个学生都有一个心爱的角落,在那里从事创造性的劳动,而旁边又有年长的同志给他做出榜样,要帮助每一个学生找到心爱的事情。""让每个学生都有一个心爱的角落"成为星河人的期待。

于是,2013年9月,当我们迎来了386名新学生的那一刻,我们期待星河的每一个孩子在学校里都能寻找到自己喜欢的角落。我们征集到所有的孩子对角落课程的建议近400个,经过分类整理形成了第一批角落课程群。那样的角落里,总能诞生出孩子们朋辈之间的故事和课题。学校的角落就是孩子们自己的秘密基地、孩子自己好玩的世界。在角落中开展了旧宝贝的花样年华活动,一位爷爷给孩子们送来的16件旧玩意儿,更令人感动的是,这位爷爷还带来一个U盘,里面是相应的16个资源包。东西放在学校大厅,大队部根据哪一个班级的孩子最感兴趣哪个课题来分配开发旧宝贝的成员,于是16个小课题产生了,大小伙伴间的交往也发生了。

某一天,笔者听着美妙的吉他伴奏和歌声下楼,看到星巴克创想广场上人山人海,原来是一群孩子正在做西部牛仔的活动。有两个孩子胸口贴着"点唱机"和"驻唱"名牌,全校师生可以任意点歌;另一个站在门口的孩子胸口贴着名牌"老板",负责对游戏进行评价;还有两个胸口贴着"考官"。孩子们参与体验了十多个牛仔活动后参与挑战,最后到星巴克品尝果汁。有角落才会有真正的儿童,有角落才会有属于儿童自己真正的创造。

小小的角落隐含着课程的意义和儿童文化的密码。它的开发主体是儿童。在每一周、每一个月、每一年中,儿童的角落会不断变化,原来的角落或者更新主题或者更换主人。角落也不是一个人的,更多的是几个小伙伴合作开发的,而小伙伴也会在团队"解体"后再去建构新的团队。角落具有隐秘性,是"个体社会",也会开放,从角落走向更大的世界。通过

这些角落,孩子们在丰富的选择和体验中发现自己,在责任与担当的自主聚焦中做更好的自己。

期待每个孩子都能在学校找到自己最心爱的角落,那里有着泛化的创想情境、自我组织的探究环境、自在化的合作场境、开放式的交往时空,是一个基于儿童,整合了物理、社会、信息和人文等多个维度的朋辈空间。角落课程行动"悄无声息"但效果"惊天动地"。

五、创想城市:岗位中的互助和互纳

陶行知在《学生自治问题之研究》中指出:"今日的学生,就是将来的公民……共和国所需的公民,是要他们有共同自治的能力。要想有共同治理的公民,必先有能够共同自治的学生。"

星河实小把微型社会搬进小学校园,落实星河创想城的整体设计与规划。星河创想城里有七个社区——人文学院、社会学院、科学院、体育学院、农学院、艺术学院、生命学院,设计了"我和自己""我和社会""我和未来"的三大模块,设置了银行、医院、餐馆、警察局、邮局、正义小法庭、建筑设计院、每日鲜菜场、创意发饰店、创意生活馆等不同的活动场所,让孩子进行城管、厨师、主持人、导游等不同角色的体验,同时促进其职业认知和岗位意识。

岗位实践是一种行之有效的体验式德育活动,细化岗位设置、招募、培训、实践、评价等各个环节,可以让每个学生在学校里都找到适合的岗位,增强其责任感和主人翁意识,学会共同生活。学校建立了创想城市的组织结构,通过竞选产生了创想城市自治委员会,下设六个社,在班级中设立了若干个小岗位,以自治管理为抓手,蕴育儿童成长的精神气质,赋予儿童未来的生命底色。

创想城市以引导学生在"创想城"中扮演模拟角色和进入特定的情境为主要形式,以学生自主选择、直接体验、研究探索为活动的基本方式。"创想城儿童学院"的开展,在学生主动参与、协同合作、自主发展为主要外显特征的模拟活动中,让学生学会了关心,以一种高度的责任感和使命

第五章 用关系学重构激发儿童创造的朋辈群

感去放眼看世界;让学生学会了交往,在不断进取中去体会人生的乐趣;让学生学会了生活,健康愉悦地、自由而负责任地、智慧而富有创意地生活;让学生学会了自主管理,提升了综合实践能力。

马克思曾说:"在真正的共同体的条件下,各个人在自己的联合中并通过这种联合获得自己的自由。"学生朋辈共同体,是儿童助人与自助的育人理念合乎逻辑的发展结果,会成为儿童成长中的美好记忆,会成为儿童前行永恒的力量!

第二节 为他者:创想城里师生关系的伦理向度

在师生交往与师生关系建立过程中,教师常常有着绝对的权威,民主平等的师生关系只停留在理念和口头上。在师生沟通中,教师常常不自觉地按照自身标准,试图把学生打造成和他们相似的人群,即"同者"。学生在教师的"威权"管理中,在控制的师生关系建立中,难以体认师生间的人文关怀,很难形成完整、独立的自我人格。

"为他者"是法国哲学家列维纳斯伦理学的根基,其核心就是把"他者"作为自我的伦理指向,以"他者"唤醒自我的伦理意识,实现伦理主体的重构。"他者"不是另起炉灶的概念重构,而是一个相对于"自我"的认识。"他者"与"自我"之间是相互关联的,"自我"是为了"他者"而存在的伦理主体。"他者"不是固定不变的,而是在自我成长中不断选择、确立、转换、比照的,在不断自我认知发展中通过"他者"的比照来认识自我,发展自我。

一、接纳"他者",体认临床教育学的"闻与问"

【案例1】 406班的三位学生在校门口扔垃圾,违反了校规条例,因此班级在常规检查评分中被扣3分。

在班级日常的管理中,班主任每天都会遇到学生犯了班规、校规的事情,大多数班主任采用的方式就是批评教育三部曲:犯规的学生阐述过程—教师强调纪律规矩—学生被迫承认错误。

而在那两年中,我带领孩子一直在做"新闻课程"。"新闻课程"成为我们师生沟通、生生沟通最有力的途径和桥梁。以下是孙静怡同学写的新闻稿:

> **都是随手惹的祸**
>
> 2017年6月4日,406班遭遇一场非常巨大的损失,三位同学就因为一分钟的随意,毁掉了全班同学一个月的努力。
>
> 经调查发现,发生这一重大事故的是三位同学——王宇、曹俊杰、朱煜。他们在校门口购买了包书皮,就迫不及待地打开,然后王宇随手将包装袋扔在了地上,另外两位同学看到不但没有加以劝阻,而且也随手将包装袋扔进了绿化带,结果被自治委员会的成员发现,文明礼仪常规扣了3分,而扣3分已到达了学校扣分的极限。中国人都说"事不过三",正是他们的目无校纪,才给班级造成了无法弥补的损失。
>
> 三位同学已经悔恨万分,事情不能从头来过,只有告诫每一位同学,文明无小事、守则是大事。(记者:孙静怡)

从一定意义上来看,教师和医生有着相似之处,因为工作的对象都是人,因此,从医学的角度来说,教师对学生进行科学合理的"诊断",是有效沟通的前提。荷兰学者最早提出"临床教育学",在师生沟通中,我们也需要采用临床教育学中的"望、闻、问、切",诊断并及时全面了解、熟悉、清晰儿童成长中可能存在的"病理",接纳"他者",以此来进行具有针对性的有效沟通。

1. 察言观色,"望"出儿童的喜怒哀乐

班主任和学生进行沟通交流,可以通过面部表情、肢体语言、目光交

第五章 用关系学重构激发儿童创造的朋辈群

流等方式及时沟通信息。在以上案例的沟通过程中,看到班级被扣3分,孩子内心已生愧疚,但又不知如何改过。班主任和学生沟通时要善于察言观色,根据儿童的外在肢体表达做出分析、综合和判断,然后给予相应的引领与指导。

2. 用心真听,"闻"出儿童的同一相异

在儿童有逆反心理时进行说教,显然儿童是排斥的,因此借用班本课程"新闻课程"的契机,让儿童通过写一写新闻、读一读新闻,进行自我教育和相互教育,这样的过程符合差异逻辑。"为他者"思维中的差异逻辑关照的是"自我"和"他者"的相异性,因此可以看到诗意地栖居在世界中的"自我"需要借助"他者"摆脱统一性的藩篱,寻找无限的可能与精彩。作为教师的我们,沟通的前提就是要体认到"他者"的这种相异性、外在性的认同与尊重,才能真正把脉儿童的生理与心理的变化和生长。

3. 对话反思,"问"出儿童的自我逻辑

在班主任和儿童进行沟通时,班主任需要预设对话的主题、内容、方式,讲究提问的技巧与艺术。我们在和儿童对话交流中,对于问题发生的细节、疑点可以采用"你怎么看?""你怎么啦?""后来怎么样呢?""如果重新来过,你会做改变吗?"的"对话"方式,用春风化雨般的交流,抵达儿童内心想去的地方,问出的是儿童自己对这件事情的自我逻辑、自我判断和自我觉醒。

4. 诊断处方,"切"出儿童的真善美

列维纳斯把"他者"置于首位,并认为"他者"对于自我的限制才是伦理的真正起源。在以上班级扣分的例子中,如果班主任将几个孩子劈头盖脸地训斥一通,虽然老师气也出了,学生也低头认错了,但是,沟通就到此为止了。从解决问题的角度看,这样的沟通无济于事。从教育的角度看,这是"零教育",甚至是"反教育",这样的过程显然缺少的是双向沟通。通过新闻为媒介,采用书面与口头双向的沟通方式,犯错的孩子会在新闻的写作中反思自己的错误、认识自己的错误、承担自己的责任;其他孩子在写新闻的过程中也会自我对照。如此,沟通的渠道是多向的,不是反向的。这样的诊断处方,切除了矛盾问题,切出了价值判断以及责任担当。

二、体察"相遇",实现伦理视野里的"面对面"

【案例2】 在我们班上,有一位小明同学特别不喜欢做眼保健操和午睡。每次做眼保健操或者中午午睡的时候,他不是上厕所,就是收拾书本,或是跟同学借东西,已然成为班级眼保健操和午睡课扣分的重要原因。

于是,班级召开联席会议后大家给我这个班主任出了一个妙招:决定因人设岗,安排小明担任眼保健操和午睡课的纪律监督员。这样一来,他有了不做操和不午睡的正当理由,而且还可以监督别的同学认真做眼保健操和午睡。刚开始的一段时间,这位同学很卖力,但时间一长,他就失去了兴趣,不仅不管理同学,而且主动逗别人讲话。

作为班主任的我陷入了左右为难的境地:撤掉他,担心他破罐子破摔;不撤吧,他似乎是扶不起来的阿斗。面对这样的问题,该如何合理科学地有效沟通呢?

教师,尤其是班主任,与学生的沟通方式非常重要,一味迁就会助长儿童的任性,简单的转换容易让儿童认知发生偏差。由此看来,师生沟通的科学与合理与否决定师生关系的好坏、班级文化的质量。在师生沟通中,我们需要不断提升"他者"的意识,让学生感受到自己在班级中的重要性,建构起"相遇"和"互助"的关系。

1. 认知"他者",在伦理关系中让儿童自我参照

我们常常忽略每一个儿童都是一个独立的个体,忽略他们的原有起点。作为班主任,我们常常急于把这些"他者"变成自己心中期待的人、标准的人,于是我们在行动中急于求成,导致他们在心理尚未形成自我认知时,一方面备受压力而心生厌倦,另一方面不能持之以恒而适得其反。因此,在接下来的沟通中,我们采用了"自我画像"的方式进行师生沟通,让

第五章 用关系学重构激发儿童创造的朋辈群

孩子画一画午睡课中的自己与伙伴。孩子在画画的过程中,会发现自己的形象、自己的行为、自己的言语深深影响到了班级的同学,不再为自己的桀骜不驯而得意。因此这一次沟通中孩子的画并没有全部完成,因为他不想看到那个不受大家欢迎的自己。自我画像沟通法,让孩子对置身其中的想象有了自我的诊断,能用第三只眼就事论事,力求客观公正地看待事件本身。

2. 依靠"他者",在伦理视野中与儿童相遇反思

作为班主任,我们要真切地认识到每一个孩子内心都是希望成为最好的自己的,每一个学生都是完整的人、发展中的人、有个性的人。作为班主任,与同学沟通要寻找"发光点",让孩子寻找班级中自己最要好的伙伴。若此时因为他的好朋友很少很少,发现有困难,老师可以帮他一起约几个朋友。如让好朋友们寻找小明的优点,相互不吝啬夸奖,积极鼓励。在伙伴的群体谈话中让小明发现自己的优点,像很勤劳、愿意负责班级的小岗位、热心、其他孩子有困难也愿意相助、知识面很广、军事兵器是行家,等等。在谈话的现场发现学生的优点,每个孩子都会有一种被肯定的需要,这会让孩子重新反思,重新照镜子,看到一个完整的自己。

3. 体认"他者",在伦理世界中与儿童邂逅真我

同时,班主任要接受"每个孩子都是不一样的"这一事实,每个孩子都有自己的特点,有优点也有缺点,教育的力量更多的是引导儿童自我认知,勇于"扬长避短"。班主任要尽量刺激学生"真善美"的神经,鼓励每一个孩子向真向善向美,因此在沟通中的诊断要客观,价值判断要真切。诊断不是目的,让学生自我体认、提升自我才是目的。为此,班主任可以和孩子一起共建自己的情感账户:哪些可以做到?哪些需要帮助才能做到?哪些可以协商解决?一起共同来制定行为契约,在每天的情感账户中做存储和提取,一周下来看看自己账户是有存款还是负债。孩子对这样的游戏化的成长方式很感兴趣,于是在共同商榷的基础上制定了行为契约合同,班主任指导学生进行目标规划。班主任与学生的一次成功沟通,或许就是点亮学生人生的一盏明灯。

三、位值"心理",洞悉沟通效应里的"心连心"

心理效应是社会生活当中较常见的心理现象和规律,是某种人物或事物的行为或作用,引起其他人物或事物产生相应变化的因果反应或连锁反应。教师与学生之间的疏离,一定程度上是新技术演变造成的。但这一演变,也使得师生关系的自由度得到了提升。师生关系的变迁主要是因为网络传习导致的"身份认同"或者说"角色定位"的变化,师生关系会向着后现代转型。因此师生之间的沟通更多需要心与心的相连,需要发挥积极的心理效应,产生蝴蝶振翅般的效应。

1. 合理把握沟通长度,避免超限效应

"小明,你认识到自己的错误了吗?""认识到了,请你写1000字以上的反思明天交到我的办公室。""小明,我和你苦口婆心地交流了两个多小时,你真是冥顽不灵,还没认识到自己的错误。"……

作为班主任,我们常常站在道德审判的高地,扮演着法官或警察的角色,总以为自己的说教式的沟通能包治百病,但是以上的方式很显然凸显了心理学中的"超限效应",就是指师生在沟通中由于某种刺激过多、过强或作用时间过长,使得接受的一方产生逆反心理。因此在师生沟通中,我们要转变角色,做儿童心理的按摩师,用同理心进行适度的交流与共振,避免一而再再而三的长篇大论的教育,告诉其后果。需要合理把握沟通的时长,让孩子的内心是悦纳而非排斥。

2. 正向采用沟通宽度,借用晕轮效应

如果把教师看作一个"组织机构",那学生就是一个"公众环境",如此看来,处理公共关系的一些理论与策略对师生关系的处理将有所裨益。将师生关系放到公共关系的视域下,为应对新形势下的师生沟通问题打开了思路。

"你是怎么想的?""你能把你的心里话写下来吗?""你认为还可

第五章 用关系学重构激发儿童创造的朋辈群

以怎么改进?""你觉得问题的症结在哪里?""如果再遇到这样的情况,你会怎么做?""问诊式"沟通是一种知性的教育选择和"对话文化"。

苏霍姆林斯基曾经针对教师"对儿童缺乏个别对待的态度",提醒我们"没有也不可能有抽象的学生"。问诊式的沟通,触动了孩子需要的"沟通心弦",优化了问、思、学、辨、化"一体化"的沟通机制,使师生成为共同体,有共同的问题目标,有明确的协助,有亲密的互助氛围,形成一股不可小视的沟通合力。在沟通文化的建构中,我们基于问题去解构,基于需要去重构,基于现实去调整,形成多重"视界融合"。它具有积极与消极两方面的意义。因此,正确认识、了解、掌握并利用心理效应,具有非常重要的作用和意义。唯有如此,才能做好临床教育学,发挥晕轮效应中的正向力量,画出美丽的"同心圆"。

3. 适当加热沟通温度,发挥暗示效应

在师生沟通中,我常常会试写"心理日记"。学生们在日记里除了自我剖析、自我鞭策外,还写读后感、观后感,写身边周围发生的事,写自己的憧憬,写自己各方面的收获,写自己的所思、所感……于是在与孩子的共度共写共同的生活中,我在孩子的心理日记里常常会用名言、警句激励他们,也让孩子在日记中发泄自己的情绪,调节自己的心态,用健康、正确的心态面对现实,给自己鼓气,给自己信心与力量。

一篇篇充满信任的心理日记,让心与心的沟通更加顺畅。学生在看待同伴时尽量摆脱第一印象的影响,不要从表面看问题,也不要片面看问题,这样才不会对同学产生错误的看法,才能增进同伴沟通,不断地改善同伴关系;既要让同伴了解自己的优点,又要让同伴了解自己的缺点,力争给人留下好的印象,使同伴愿意和自己接触。师生之间、同伴之间对"他者"相异性的尊重、信任、理解以及保护的态度,正是一种伦理态度,体现了伦理视野中的人文关怀与朋辈关系。班主任如果能在和学生的沟通交流中灵活、恰当地运用一些心理效应,发挥它的长处及优势,可以使学生在和谐氛围中被激励激发,在愉快沟通中被指导指正,从而提升沟通的效果。

4. 持续延伸沟通长度,联结连环效应

> 在毕业考试中,班上"调皮蛋"小丁在题为"我笑了"的作文中写道:"我笑了,因为在六年的学习中,我碰到了一个就如朋友又如妈妈一样的老师。"

三年级接班时,小丁同学是一个三天两头不做作业甚至逃学的孩子,班主任计划两周一家访,一个学期下来家访次数不亚于十次。有一次上门家访,孩子去姑姑家吃晚饭了,班主任骑着自行车赶到他姑姑家家访。就是这样持续地与孩子沟通、与家庭沟通,产生了深深的连环效应。孩子对老师的信任、依恋源自持续的、真诚的沟通。

科学合理的师生沟通,彰显的不再仅仅是教育的艺术,而是现代师生关系的转型,因为"为他者"的思维,已从原本的"师教生学"的定格型关系向"共生互学"的生成型衍化,传统的"师生固滞"型也逐渐向新时代"师生互换"型关系演变。教师与学生应该在理解尊重彼此的基础上共同构建相辅相依的新型师生关系。沟通无处不在,师生关系也在不知不觉中迭代升级转型。

第三节 情感账户:朋辈关系的逻辑与实践路径

儿童的德性生长不能忽视其内在的心理世界和精神世界,而联结身体、心理和精神世界的纽带就是情感。情感在每一个儿童个体道德成长

第五章 用关系学重构激发儿童创造的朋辈群

中有着奠基性、弥散性与积极性的作用。无论老师还是家长,往往会以自己"一厢情愿爱的方式"进行情感的输出,常常以"充满他人"的角度进行"伦理的绑架",因此,如何通过家校共育寻找通道,促进儿童的道德发展与人格成长,是摆在我们眼前的课题。星河实小以"自我领导力"为载体,形成由教师、学生、家长三者构成,与成长相关的协同系统。每个人都从改变自己开始,梳理出自己的可控圈,用每一个人的力量去推动、影响班级、学校、家庭、社区甚至世界的改变,而其中的"情感账户"就是非常有力的引擎。

一、关系危机:朋辈沟通从"前喻时代"走向"后喻时代"

在我们的日常生活中,沟通是最常见也是最方便的人际交往方式,通过沟通,能够了解他人的想法,走进他人的内心,在与他人交换、传递彼此的思想与情感的同时,获得认同与共鸣,从而促进人际关系的健康、持续发展。

1. 前喻时代:破解看似关切的"伦理绑架"

前喻时代是指后辈要向前辈学习。我们的师生关系、亲子关系大多还停留在前喻时代,成人总是站在道德的制高点,用成人的思维和方式去教化着儿童。常常会采用这样的方式:

说教式。在与孩子沟通的过程中,家长和老师往往会采取说教的方式,一味地、重复地输出,将自己的观念灌输给孩子,却没有给孩子充足的空间去表达和倾诉,从而导致师生、亲子之间的沟通成为一种单向的沟通。

批评人格式。当孩子遇到问题或是犯了某个错误时,老师和家长总是将某个问题放大,辐射到孩子的人格与整体,企图达到更大的教育效果,然而这种批评人格式的沟通观念,并不能促进与孩子的有效沟通,反而会让孩子不愿意沟通,不敢说出自己内心的想法。

回避式——房间里的大象。房间里的大象是指一些非常显而易见的,可是却一直被忽略的问题。在与孩子交流的过程中,许多父母和老师明知道其中存在许多问题,却仍然选择视而不见,通过沉默来回避,而非着手去解决,使得与孩子之间的隔阂越来越深。

关切是双向度的情感交流,而老师还有家长总是把自己的观点强加于孩子,让他们必须接受。这种单向度的"关切"只会让儿童成为单向度的人,而非多向度的个体,这样的关切不能称为真正的"关切",因为一厢情愿的情感付出未必能共振出另一方情感的认同与理解。从真正意义上说,这样的关切是不道德的,而是一种看似关切的"伦理绑架"。

2. 并喻时代:打造情感沟通的"独有角落"

在快速的时代节奏下,每一个人似乎都处在忙碌的状态中,孩子们的学业忙,老师们的教学忙,家长们的工作忙。在这样的情况下,人与人之间的沟通往往处于一种形式单一的状态。并喻时代是指前辈、后辈之间要互相学习。那么我们是否可以打造一个班级、家庭独有的沟通角落,让我们在忙碌的学习与工作间隙中,获得别样的沟通方式?于是,一个家校之间共育的有力引擎得以开启,那就是联通着班级、家庭、儿童的"情感账户"。

(1)情感账户,是联结家、校、生之间的纽带。在班级中,老师和孩子们可以通过在班会课投票的形式,确定班级情感账户的展示区域与容器。一个个彩色的纸杯上面贴着孩子们的名字,纸杯成为容纳师生、生生之间交流沟通的独特领域。在家庭中,父母和孩子通过召开家庭会议的方式,共同参与情感账户的打造。在家中开辟一个独特的天地,选择家长和孩子喜爱的容器,可以是贴着贴纸的糖罐儿,也可以是共同巧手制作的小纸盒。在家人们齐心协力的匠心打造中,沟通的桥梁也在慢慢架设。全家人协同合作参与的过程是这个沟通角落被认同、被使用的过程。

(2)情感账户,是开在师生、家长心灵上的富矿。情感账户是一种建立在信任的基础之上的,通过善意的语言和行动来进行存款,从而建立或修复信任,营造良好的人际关系的工具。史蒂芬·柯维博士曾经说:"在人际关系中,每一件小事都是大事。"而情感账户,正是通过一件件小事,一次次"存款",让儿童、老师、家长走进彼此的心灵,从而促进生生之间、师生之间、亲子之间建立健康、友善的人际关系。

3. 后喻时代:定制朋辈专属的沟通方式

后喻时代是指前辈要向后辈学习。在日常生活中,孩子之间往往因为缺乏沟通技巧而表现出不会沟通、不善沟通的情况。因此通过打造班级情感账户,让孩子们获得一个学习沟通方式与技能的契机。

陶行知先生曾说:"我们要知道儿童的能力需要,必须走进小孩的队伍里去体验,而后才能为小孩除苦造福。"星河实小设计主题为"向儿童学习""向童年致敬"系列活动,其中有一个重要的沟通平台,就是"星河少年说",只要是充满梦想、用行动坚持梦想的孩子都可以走上舞台。一次,一位妈妈听完十岁男孩贺梓悠的"学习能力:未来的核心竞争力"后说:我没有想到这个小小个儿的男孩对学习有着深刻的体会,无论是从几次三番学游泳悟出的学习道理,还是从与《物种起源》《史记》等文本对话,都可以看出这个孩子在学习生活中自我成长、自我改变的力量,太佩服星河里这位小朋友了;从他身上,可以看到我们的民族未来可期。因此在亲子沟通、师生沟通过程中,我们需要让孩子的独特、毅力以及更多的可能被大人看到,并使之成为后喻时代的必然路径。

二、情感账户:朋辈伦理从"充满他人"走向"成长共同体"

关切是一种从情感出发、不断逼近他人,在成全他人成长的同时实现自己的情感体验。因此"情感账户"的设立,让师生、亲子之间的伦理关系,不再仅仅是一种单向的建构、单向的输出,而是在"充满他人"之中不断反观自我,逐渐走向彼此成长的"共同体",通过家校"情感账户"的共同建构,让家校社一切教育的发生源于双方的情感互动。

1. 生命在场,打开物理的情感性空间

星河实小班级的空间里以及每一个孩子的家庭里,都设立了一个角落来安放彼此的"情感账户",家庭中的情感账户由孩子、爸爸、妈妈分别设立、同时运行;班级里的情感账户是单独开户、共同管理的。

> **走进情感账户**
>
> 旨归:建立在信任的基础之上。
>
>   存款,代表建立或修复信任。
>
>   存款的形式,包括善意的语言和行动。
>
> 价值:使同学之间、亲子之间、师生之间关系融洽,学生幸福感提高,全身心学习。
>
>   使班级便于管理,减少学生之间的矛盾,减轻老师压力。
>
>   降低校园极端事件的发生概率,减少家校矛盾。
>
>   使学生、老师、家长的眼中看到彼此的好,热爱自己的学校、自己的家。

2. 儿童立场,积极情感的连续性累积

信任是人和人之间的纽带,也是人际关系中人与人之间情感的维系纽带。没有信任,朋辈之间就失去了交往的前提;没有信任,师生之间就失去了教导的力量;没有信任,亲子之间就失去了沟通的桥梁。而现实生活中,儿童在与同伴、老师、父母相处的过程中,却往往因为种种矛盾与摩擦,使得信任关系出现了危机。在建立情感账户的过程中,制定切实可行的存款细则,便能够帮助我们有效地避免失信行为,从而在不断的存款过程中,重建信任关系。

(1) 生生间的耍赖雷区

孩子之间在相处的过程中,也会出现信任危机。部分孩子在与他人交往、游戏的过程中,会因为胜负欲、奖品等原因,违背原本与他人说好的约定,出现"耍赖"的情况。在这种情况下,容易造成与其他孩子的疏远,从而失去其他伙伴的信任,造成与他人相处的僵局。因此,需要通过在班级内建立情感账户的方式,在他人的账户内存款,从而恢复与同伴之间的信任关系。

第五章　用关系学重构激发儿童创造的朋辈群

（2）师生间的奖励误区

教师在与学生相处的过程中，往往会在教育的同时，通过奖励行为激励孩子。然而，由于成人与孩子认知的不同，造成了一定的认知偏差，从而产生了一种误区，使得原本的激励性奖励反而影响了师生间的信任关系。当奖励行为出现替换、延迟、遗忘等情况时，教师可能并没有放在心上，但是对于学生而言，这些却是影响信任的情况，会使得师生之间的信任关系受到损害。

（3）亲子间的信用盲区

家长在教育孩子的过程中，往往为了激励孩子而过于夸大完成后的奖励，然而，当孩子完成了既定的目标时，家长却往往拿不出奖励或是不愿意给予这么大的奖励，并想出种种理由来"糊弄"孩子，却没有看到，他在孩子面前可能已经失去了信用。

3. 朋辈伦理的类属性共在

人与人的存在、相处、交往中有着天然的合群性、类属感、共在感，因此我们需要在朋辈伦理中，从"人"的冷遇到彼此的"相遇"，寻找到类属性的共在，审视关切情感的逻辑，实现教育的终极关怀。比如在班级情感账户的建立中，我们就很好建立起学生之间、师生之间、校长与教师、校长与学生之间的情感模式，让这个场中的每个人都能经历人格的完善、审美的体验、道德的发展。

三、道德体验：朋辈交往从"德性期待"走向"情感记忆"

儿童的德性生长更多来自深刻的道德体验、实践，从而形成深刻的情感记忆。如何把我们对于儿童的"德性期待"转换成儿童的"情感记忆"？这就需要借用"情感账户"的使用、探索和优化，在物理空间和心理空间上进行重构，通过家校共育构建起特有的"朋辈关系"，让信任与尊重、爱与被爱、认同与理解等情感得到满足和发展。

1. 朋辈交往，储存"情感账户"爱的便利贴

建立起家庭、班级的"情感账户"后，我们需要让儿童在提倡的生活、

交往、学习中来运行和管理自己和家庭的情感账户。常用的管理方式就是用"爱的便利贴"即时即刻记录"赞美";对于低年级的孩子,我们还可以和孩子一起拟定一些参考句式。

学生在彩色纸条/便利贴上,写上自己对其他同学的赞美、表扬或者真诚的道歉,放入对方的杯子。

学生受到了其他人的帮助,可以把自己对他的感谢话语,写到彩纸条上放入对方的杯子。

学生感受到其他同学对自己的友善行为,比如对方原谅了自己、帮助自己解决难题,也可将对方的姓名和友善行为写到彩纸条上,放入对方的杯子。

老师和家长,可以把自己观察到的学生身上的优点或进步,写成鼓励性的话语,放入对应学生的杯子。

班级、家庭每周选择固定的时间(班队课、家庭会议时光),组织大家查看自己的情感账户存款,并做适当分享,相互评价、相互鼓励、相互建议,真正获得情感的相互交汇。

2. 家校耦合,成为"德行博物馆"的守门人

"情感账户"如何能够得到家长的认同并能贯穿到成人的世界、家庭的沃土?作为班主任,我们需要运用契机。由于疫情的关系,假期孩子们在家的时间不断延长,家长们教育孩子时发生的矛盾似乎也多了起来。

有一位妈妈打电话给老师,告诉老师孩子练字总是不看清楚字的位置,只凭着自己的想法去写。"王老师,能不能麻烦你等会给我发个语音,在语音里要求孩子好好写字?"那位妈妈在电话里这样对老师说。这样的情况显然不是个别家长的烦恼。"从来没有像现在这样盼望开学。"一位家长在微信里这样告诉老师。

显然,比起疫情,如何与孩子相处,处理好家庭成员之间的矛盾,建立起彼此的信任,成为家长们的"大问题"。自我领导力告诉我们,在人与人交往的过程中,信任是前提和基础。于是,学校试着把"情感账户"引入孩

第五章　用关系学重构激发儿童创造的朋辈群

子们的家庭中，看看是否能够在家庭成员之间产生良好的化学反应，让"情感账户"成为家校合力的引擎，让家长共同成为"德行博物馆"的守门人。

丁丁家是我们班第一个践行者，对于情感账户，丁丁显然比爸爸妈妈了解更多。于是，他主动积极地成为家庭中的小老师，教会爸爸妈妈如何在情感账户中存款。他们还在家庭会议中共同制定了家庭情感账户的存款规则，并一致把家人间的彼此关心与爱护作为他们家庭中最重要的存款规则。"爸爸，谢谢你帮我修好了自行车。——丁丁""宝贝，谢谢你帮妈妈分担家务，今天的地板被你擦得一尘不染呢！——妈妈""亲爱的，谢谢你在我生病的时候照顾我。——丁丁爸爸"一次次互相关爱的存款，让家人间互相建立起了信任的桥梁。

希希家的情感账户也有他们家庭的独特风格。由于希希的爸爸是一位人民警察，在外面工作的时候经常会接触到各种各样的人，因此，如何在疫情时期做到自护自理，是她家庭中最关注的一点。在希希爸爸的情感账户中，有这样一张存款单："爸爸出门的时候记得戴口罩。——希希"有这样一张存款单，难怪希希爸爸每天戴着口罩出门工作的时候都干劲满满了。

在引导家长和孩子们建立家庭情感账户之初，许多家长显得有些手足无措。"这样小的事情也需要存款吗？"这往往是他们最大的疑惑。事实上，情感账户正是通过日积月累的小额存款，建立起家庭成员之间相处时的那份安全感。越是亲密持久的关系，越需要不断地向彼此的情感账户中"存款"。这个时候，对于在班级中已经对情感账户有所了解的孩子们来说，是让他们帮助爸爸妈妈，在家庭中获得肯定与成就感的好机会。

当然，最开始也有些爸爸放不下作为大家长的架子，不愿意参与到家庭情感账户的存款行列中来。"你们就多写写彼此的优点,发现什么优点就写下来,无论大小。"老师这样告诉他们。渐渐地,爸爸们也好奇起来:自己身上真的有那么多优点吗?他们到底写了什么?有了好奇,离参与进去也就不远了。这样一来,家庭情感账户便也真正建立起来了。

3. 共振地带:开启"情感账户"的信用代码

记一记自己的领导力手账。手账,是随身带着的一个被称为"手账"的信用笔记本,用情感账户积分收入、负分支出的方式,可随时随地掏出来翻看。用一本孩子喜欢的领导力笔记本,记录"情感账户"中的品格习得与发展,以及形态各异的反馈,实时更新积分变化。

存一存自己的情感密码。无论家长、学生还是老师,都需要从自己成长的难点、痛点、疑点中设计情感密码,形成家庭迷你成长共同体,不再仅仅在成绩好坏中评定成长,而要从生存、生活、生长的角度去自我成长和协同发展,建构一个师生、家长的信用体系,守护自己的情感码,弹出自己的信用码。在这个信用体系中,每一个学生都可以发挥自己的特长和优势,并不断成全自我、成长他人。

缝一缝自己的品格卡包。不以无限接近真实为目的,班级和家庭同时开设的"情感账户"所构建的社会框架从忠于现实到以"家庭责任—社会担当—伦理道德"为衡量轴。家庭成员应共同商定道德卡包的奖惩条款、规则契约、存取方式,形成自己的品格卡包。

升一升自己的信用等级。在进行"情感账户"品格评价的过程中,采用"学生自主评、生生相互评、家校共同评价、社会参考评价"相结合的信用综合评价方式,在日积月累的"情感账户"实践中,强调评价主体之间的相互沟通、相互参与,鼓励评价主体和被评价者之间展开相应的互动与合作,真正让评价成为一种有温度、有情感、有质量、有效能的自我价值认同,实现彼此价值。

在新时代家校关系、亲子关系、师生关系的建构中,学校、家庭日常生活蕴含着丰富而重要的道德教育契机和资源,"情感账户"只是我们在实

第五章 用关系学重构激发儿童创造的朋辈群

践中创生的一种行之有效的方式与策略。德育一定是蕴含着情感性的，需要我们家校合力、家校共育、家校协作、同频共振，需要在场者都躬身入局，播撒、酝酿、寻找涵养学生价值判断、道德品性的种子，促进朋辈之间的相互影响，在家校共育的世界中积淀道德意蕴、丰富道德情感和引领价值指向。

第四节　时光轴：用关系学打开完整的童年秩序

童年是一首四季的歌，每个儿童都有成长期的独特标识，演奏着各自的七彩乐章；在童年这根时光轴上，儿童之间、亲子之间、师生之间、家校社之间，围绕相同的价值观，相互编织、彼此打动，开启一场最美的时光之旅。让我们一起打开儿童的时光照相馆。

儿童成长都有自己的花期。低年级是儿童生活秩序建立的再构期。3至6岁的儿童如果有着良好的生活秩序习惯，6岁以后在人际交往中会表现出自如与和谐。幼儿时期缺少秩序感的建立，错过敏感期的发展，儿童安全感和协调性等方面会受到影响，进而导致内心产生焦虑情绪，不会处理同伴关系。中年级是儿童心理秩序建立的关键期。每个人都带着一份文化烙印，在人际关系的丛林中披荆斩棘。在丛林中经历的每一次羁绊、每一次停驻和每一次寻觅都是心理秩序的外在显示。心理秩序是丛林探险的图纸，首份图纸的绘制者就是父母。高年级是儿童公共秩序建立的启蒙期。缺少秩序感的孩子往往表现出缺乏竞争意识、以自我为中心、缺少主动作为，产生争抢与争斗等行为，最终会滋长其违背社会公德的不健康行为，导致将来无法担起建设祖国的重任。只有与家长紧密携手，只有唤醒他们的内驱力，才能使其不断释放潜力，形成完整的童年秩序，才有可能让儿童成为祖国的接班人。

儿童整体的教育实施空间是多维立体的,是家庭、社会、学校三者协同合力而构造的;儿童整体教育的内容是有机融合的,是融入儿童的学习、生活、活动、交往等过程中的。因此,我们要形成家校社完整育人的联通场域,用关系学共建育人生态;建构班级完整育人的实践体系,用时光轴共建进阶策略;发展家校社协同育人的机制,共同培养具有端行、好学、健美、乐创品格的完整儿童。

儿童的发展具有自然属性、精神属性、社会属性,是身心灵合一的统一体,培养完整的人是整体教育的逻辑起点。因此,我们需要去发现童年成长的密码:①好秩序感,感受万物共融的秩序,产生积极和谐的行为,发展有序美好的规则;②悦纳力,能正确认识自己、悦纳自己、积极面对自己;③同理心,会关心他人,有同理性与共情感,与他人进行良好沟通;④集体性,初步建立集体意识,形成爱家、爱校、爱国的思想;⑤创造力,激发好奇心、想象力和创造力,成为爱探索、爱创造的儿童少年。

一、日日新:用"心灵之光"构班级伙伴时光轴

班级是小社会,是对学生进行教育的主要场域。星河实小重视联合所有老师的力量,对班级进行重新设计和规划,鼓励孩子与同伴建立良好的伙伴关系;彼此真心相待、诚心以对、互学互长、共生共荣,成长为一群眼中有人、心中有光的向阳少年。

1. 生成公约:在节律课程中寻儿童秩序感认知路径

儿童的秩序感,是在他们的秩序发展内需与外部刺激的和谐共生中建立起来的。按照儿童生命成长的阶段性和规律性,星河实小将班级小学六年的学习生活分成了三个序列:低段侧重行为习惯——品行;中段侧重性格养成——品性;高段侧重人格孕育——品格(如表5-1所示)。这些课程大多在体验中、合作中完成,更多的是放手让学生去研究,在生生团队中培养默契、积极沟通、精诚合作,实现品格提升、关系升级、心灵相通、友谊长存的成长新样态。

第五章 用关系学重构激发儿童创造的朋辈群

表 5-1 "秩序感"课程

学段	学段目标	课程目标	实施课程
低年段	品行教育	1. 认识自我、悦纳他人的教育 2. 关爱同伴，学会倾听 3. 养成阅读习惯，正确的写字姿势 4. 正确使用礼貌用语 5. 遵章守纪的言行习惯教育 6. 与他人友好相处、友善沟通的教育	"十得"课程 听得静、说得妙 读得乐、写得端 行得正、坐得稳 吃得雅、玩得序 理得美、学得活
中年段	品性教育	1. 为人处事有礼有节的教育 2. 珍爱生命、健康生活的教育 3. 主动为集体、为他人服务的教育 4. 在学校、社会遵守规章制度的教育 5. 宽容尊重他人、善待他人的教育 6. 信守承诺的教育 7. 好学、健美的教育	十品性课程 以学期为单元读十大品性故事、做十大助人善事、写十大自省日记
高年段	品格教育	1. 我为自己代言的个性教育 2. 我的岗位我坚守的责任教育 3. 我为自己负责、为他人负责、为集体负责的教育 4. 言行尊重他人的教育 5. 社会责任感和志愿公益的教育	全人格课程 聚焦我与他人、我与群体、我与社会、我与自然、我与世界、我与自我

具有进阶性的班级"秩序感"品格课程，让儿童在拾级而上的阶梯、向四面八方打开的世界里相遇、成长，儿童的心理秩序内需与外部刺激一致时，他们对秩序感的认知才能达到和谐的状态，得到有效的发展。

2. 内化公约：在向阳城市中促儿童秩序感联结节点

最新脑科学研究表明，认知依赖于身体，而身体又是嵌入物型环境中的。从一年级开始，星河实小便重新设计班级德育的物理情境，着力打造"完美教室"，让教室成为学生心中最安全、最喜欢的地方。

情景再现：微社会里的儿童专属领地。我们把教室打造成微型社会，共有七个角——阅读角、艺术角、运动角、体验角、种植角、心理角、科学角，设计"我和自己""我和社会""我和未来"三大模块，准备各种材料模拟医院、餐馆、警察局、每日鲜菜场等不同的活动场所。

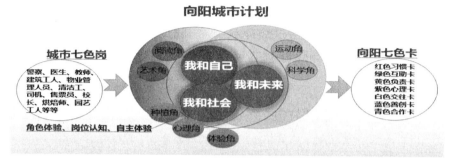

图 5-1　向阳城市计划

岗位认知：生活村里的角色体验锻炼。让学生进行城管、厨师、主持人等不同的角色体验，以此促进其职业认知和岗位意识。向阳城以学生自主选择、直接体验、研究探索为活动的基本方式，让学生学会关心，以一种高度的责任感和使命感去放眼看世界；让学生学会交往，在不断进取中体会人生的乐趣；让学生学会生活，健康愉悦地、自由而负责任地、智慧而富有创意地生活；让学生学会自主管理，提升综合实践能力（如图 5-1 所示）。

成长链条：关系场中的自我规则认同。让学生在角色中体验到自己是社会人，与社会、与其他人密不可分，帮助学生建立对关系学的认知，也促进学生形成想去跟别人处理好关系、保存好关系的信念，使向阳少年可以更好地融入社会，成就最精彩的自己。

3. 践行公约：在迷你共同体中固化秩序感策略

建立迷你共同体，进行"微治理"，就是社会治理精细化的具体体现，它以"微单元""微机制""微参与""微项目"等多种方式来实现自治或者进行公共治理。

个体的契约：制定自我相处的规范。向阳城市，是一个涵育规则力和秩序感，非常独特的微自治的习养场所，通过"习惯养成主题日""向阳娃十德礼""线上春晚会"等系列活动，帮助儿童从日常的单一学生身份中摆脱出来，以全新的心态来面对社会生活，渐渐养成"心中有分寸"的习惯。

群体的合约：构建群体成全的规程。师生是伙伴，家长是同伴，同学是朋友,大家在向阳城市中共同生活,在朋辈关系里互助互学,制定同伴成长制度,做到彼此悦纳、相互成全、携手共进。"微自治"是伙伴群体民主治理的转型方式,借助网格化的微单元优势促进秩序建构。

集体的公约:习得尊重差异的规则。在向阳城市微社会的实际场景中,在"场景规则—参与者反馈—场景变化"的循环当中,平衡规则与自由之间的关系。通过领袖演讲、辩论赛、小岗位等成就学生的"公民"气质,通过非正式制度来规约自己的行为,共同遵守公共规则,维护"伙伴圈"的公共秩序。

二、周周行:用"文化之光"画家庭亲子时光轴

学生的成长离不开家长的高质量陪伴。向阳班家长绝大部分文化水平比较高,他们独特的人生阅历、丰富的生活经验、良好的社交能力都是学生们成长路上不可缺少的助力。我们鼓励家长走近孩子、感知孩子、了解孩子,相信这样的亲子关系必然会日趋完美,为更好地教育孩子奠定基础。

1. 共度一段家庭的美好时光

定制家庭饭桌时光。每天的晚饭时间是能够让家庭成员凝聚在一起的重要时刻。在一起共进晚餐的二十分钟时间里,如何有效利用这点时间来强化家庭关系和信任?我们提倡父母要倾听孩子们的心声、分享积极的想法或者就孩子的价值和潜质进行沟通。饭桌时光除了提供基本的生理满足外,还能为思想、心灵和精神提供营养。

约定亲子闲聊时分。面对面的沟通是提供内在激励和讨论长期目标的绝好时机。隔三差五地面对面沟通必须事先做好计划。利用一起做家务、一起洗漱、一起运动的时间,以一种让孩子感觉不是特意安排的方式,进行深度的沟通:今天你学到了什么有趣的知识?你和朋友最近相处得还好吗?每次交流以积极向上的话题为主。

固定家庭会议时刻。每周抽出一个晚上,召开家庭会议。全家人带着爱一起投入,通过"爱与感恩"分享收获和感动;"宣布议题"后一起探索

家庭的使命;"议程记录"用上发言棒和正向积极的语言;最后用"开心时光"组织一个游戏结束温馨、愉悦的家庭会议。温馨的互动、诚实的坦白,让家庭中的各方关系融洽和睦,亲子关系越来越亲近。当向阳少年内心充满被呵护、被重视的爱,积极向上的阳光心态便自然形成。

儿童秩序感的建立具有不稳定性,需要一个长期的过程,需要反复的外部刺激强化。家庭美好时光让亲子在具身的实践中对话公约,能够让家长对儿童秩序感的固化更具策略性。

2. 盛放一载晨间的课程时光

秩序是人类生命的第一需要,它决定着一个人终身的习惯和品格。可见秩序感的形成和建立,不仅可以让万物更加丰盈,而且可以让人类更加美好。"向阳班家长,不是一个孩子的家长,而是所有孩子的家长。"这一理念逐渐成为向阳班家长的共识。每周五,向阳班的孩子们比老师们更期待家长的到来。单周的"故事妈妈"们组织开展电影课、阅读课、故事课,让美好的故事像种子一样植入学生心田;双周的"晨光爸爸"们精心设计国防课、建筑课、拓展课,让多彩的世界逐渐在学生的眼前铺展开来(如表5-2所示)。学生们被家长的学识深深吸引,家长们被孩子们身上的天真可爱、好学善思所感染,形成一种互相信任、互相喜欢的关系。久而久之,晨光课程便培养了向阳少年正直的人生观、世界观、价值观。

表5-2 四(6)向阳晨光课程纲要

名称	四(6)向阳晨光课程	开发人员	部分家长,班主任老师
班级	四(6)班	总课时	15	课程类型	综合课程
课程目标	1. 通过引导观察生活现象、感受知识在生活中的无处不在,学会发现; 2. 通过介绍家乡,引导孩子走近家乡,热爱家乡; 3. 通过好书推荐,让孩子走近名著、走近历史,初步感受辩证的思维; 4. 通过介绍爸爸妈妈的创业故事,感受家长创业的艰辛,激发孩子对现有生活的珍爱,懂得付出才有回报; 5. 通过介绍世界杯等当前热点事件,引导孩子关注时事,热爱生活			

第五章 用关系学重构激发儿童创造的朋辈群

续表

	系列	周次	家长	内容
课程内容	生活篇	第二周	可可妈妈	正确的刷牙方法
		第三周	小叶爸爸	生活中的化学
		第四周	程程妈妈	认识地沟油
	家乡篇	第五周	小李爸爸	我的家乡建昌
		第六周	晨晨妈妈	紫菜诞生记
		第七周	小娅妈妈	古隆中
	导读篇	第八周	琪琪妈妈	《世界上下五千年》
		第九周	小燕爸爸	《写给孩子的哲学启蒙书》
		第十周	落落妈妈	《假如给我三天光明》
	创业篇	第十一周	蝶蝶爸爸	名车介绍
		第十二周	小袁妈妈	理疗仪的开发与制造
		第十三周	小戴爸爸	玻璃钢美陈
	世界篇	第十四周	月亮妈妈	土耳其湿拓画
		第十五周	彤彤爸爸	走进巴西
		第十六周	小贺爸爸	世界杯
课程实施	课时安排：每周五早上 7:50—8:10 教学准备：PPT、实验用品等			
课程评价	以鼓励性评价为主，为授课家长颁发"课程导师证书"，并在"家长志愿者"积分卡上记 5 分以资鼓励			

秩序感是人生命中美好的感受，也是人生命进程中不懈追求的感受。晨光课程让家长在实践中成长，也给孩子树立了榜样，建立起了美好的秩序生态。

三、月月美：用"生命之光"开世界朋辈时光轴

学生成长除了需要学校和家庭教育外，不容忽视的便是社会教育。向阳班与8个校外基地建立了合作的关系，其中大部分是来自家长们的外援。良好的家校关系和社会关系为学生在真实情境中磨砺品格提供了场域，让学生的生命焕发更精彩的光芒。

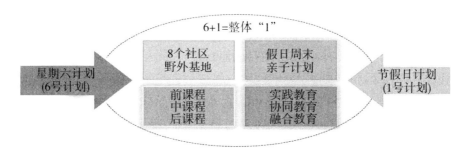

图5-2　野外情境体验活动(简称C行动)

1. 星期六计划：公共场域中的成长"部落群"

每月的第四个周六下午，家委会组织学生走进校外体验基地(如图5-2所示)。班主任负责制定合理科学的课程实施方案，将基地情况与课程特色介绍给学生；根据课程计划安排，至少提前两周与基地单位沟通，双方共同商定学习时间、课程内容等；活动期间，班主任和副班主任带队，严密组织、精心安排，确保学生活动安全，不影响基地单位的正常工作。每次的校外体验，班主任都设计前课程、中课程、后课程进行具体实施。"课程单"围绕课程内容、目标，将课程的展开过程设计成儿童快乐的旅行过程，并将知识、能力、情感、思维融入其中。比如在书店开展了"新疆知多少"的主题活动(如表5-3所示)，在热烈的讨论中，增长了学生的见闻，拓宽了学生生命的宽度。

第五章 用关系学重构激发儿童创造的朋辈群

表 5-3 "新疆知多少"主题活动课程内容

前课程	中课程	后课程
课程内容： 1. 观看纪录片《丝绸之路》《舌尖上的新疆》； 2. 认识新疆的地图，会拼地图；3. 共读《新疆旅游》，了解新疆概貌、风土人情； 4. 知道一趟旅行所需的开销，做好财政预算。 前课程考核： 1. 能完成新疆地图拼图(3分钟内)； 2. 能介绍一种新疆的食物(脱稿演讲5分钟)； 3. 完成一份新疆风土人情的问卷(90分以上)； 4. 设计一个简单、大致的旅程攻略(去哪玩，住哪里，吃什么……)，让家长参与，分享交流； 5. 整理好自己的行李箱，空间有限，合理安排	任务清单： 1. 熟悉托运行李、登机等基本流程； 2. 能和空姐沟通，参观一下飞机机舱； 3. 在新疆完成一次独立购物，和他人对话； 4. 问一次路； 5. 每天自己洗内裤和袜子； 6. 坐一次新疆的火车、公交车，变得更守秩序，更有礼仪； 7. 穿一次民族服装，找一位新疆朋友与你合影； 8. 收集素材，每天完成一篇"美文"或者思维导图，打卡分享； 9. 买一些有纪念意义的小礼品，回家分享给家人和朋友	整理素材，记录下你的所见所闻、你的观点，将游记制作成图文并茂的美篇分享给更多的人

2. 节假日计划：朋辈圈内的个性"实践站"

有的校外体验基地项目众多，但比较分散，这就需要引进家长力量，利用节假日，为孩子进行个性化的课程开发。一般是以班级为单位行动，有时也分小组活动，甚至以家庭为单位行动。比如恰逢一些传统节日，向阳班的小家庭联谊会就会有滋有味地开展起来，一起包粽子、一起赏月、一起登高。还有职业启蒙、劳动实践、农耕文化等，以聚集、尝试和创造的方式，让学生充分创想自己未来的职业，构建未来的生活职业场所，并勇于创造、共同生活，在真实的实践中建立美好的童年秩序。

循着儿童自主生长的路径，回归与还原儿童真实生活与真实世界，贴合儿童生活与实践的线索，形成结构化的课程，为儿童提供生命成长的环境和生命发展的引导，以帮助儿童获得连续的生长经验，促进儿童不断发现、创造、完善自我,实现生命的整体发展。通过家校社共育,让儿童通过场景的体验、实践的探索、品格的体悟、内化的规则、有机的机制,在具身实践中形成完整的童年秩序。

关系是一切的来源。李希贵校长说:"教育学首先是关系学。老师和学生关系好了,学生不可能不好。教育不是知识和人之间的事,教育是人和人之间的事。"为了增进生生、师生、家校的关系,向阳班开启了"日日新""周周行""月月美"等不同的时光轴,加深彼此的了解,建立良好的信任关系,使彼此成为彼此温暖的港湾,引导学生成长为积极向上的向阳少年。

第五节　七个习惯树:指向创想少年品格涵育的场域行动

习近平总书记在2018年9月全国教育大会上提出"六个下功夫",提到"要在加强品德修养上下功夫";国际咨询机构统计在世界范围内,约有1/5的职场岗位因为以下素质的匮乏而无法找到胜任者——积极性、人际技能、表现、守时、灵活性,而这些都是源自其在儿童和青少年时期没有建立起良好的品格和习惯等底层操作系统。对于6~12岁的儿童来说,品格习得需要载体、需要场域、需要共育。好习惯像树生长一样自然,星河依托"七个习惯树"来涵育创想少年。

七个习惯树是自我领导力的形象表达。我们把孩子的成长比喻成一棵树,流淌在这棵树上的是品格和素养,即是以品格为基础去创造信任,以品格为中心去以身作则,用爱和愿景去承担责任和鼓舞勇气。领导力不是一个职位,而是一个选择;是一种能够与人清楚沟通他们的价值与天赋,终而使他们深受启发、领悟自己天赋潜能的能力。七个习惯包括:主动积极,以终为始,要事第一,双赢思维,知彼解己,统合综效,不断更新。

创想少年品格包括会主动、能计划、能共赢、会尊重、愿同理、善合作、

第五章　用关系学重构激发儿童创造的朋辈群

好创造,它们与七个习惯树的主动积极、以终为始、要事第一、知彼解己、双赢思维、统合综效、不断更新是一脉相承的,是七个习惯树的星河表达(如图5-4所示)。

创想少年形象特质:创想派、梦想家、领导者。

表5-4　七个习惯树与创想少年品格

七个习惯	创想少年品格	内涵
主动积极	会主动	主动性强、善用资源
以终为始	能计划	有愿景、有目的、愿承诺
要事第一	能共赢	专注、诚信、纪律、注重优先顺序
知彼解己	会尊重	相互理解、有同理心、有勇气
双赢思维	愿同理	能互惠、知公平、懂富足
统合综效	善合作	有创新意识、能合作、思维多元化、谦虚
不断更新	好创造	持续进步、保持身心灵平衡

场域行动:星河实验小学教育集团主动选择将儿童品格培养纳入儿童生活的"四大场域"之中,将不同场域的教育功能与作用协同共育、融合联动,创设有利于儿童品格形成和身心健康成长的教育环境。

一是境脉式的学校场域。学校场域是儿童品格养成、生命成长的生活世界,让儿童在具身体验的创想学习、生活、交往中保存纯真美好的童心,让学生在探索与发现的过程中绽放品格之花。

二是共生式的家庭场域。家庭是儿童最初的生活场所,家庭的教养水平直接决定着亲子关系。从儿童的立场出发,让家庭成为儿童品格培养的重要阵地。

三是融合式的社区场域。改变育人的样态,从传统的封闭空间走向生活世界。不是从抽象的概念出发,进行思维性的道德规范认知,而是依托生活,采用生活的内容作为品格培养的主题与素材,让儿童品格培养和社会融通。

四是沉浸式的虚拟场域。基于互联网的虚拟社区作为现实场域的补充形态，正发挥着愈来愈重要的作用。网络的社会化生存，搭建联动式虚拟场域，为儿童品格养成提供更丰富的教育滋养。

以学校为核心，融通整合不同场域的教育资源、凝聚教育力量，达成目标、主题、资源、时空四个方面的整合。依托"七个习惯树"，创想少年品格的培养、儿童自我领导力的发展都需要具体可行、切切实实的行动来推进；结合星河实小实际，遵循领导力发展的三个阶段，即从依赖、独立到互赖，进行具体的项目建构——两院制学校、三色田家庭、四方园社区、一座虚拟城。围绕同一目标，设计不同场域的育人活动，加强学校德育的导向作用；围绕同一主题，组织儿童在不同场域开展系列实践活动，使德育过程有层次、有系统、有深度、有实效；将不同场域中可利用的育人资源整合利用，使德育课程"活"起来、"动"起来；打通校内外、课内外的联系，打破时间空间的限制，让儿童可以跨越时空获得成长的体验。

学校需要发掘每一个孩子的独特天赋，让学生置身于他们想去学习并能激发其热情的环境中。

1. 自我领导力种子学院

小学阶段的儿童，一年中有60%左右的时间会在学校度过，而在学校的日子里，几乎80%的时间会在同一空间度过，这个空间就是教室。一个教室的面孔是怎样，儿童生长的模样也会是怎样。教室是学校最基础也是最重要的单位，它是儿童领导力生长最初的地方，我们称它为"种子学院"（如图5-3所示）。

会陪伴的大树。有感召力的领导力七个习惯大树、有使命的愿景墙、能储值的情感账户、人人都是领导者的岗位牌、可流动的展示台、使命宣言、习惯地图……高效能的环境在告诉身处其中的人：对自己的行为负责，管理自己的情绪，将注意力放在自己能够施加影响的地方，彼此信任，拥有同理心，敢于通过行动来实现梦想……积极的环境会激发更好的品格，更好的品格又会孕育更好的环境。建设会说话的星河教室就是通过七个习惯树，将领导力元素有机融合到班级建设中，发挥班级隐形的育人作用，用积极的环境陪伴儿童成长。

第五章　用关系学重构激发儿童创造的朋辈群

图 5-3　"种子学院"结构图

会呼吸的教室。① 开启每日的领导力晨会课。晨会课内容包含制定以终为始的每周目标,解读要事第一的领导力准则,树立积极主动的领导力榜样等。② 开启每天的午间伙伴交往时间。阳光午后、星河币兑换、星巴克时光等让学生通过自主选择伙伴、自由交往对话去理解怎样保持友谊和解决冲突,怎样给予和接受帮助,怎样对待竞争与合作,怎样处理个人和集体的关系……去体验、感受、自我发现。教师引导学生用双赢的思维为自己建立健康、积极的社交圈。③ 开启每天的暮省时光。跟踪自己习惯养成,教师引导并给予学生及时的、过程性的、阶段性的评价,以修正前行的方向和方式,促进习惯的养成。通过固化领导力时间,让学生在有安全感的环境里有节律地成长。

会长大的护照。按照儿童生命成长的阶段性和规律性,学校将小学六年的学习生活分成了三个序列:青苹果学园(一、二年级)、红苹果学园(三、四年级)、金苹果学园(五、六年级)。聚焦领导力品格发展的目标要素,在这三个阶段形成儿童领导力品格发展的三个阶梯,用"领导力护照"守护三个成长阶段。① 青苹果,建好秩序敏感期。开展十得课程:行得正、说得妙、吃得雅、听得静、学得活、玩得序、读得乐、理得美、写得端、坐得稳。通过一得一儿歌、一故事、一活动、一习得、一实践、一体认,将十得训练贯穿到青苹果娃的日常学习活动中,并通过兑换十得地图,建立起学生的秩序感。② 红苹果,呵护叛逆马鞍期。开展十品性课程:种一棵理想树、建一个情感账户、开一个阅读群、写一封亲子信、签一份成长约、约一个运动时、架一个朋辈圈、来一份捎口信、担一个小岗位、养一个好习惯。通过十个成长密钥的开启,引导儿童树立理念、改善关系、重视品德修炼,在马鞍期提升自主管理能力。③ 金苹果,成就立志少年期。开展全人格课程:一份使命宣言、一次志愿行动、一个岗位担当、一份感恩答卷、一个项目研究。通过五个行动,培养小公民意识、小主人情怀,形成积极向上的人格和健康的心理品质,奏响迈进青春期的序曲。

建设好种子学院的生态系统,就能孕育出会尊重、会主动、能计划、能共赢、愿同理、善合作、好创造的创想少年品格。

2. 自我领导力果果学院

学校是儿童领导力品格涵养的重要场所,是星河娃的果果学院(如图5-4所示)。学生在果果学院的共同生活中,将七个习惯融入课堂学习、生活方式和交往文化中,把领导力变成日常生活的一部分。

乐学馆。通过直接教学和融入式教学在课堂上传递领导力的理念,已成为课堂教学的一部分,包括数学、语文、科学、音乐等。探讨地球环境和自然资源时将"双赢思维"和科学课联系起来。数学教学则可以鼓励学生在解应用题时用上统合综效思维。而讨论历史人物如何通过"知彼解己""要事第一"的品德来改变历史进程的机会非常多。融入式教学不是老师的额外负担,而是把事情做得更好的手段之一。直接教学是把这些习惯当成独立课程来传授给学生。用开学后的头一个礼拜至十天的时间,集中概述所有的"七个习惯"准则。充分利用《杰出青少年的七个习惯》中的一章一个习惯,以及穿插有趣人物故事和插图的编排特点,帮助学生迅速领略"七个习惯"的表现方式。对于一年级新生而言,这意味着一切从零起步;对于其他年级的学生来说,这意味着温故知新。

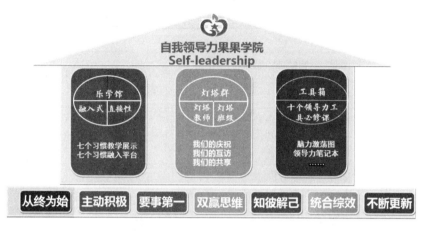

图 5‑4 "果果学院"结构图

灯塔群。灯塔的价值是指引、引领和带动。果果学院中设置三级灯塔。老师灯塔是七个习惯的率先学习者、传授者、实践者和传播者。家长灯塔是带领更多家长学习和践行七个习惯,积极配合学校做好自我领导力的项目。学生灯塔则是学校对学生赋能授权最好的形式之一,相信学生自己可以自发地去组织活动,去引领更多其他学生的自我领导力学习和实践。每一座灯塔都用自己的行为去以身作则,用自己的影响力去带动,用自己的努力去推进更多老师、学生和家长,以及学校、家庭和社区投入七个习惯里面,去点亮更多的人成为灯塔。

工具箱。领导力可复制的关键在于工具化。在创想少年的工具箱里,我们常备 14 件领导力工具(如表 5‑5 所示)。

表 5‑5 领导力工具

领导力工具	运用场景	领导力工具	运用场景
莲花图	进行脑力激荡,拆解一个大问题	优先顺序表	理解要事第一,按优先顺序排列事项
目标计划表	理清目标及达成目标需要完成的工作事项	甘特图	用于管理计划项目的时程

续表

领导力工具	运用场景	领导力工具	运用场景
优缺点分析图	评估一个情况,整理对一个活动的回馈意见	线型图	追踪自己每周、每月、每学期的表现
流程图	规划不同科目中要进行的项目,或记录行程	控制圈	专注自己能掌控的事情
维恩图	比较、对照不同的人、事物之间的异同点	脑力激荡图	用于创意发现及规划,以非线性的方式来思考和整理想法
停步思考图	理解积极主动,强化在刺激和反应之间,有选择的空间	鱼骨图	因果分析图,分析要达成某种结果所需要的各项元素
柱状图	比较不同数值	统合综效图	处理不同意见,找到比双方原先想法更好的第三选择

3. "三方园"社区影响圈计划

相关研究表明:当学习的价值被共同努力的学校和家庭、社区所珍视时,孩子得到的激励才是最多的。

自我圈:大石头计划。将所有做的事情排列出来,列好优先顺序。大石头计划就是帮助学生在成长的旅途中专注重要的事情。结合星河园里的学习、生活,星河实小每学年的大石头计划都在这三个时间段开启。① 每学期初的目标制定。用一个假期的思考来制定出新学期的目标,聚焦最重要的3~5个目标作为本学期的大石头。学期初的大石头一般涉及习惯的养成、品质培养和重要的个人目标。② 每周一的集会指引。每周升旗仪式的相关精神传达和内容部署对接下来一周的学习、生活都有指引性。这些大石头任务由各班承接后进行班本化设计。③ 每天清晨的早会分享。高效的晨会对学生一天的学习、生活产生积极的影响,是让学生反复体会"要事第一"的大石头精神的重要育人时段。

集体圈:好习惯生活坊(如表5-6所示)。将习惯的养成放到集体圈

第五章 用关系学重构激发儿童创造的朋辈群

中考量,是帮助学生在七个习惯修炼上从个人领域的成功迈向公众领域的成功的重要方式。

表 5-6 星河娃好习惯生活坊

项目	内容
1. 我的课程项目	这学期你参加什么课程?设计了什么项目?探寻了什么基地?画下你的课程图谱,写下你的设计方案,分享你的智慧成果,为自己争得一枚枚"红星章"吧
2. 我的习惯银行	用 21 天去养成自己的一个个好习惯,做光盘小明星、阅读小达人、弯腰小主人、劳动小主人、运动小健将……为自己争得一枚枚"红旗章"吧
3. 我的 N 个体验岗位	为家庭、为班级、为学校、为社会贡献出你的力量,用爱心、用责任、用挑战、用奉献为自己争得一枚枚"火炬章"吧
4. 我的星河印记	星河丰富多彩的活动中,你当过知识付费主播吗?你是元宵灯谜达人吗?你是星币大富翁吗?你是端午香囊的小巧手吗?……在活动中创造,为自己争得一枚枚"乐创章"吧
5. 我的领导力修炼	会使用领导力工具优化自己的学习和生活,会制作领导力实验深化领导力理解,会分享领导力故事影响更多的人……为自己争得一枚枚"领导力章"吧

未来圈:小公民世界屋。一个孩子从自然人成长为健康的社会人,需要走出家庭和校园,走进法院、银行、医院、农场等更为广博的校外大课堂,习得知识,增长见识,历练胆识,对生活有感觉,对社会有感触,对未来有梦想。学校与佳农探趣、米微城堡、常州博物馆等 33 个社区体验基地建立了长期合作的关系,每月都会组织学生走进这些基地。在每一个活动的开展中,通过设计多元目标、多彩课程单,以及多方位评价的方式达到全面育人的目的。① 前课程侧重理解规则和秩序。活动前,进行必要的礼仪教育,引导儿童学会在不同场所遵守不同的礼仪规则,并对儿童进行必要的学习和能力训练,为活动的开展奠定良好的知识和身心基础。② 中课程注重践行尊重和协作。活动中,鼓励学生发挥能动性,积极参与、大胆实践。模拟体验与真实体验的融合,增加了学生对于社会职业的认识,增长见识,点燃理想火花。③ 后课程专注传播责任和爱心。评选

"领导力之星",让学生将实践活动的感受和收获强化、深化和内化的同时,把所学在家庭、同伴、社区中分享给他人,让更多人从中受益。

4."一座城"虚拟橡树村计划

统合综效是整体大于部分之和。七个习惯树涵育星河创想少年品格的培养,借助"LIM领导力教育学院"云端课程,让亲子、师生、生生一起学习、共同努力、共建场域,将七个习惯儿童化、场景化、生活化、系统化、序列化、生态化,让个体影响整体,让整体推动个体,最终形成一个积极健康、不断更新的生态系统。

大城小爱:七个习惯树亲子共育课程(如表5-7所示)。七个习惯形成一棵领导力大树,从根基到树顶,逐层推进,旨在让孩子会学习、情商高、更独立。自我领导力从外面引进,从学校走进,并走进家庭,形成三位一体的育人模式,共同种植、培养、茁壮习惯树。

表5-7 七个习惯树亲子共育课程

年级	课程内容
青苹果(一、二年级)	七个习惯综述(你怎样看世界,你就得到怎样的世界)
	承担责任(我就是力量)
	情感环境(从镜子里的自己做起)
	设立目标(习惯会造就你)
红苹果(三、四年级)	大石头(抑制力和意志力)
	相互尊重(高明的方法)
	建立双赢协议(生活就像一顿各自所需的自助餐)
	停步思考图(该是我的时间了)
金苹果(五、六年级)	尊重的态度寻求他人理解
	可控圈(专注可以成长的东西)
	互赖的生活(我们能搬动大山)
	同理心倾听(你有两只耳朵,却只有一张嘴)

大城小美:快乐儿童七个习惯朋辈习养林。在七个习惯以点带面的

教育中,学校选取微视角,采取微行动,但是彰显大意义。通过儿童化的语言、场景化的展示、生活化的再现,深得孩子的心,给孩子处理事件的范本,依葫芦画瓢,形成一片片习惯林(如表5-8所示)。

表5-8 七个习惯习养林

七个习惯	绘本/书籍	动画/影视
主动积极	《豪猪尖尖就是我》……	《库库和窃听器》……
以终为始	《小熊库库》……	《苏菲与完美诗》……
要事第一	《各就其位》……	《莉莉的红漆不见了》……
双赢思维	《萨米和山核桃派》……	《这是我的方式》……
知彼解己	《莉莉失踪的红皮鞋》……	《跳跳的垃圾食品》……
统合综效	《苏菲和完美的午餐》……	《物归原处》……
不断更新	《跳跳的垃圾食品》……	《萨米和山核桃派》……

大城小象:高效能教师的七个习惯村落。学校把自我领导力渗透到教师领域,让教师拥有品格之根、效能之根;通过七个习惯的浸润,形成教师持续成熟的模式,让教师形成思维改变的习惯。掌握原则,形成符合原则的价值观;主动积极,专注于影响圈,成为转型人;以终为始,创建自己的使命宣言和班级使命宣言;要事第一,学会每周计划,和他人共建情感账户;双赢思维,建立双赢协议;知彼解己,运用同理心倾听;统合综效,珍视差异;不断更新,最终达到身心脑灵的全面发展,实现全人教育,取得个人成功。

第六章
儿童创造力：是一本向未来的说明书

第一节　优势潜能：打开儿童可能的创造力

每一个儿童都是独特的存在，每个孩子身上都有很多特质：独立思考、敏锐观察、颇有主见、对未来充满想象……每一个儿童身上都有很多潜能，如语言、图形、科学、人文、审美的发散创造力，聚合创造力等等。

一、儿童创造潜能发展的差异性

1. 每个儿童身上都有不同的智能

多元智能理论是世界著名教育心理学家加德纳于1983年提出的。"智能是解决某一问题或创造某种产品的能力，而这一问题或这一能力在某一特定文化或特定环境中是被认为有价值的。"该理论认为每一个个体的智能各具特点，每一个个体身上都相对独立地存在着与特定的认知领域和知识领域相联系的八种智能：语言智能、音乐智能、空间智能、人际关系智能、自省智能、运动智能、自然智能和数理逻辑智能。这些智力因素之间的不同组合表现出个体间的智力差异。

2. 智能与创造力有着内在的关系

加德纳指出,一个人能够以一种原创的、新颖的方式在某个领域解决问题、创造产品或者进行创造性工作,而且其成果最终能为一个或者多个文化所接受,这样的人就具有创造力。在多元智能理论的视野中,每一个儿童都具有创造潜力,每个精神健全的个体都具有智力品质。儿童的创造力可以表现在日常生活的各种实践活动中,因此,我们坚信儿童的智能与创造力息息相关,我们需要树立多元创造力观,培养学生多方面的创造力。

3. 超常儿童的创造力需要科学发掘

每个孩子都有着无限的潜能,有的孩子有着特殊的语言才能,有的孩子有着特殊的数学才能,有的孩子有着特殊的音乐才能,有的孩子有着特殊的体育才能……首先,我们要重视孩子特殊的存在,激发儿童发现自己"可能的伟大"的内部动机,教师不仅要关注超常儿童学习的内部动机,还需要支持超常儿童的资源供给、同伴关系的生态建构;其次,营造积极而自在的环境,促进超常儿童在和谐的同伴关系、师生关系中激发思维潜能、发展创造力;再次,建立互动、自动的学习机制,促进超常儿童创造性行为的发生、维持以及再发展,让超常儿童形成优势创造力领域,并与弱势创造力领域互补,促进儿童创造力充分发展。

二、发现儿童创造力发展的自身影响因素

影响儿童创造力发展的内在个体因素包括性别差异、习得的知识、人格、内在动机、认知风格以及信息加工速度等。下面主要从性别差异、认知风格与创造人格三个方面谈一谈。

1. 性别角色与创造力的差异

对 X 学校 1658 名三至六年级儿童在创造性个性倾向方面的调查可见:

(1) 创造人格四维度调查整体有差异

不同性别的儿童在创造人格四维度想象力、冒险性、好奇心、挑战性

得分上,整体有着明显的差异。在冒险性维度调查中,女生的得分显著比男生要高;从好奇心的得分情况看,男生与女生的差异不太明显;在挑战性的维度上,女生的得分依然比男生要高;从想象力维度的得分看,男女生的得分差异不明显。从年段上看,在冒险性维度上高年级组男生要比女生高,中年级组女生得分情况又比男生要高;在挑战性维度上,各年段女生得分显著高于男生;在好奇心和想象力维度上,各年段男女生得分差异不显著。在四个维度上,有的维度性别和年级交互作用显著,六年级得分均显著高于五年级。

(2) 创造性思维五维度整体差异明显

儿童在创造性思维的抽象性、发散性、灵活性、独创性、流畅性五个维度上整体差异显著。在抽象性上,女生得分显著高于男生;在发散性上,男女生差异不是很显著;在独创性上,男生得分显著高于女生。在创造性思维的抽象性、发散性以及创造性思维总分上,年级的主效应显著。对创造力发展的趋势分析发现,儿童在小学阶段创造性思维的流畅性在4～6年级呈不断线性增长发展的趋势,灵活性和独创性在4～6年级总体上呈非线性增长趋势。在灵活性和流畅性的初始水平上存在显著的性别差异,且都是女生显著高于男生,这可能与小学阶段女生的语言表达发展比男生要早有关。

(3) 创造自我效能整体差异显著

儿童在创造自我效能的创造耐挫力、创造成果建构力、创新策略实践力等维度上差异明显。在创造自我效能的各个维度中,性别差异明显,女生得分高于男生。在创意成果建构力上,高年级的孩子的创意成果建构力高于中年级的孩子;而在创造耐挫力的维度评判上,中年级得分高于高年级;在创新策略实践力上,儿童的创造依赖于已有的知识基础与经验积累,年龄的增长、知识水平的提高有助于儿童创造力的发展。在小学阶段,女生在言语发展、情绪情感发育和人际交流方面存在优势,女生的心理发育一般显著早于男生,因此相应地在创造力发展上也是女生快于男生。

2. 认知风格与儿童创造力的发展

认知风格是指儿童对外在信息加工时会与自己内部的经验产生作用、进行加工，在信息组织的这个过程中会喜欢使用习惯性、稳定性、持久性的认知特征倾向，在调动自我的情绪、五感、记忆、思维方式的阶段中，创造性地对当前任务的信息选择、记忆提取、理性判断、积极反馈。

（1）场独立对照场依存对创造力的影响

独立风格在认知加工过程中较多依赖内在参照信息，而依存个体在认知加工过程中则对外在信息有较多依赖。在对场独立、场依存两种风格的考察中，同样存在这种结果差异。场依存认知风格对儿童的创造力发展呈现正相关的影响，置身在场中，个体的创造表现会在独创性、灵活性、流畅性等方面呈现出较高的创造性思维；场依存的个体置身在伙伴交往的场域中，依赖于外在的环境，具有更高的社会交往意愿，在与人交往过程中容易激发解决问题的意愿、考虑他人感受、促进个体与团体合作创造、碰撞产生更多的新颖观念。

（2）冲动—沉思风格对创造力的影响

这一认知风格指向的主要是个体在面对不确定条件下作出的判断、创造的认知差异。冲动型的个体反应敏锐，执行力强，能简单迅速地作出判断、选择，在最短时间内创造性地解决问题；沉思型风格则会全方位考虑各个维度的可能，进行优劣势对比、因果分析，需要谨慎思考后作出抉择，每次选择要花费很多时间。两种认知风格在创造中各具优势：沉思型风格在创造性工作中的细节管理、完善环节、优化流程等方面有优势；冲动型风格则在设计、决策、规划和方向、立场的确定中具有优势。整体性任务的创造性解决依赖于两种风格的结合与互补。

（3）积极—消极情绪对创造力的影响

从调查的数据来看，积极的情绪有利于创造性的发生，而消极的情绪则阻碍创造性的发生。积极的情绪会迸发出创造的激情、兴趣，倾向于信息的整合、加工和处理，能建立更加不同寻常的、具有创造性的联想，个人的思维发散度、灵活性会更加加强，并影响认知加工，促进创造性的产生。

而消极情绪阻碍创造性的产生,对创造性思维有着抑制作用,导致对问题的解决缺少必要的动力,会阻碍自我的认知、思维、理解的推进。当然,消极的情绪也会激发个体的反思和自我的反省。

(4) 聚合—发散认知风格对创造力的影响

聚合的认知风格对问题的洞察、情境的理解有着整合的认识与发现,善于将碎片化、零星化的信息和线索联结成整体,会基于整体性、结构性、系统性来理解知识、习得方法、寻找解决问题的路径;发散型认知风格会倾向于从部分入手反观整体,从部分中联想到全貌并从中寻找异同。发散认知风格会让儿童的思维向四面八方打开,快速进入问题的核心,从表层进入内核。创造性思维的核心就是发散思维。当然,发散型认知风格虽有利于创造性思维的发展,但会因为缺少整体均衡的观念而在整合时缺少优势。

(5) 同时—继时认知风格对创造力的影响

脑科学的发展为儿童创造力的发展打开了一扇窗。左脑是理性脑,"继时认知风格"对左脑的言语智能、记忆加工、理性思维、逻辑结构发挥价值和作用,每次习惯解决一个问题提出一种设想;"继时认知风格"倾向于环环相扣、步步为营思考解决问题。右脑是感性脑,"同时认知风格"发挥着右脑的想象、发现、探索、美感和创造作用,更多持有一种发散式的问题思考风格;"认知风格"会同时迸发多种假设,兼顾多种任务完成的可能性。两种风格的差异主要体现在认知加工的过程中,当学习方式和认知风格互相匹配时,各自的优势就会得以展现,而对创造力的影响也会相互交织。

3. 人格对儿童创造力的影响

创造性人格特征是创造性(创造力)的重要组成部分,对个体创造能力的发展和创造活动有重要的作用。创造性人格特征包括儿童的好奇心、挑战性、冒险性、开放性、想象力等等,还包括计划性、独立性、坚持性、自我接纳性等人格特点。

(1) 解读男女生创造性人格差异存在

在调查研究中,运用多元方差分析的结果显示,小学阶段女生创造性人格的总水平以及冒险性、想象力维度的得分显著高于男生。在学校生活中,女生的冒险性、挑战性和想象力主要体现在课内学习上,这样的行为表征时常会得到不断激励,从而强化并生长;而相比较之下,男生的冒险性与想象性更多体现在课外活动上,这样的探索可能会与家长、老师衡量的标准格格不入,因此时常被强化的是不支持、批评甚至惩罚,得到的是压制。

(2) 自我参照对儿童创造性人格的价值

在9岁儿童的创造力发展研究中,人格对创造性思维的解释和预测作用具有一定的规律性。而9~11岁这个年龄段的孩子,通过自我参照效应,表现出记忆优势,从而更好地认识我与自我,唤起基于创造性自我的意识,大脑的自我编码的反应显著快于其他条件。场依存风格注重儿童在学习、探索和实践中的自我建构,而这一种自我关系往往会关注自我和他人的联系,在自我意识成长中会不断参照和自己有着重要关系的群体身份。

(3) 创造性人格的表现具有一定的情境性

儿童的创造性人格在真实的情境、具身体验的创造性活动过程中,通过创设适切小学生充满好奇、亲历体验、富有想象、头脑风暴和自我突破的成长情境而产生,充分地调动儿童的多感官参与,让儿童享受互动游戏、接受挑战、解决问题的过程所带来的愉悦。

三、家长的教养方式与儿童的创造力

1. 家庭教育期望与儿童创造力的发展

家庭的期望主要是指父母对孩子未来成就的现实信念或判断,主要反映在对儿童学业、未来生活的预期上。父母期望成为儿童成长中的灯塔或路标,对儿童的学业能力、品性完善、素养指向的支撑达到可用资源的评估。应该说,父母的期望对孩子的学业成就起着至关重要的作用。父母的高期望不仅仅指向学业水平,还会与儿童的成就动机、学习召唤以及适应性与未来生活的想象联结起来。家庭作为一个系统,从功能的角度来考虑,家庭成员之间互动、不同的期待对儿童创造力的发展也会产生积极影响,但同时家长的期望值也是有着阈限的,期待过高也会形成落差,影响儿童创造力的培养。在父母不同的期待中,母亲的宽容型教养、适切性教育期望以及亲子关系的和谐与儿童创造力正相关;父亲的过度突出权威型教养容易产生亲子冲突,影响儿童创造力的发展。

2. 不同的教养方式对儿童创造力的影响

肯·罗宾逊在《什么是最好的教育》中谈到父母的教养方式主要有五种,分别是专制型、权威型、宽容型、不参与型和"直升机式"。这本书中提到的不同的教养方式,对我们研究儿童创造力也有着影响。

专制型的教养方式:父母对儿童的成长过分控制,教养风格非常独裁,这样的教养方式会导致亲子关系的疏远、僵化,儿童在这样的家庭中缺乏安全感,很难认同家庭并获得真正的归属感,容易产生焦虑甚至抑郁情绪,很难激发创造力。

权威型的教养方式:父母始终在教养中占据重要的控制地位,对孩子的成长规划和具体方式给出更多的否定、拒绝,这在很大程度上会损伤儿童创造力的发展。父母教养方式中过度保护、过度干涉、过度控制与子女创造力发展呈现显著负相关。

宽容型的教养方式:父母给予儿童的情感温暖、关系和谐、相处平等,会使孩子感受到无条件的接纳和理解,从而获得心理安全和自由,进而促进学习适应性以及创造力的发展。

不参与型的教养方式:父母放任自流,既不控制也不引领,既不联结亲子关系也不优化相处模式,未让儿童从父母那里得到成长支持,未能使儿童在直面挑战、应对挫折等方面赢得支持。它与创造力的发展、社会适应能力是负相关的。

直升机式的教养方式:罗宾逊说,直升机式父母会不断监视孩子,时刻担心孩子会受伤,还会帮孩子完成家庭作业,一看到有老师或同学伤害自己孩子自尊的蛛丝马迹,就冲到学校找老师理论,等等。直升机式家庭教养方式,催生的始终是对孩子的焦虑、恐惧,虽然表面上不大看得出来,但焦虑和恐惧自始至终在左右他们的看法和行为。它对创造力的发展更是负相关的。

父母教养方式的正确选择,会促进小学生学习适应性以及创造力的发展。肯·罗宾逊谈到为人父母有五重责任:为孩子提供生活所需,保障孩子的人身安全,给孩子爱和归属感,培养孩子的自尊,帮助孩子自我实现。由此可见,在父母教养的方式中,情感温暖、价值引领、成长支持性好的与小学生创造力及学习适应性存在显著的正相关。

3. 隔代教养对儿童创造力的影响

对三类不同的隔代教育家庭,用儿童创造力发展的效能来进行评估,发现以下主要特点:一是在三代同堂的家庭中祖辈与儿童互动交流,儿童在创造力上没有明显变化,父辈与儿童互动之后,儿童在创造力任务上的表现有明显提升;二是在没有祖父母一起生活的家庭中,独生子女的创造力会略高于有兄弟姐妹的家庭,但是在三代同堂的家庭中独生子女的创造力任务表现不够明显;三是儿童对父辈以及对祖辈的内隐力量的差异、聚焦于问题解决的态度、场依存感都是不一样的,儿童对父母的情感更为积极、亲近、开放,更能激发创造力。

第二节　让儿童过一种森林交响乐般的创想生活

每一个儿童来到这座创想城堡,心中一定安放着对美好生活的期待与想象。童年的珍贵不是因为要为成年而做好准备,而是因为在这一特殊的生命周期中绽放着儿童的天性、潜能和无限可能。唯有在森林般的生态、浑然一体的学校生活中,才会遇见朝着紫丁香走去的孩子。森林般的校园是儿童生长最好的土壤,创想的生活是儿童生长的最好状态。学校应为儿童量身定制与儿童的身心灵关联甚至匹配的生活系统,构建有着自由感、自然性、自在化的童年秩序和生活场景,发现儿童、围绕童年,让儿童过一种森林交响乐般的创想生活,盛放一生中完整而美好的童年。

一、自然之子:儿童的创想生活是身心灵舒展的生活

儿童个体对世界的认知方式呈现出来的往往是个体自身生活的存在方式。童年时代的孩子有着无限可能,带着自己的想象、自己的身心灵进行个性化、富有创意的生长。小学应该专注"完整的人"的发育。"完整的人"的发育无时无刻不关照着儿童的身、心、灵,一定要是身心灵打开并舒展的。

1. 做回大自然之子

儿童是天生的自然之子,儿童的自然生长指向人性与自然性的契合、自然性与社会性的结合。儿童与"自然物"和谐相处,在物质自然发生关联的过程中,会因为相互之间已经建立的友好关系,回归"自然物"的美好体验。儿童与"社会角色"关联,儿童作为自然之子,会开启自我成长的觉醒、期待智慧的生长、促进潜能的激活、不断创造未来的可能,在角色担当中体验生活的美好。

星河实验小学围绕"儿童创想教育",以"育公民精神、成领导少年"为培养目标,让每个孩子都成为银河中最闪亮的星星。自我领导力让每一个孩子开启自己的天赋与秉性,在自我管理、彼此生命的关照中学会赋能,也学会授权,更学会共享。每个孩子的心里都有一颗领导力的种子,具备成为参天大树的全部特质与潜能。每个灯塔班级中的每位孩子在经过领导力角色(如表6-1所示)竞选后,都成为各具特色、各司其职的小小领导者。

表6-1 领导力角色

序号	角色岗位	序号	角色岗位
1	飞檐走壁(负责擦窗户)	15	手动挡(负责开关投影仪)
2	黑板美容师(负责课间擦黑板)	16	叮叮钉(负责黑板报上拔钉和插钉)

第六章 儿童创造力:是一本向未来的说明书

续表

序号	角色岗位	序号	角色岗位
3	大力神(负责调整桌椅高度)	17	领头雁(负责带队出操)
4	滴滴答(负责给绿植浇水)	18	一条线(负责排桌椅)
5	神笔马良(负责黑板报设计与布置)	19	天眼(负责班级摄像头的整洁和维护)
6	小交警(负责课间文明下课)	20	小守卫(负责开关门、窗通风透气)
7	小喇叭(负责发放家长书)	21	小茶壶(负责拿热水壶去打水)
8	小书虫(负责班级图书管理)	22	印刷术(负责打印工作)
9	弯弯腰(负责包干区整洁)	23	小管家(负责管理扫把、拖把)
10	小眼镜(负责监督眼保健操)	24	扩音器(负责入队喊口号)
11	智能手臂(负责开关电灯)	25	百科全书(负责给全班答疑)
12	海绵宝宝(负责擦柜子)	26	情感大师(负责管理班级情感账户)
13	红旗一角(负责查红领巾)	27	三顾茅厕(负责东面厕所的整洁)
14	吸铁石(负责收手表)		

2. 召回原生的自然学校

如何让儿童葆有对自然物的洞察力、对自然现象的敏感性、对自然事件的探索能力？需要召回原生的自然学校,儿童真正可以拥有亲近自然的空间、时间,做回自然之子。比如自然学校中不可或缺的地方——教室,其生态系统的设计要开启的是每一种资源的组合,它能根据不同儿童的需求,重新定义班级的功能,打破固有的班级样态,能对学习的场景、学习的内容进行不同方式的组合,能针对具有不同学习基础与学习方向的学生采用不同的方法,为学习不同的内容创造条件,支持儿童在已有的基础上不断发展。在不断进阶中,教室开启了十个角色功能区。问题墙:多提出好奇的想法;游戏区:多玩玩不同的组合;关联带:多找找有联系的信息;发现屋:多讲讲独特的发现;冒险角:多试试有难度的挑战;操作坊:多做做新鲜的实践;探究地:多想想解决的思路;优化梯:多改改设计的方案;人物榜:多学习爱创造的伙伴;领导树:多储存每天的美好。在自己的角落里,学生可以构建想要的学习生活方式,让身心灵得到自由的舒展。

二、朋辈之乐:儿童的创想生活是人从众共创的生活

在真正富有创想的校园生活中,通过人(独立的思维)、从(同伴的交往)、众(学习共同体的组织)的联结,儿童成长的价值性得以生成。自己的价值判断、同伴间的价值影响、团队的价值引领都在悄无声息地滋养着儿童幼小的心灵,结构性召唤着儿童的价值体验,逐渐形成儿童面向外在世界的价值期待。

1. 人在中央,"玩校我创"成为儿童生活的风景线

学校是儿童的领地,必须将儿童放在学校的中央,才能让儿童的气息、儿童的特质、儿童的兴趣、儿童的生长姿态得到自然呈现。学校的主人是儿童。在星河,孩子常常会说:"星河小学这所玩校是我创造的。"正是因为尊重了儿童的立场,呵护了儿童创想的天赋,这所孩子们喜欢的玩校便有了创想的印记。在星河,小到一张桌椅、一条路名,大到学校的建筑设计、景观布局,无论是俯瞰像北斗七星的模样,还是正看像书的海洋,无论是爱丽丝漫游仙境般的学生餐厅,还是通往五十年后常州的星河数字体验馆,都有着儿童创想的价值,为学生的创想力培养提供了最佳的场所与境遇,让"玩校"充满了儿童的风景、儿童的气息。

2. 从游而行,"岗位自治"成为民主管理的实践者

要培养儿童的民主意识,培养儿童在创想的实践中学会自我管理,岗位实践是一种行之有效的体验式德育活动。星河实小让儿童站在创想城堡的中心,建立了创想城市的组织结构,通过竞选产生了创想城市自治委员。学生对加入自治委表现出了积极的意愿,对在岗位上自我锻炼、服务他人充满热情。同时,孩子们将岗位移植到了班级,每一个班级都有很多岗位可供选择,所以每个人都是城市的主人,每个人都有义务和责任为大家服务。孩子们的角色在"因需设岗—自主选岗—履行站岗—及时评岗—适时换岗—角色认岗"这样的过程中展开,真正让学生成为自我管理者、共同生活者。

第六章 儿童创造力:是一本向未来的说明书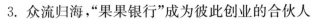

3. 众流归海,"果果银行"成为彼此创业的合伙人

2018年3月,为提高星河娃的财商能力和素养,培养学生的理性能力和健全人格,"创想果果银行"成立,并同时"发行"了"星河币"。星河币的币值种类、图案设计、兑换形式都来自学生的创意灵感。学校通过星河币评价,不断激发学生去认识自我、发现自我、完善自我。每月定期组织星河币兑换,由学生自由申报担任银行岗位的角色,自主设计兑换海报,通过兑换也为孩子创造了一个自由、开放、和谐的贸易市场。在兑换过程中,学生通过自由选择伙伴、自由交往、对话建立良好人际关系,学会相互尊重、平等交易。储蓄业务的发展、模拟银行交易和货币流通,让学生学会合理理财,将财商意识和品性培养互相结合。

三、森林之诗:儿童的创想生活是做学创一体的生活

儿童来到这个世界生活,在与生活的交汇中唤起个体对周围世界的态度,懂得生活是如何存在的、世界是如何运转的,并将自己的感知与理解转化成实际的创造性行动。

1. 在做学玩中学习生活的存在法则

在一个有着自然气息的校园里,我们尊重儿童立场,以儿童的视角来看待世界。在每个地方建立资源循环利用、生物多样性的生产架构,它结合了当地的各种资源,包括在学校中的空间、课程与各种活动等。在这里学校不只是生产知识的地方,更是生产各种农作物、嫁接各种植物、有着二十四节气的播种、收割与营造生态的地方。这样的校园尽管也是大楼林立,但是方寸之间一定有着儿童的生态种植场,这里的大自然是可以触摸、亲吻的地方,每位参与的学生都可以进行自己的生态菜园操作,或者有着动物养殖的任务,或者有着农作物的杂交研究等。

2. 在思创行中懂得万物的运行规则

学校不仅仅只有单一的课堂,在这间神奇的自然学校中,学生能学习到很多意想不到的知识。这里的每一处空间,都被最大限度地利用。学校引导孩子们"以万物为师,与自然为友",在学校的每一处、每一地、每一

寸中不断找寻自己最感兴趣的话题。也许是对一朵绽放的无名小花产生兴趣,也许是对一棵生长在校园的参天古树进行研究,也许是对天天踩在脚底下的各种鹅卵石产生疑问……这一切都是最好的学习资源。当孩子们真正身处其中时,才能体会到这所自然学校的神奇魔力。

四、协奏之曲:儿童的创想生活是家校社融合的生活

为丰富学校课程体系,引导社会力量参与到学校教育中来,星河实验小学将教育视野定位于"学校""家庭""社区"三方合力,让儿童在学校、家庭、社区交融的关系中成长起来,逐步从自然人过渡到社会人。

1. 勾勒有爱的家庭生态圈

星河实验小学结合领导力育人理念,把"家风"作为家庭关系建设的重要内容。在家庭中,于固定时间召开家庭会议。全家人带着爱一起投入,通过"爱与感恩"分享收获和感动;"宣布议题"后一起探索家庭的使命;"议程记录"用上发言棒和正向积极的语言;最后用"开心时光"组织一个游戏,结束温馨、愉悦的家庭会议。同时,家长作为一种特殊的育人资源得到了充分的开发与利用。学校鼓励不同职业、不同经历、不同兴趣、不同身份的家长参与到学校课程建设中来,每周五早晨二十分钟的晨光课程,让家长为学生提供尽可能多样而丰富的生活视角、人生经验和行事智慧。家长也利用自己或身边可以利用的育人资源,有意识地跟学校的儿童品格社区"链接",共享教育资源,让每一个孩子得到真正的实惠,共同营造一个良好的教育生态圈。

2. 经营流动的伦理朋辈圈

朋辈互助教育,互相影响。在学生自愿提出申请后,校区间开始互访体验,在交换"学习周"里,积极融进体验班级,与班里的学生一起学习、一起开展各项活动,感受不一样的集体和文化氛围,让爱与被爱、支持与理解、尊重与信任等情感得到发展,品格互相影响。同年级平行班之间开展班际体验,开展"学习空间"交换活动;高年级学生走进低年级学生教室,做小助教、小导师。本部与分校共建100个家庭图书馆,学生随机组合结

对,不分年段。让"社交"关怀朋辈情感,让"表达"提升朋辈品质,让"实践"锤炼朋辈交往能力。

3. 再生广阔的空间社交圈

星河实小每个月都会在特定的时间引导儿童走出校门,走进社区、农场、银行、建筑博览园、博物馆、大学等更为广阔的"创想生活空间",无论是在实验室和博士一起做研究,还是在法院旁听法官的审判、在农场和农学专家一起建试验田,孩子置身广阔的实践基地,不仅能习得知识,更能增长见识、历练胆识,从而对生活有感觉,对社会有感触,对未来有梦想。学校已经与佳农探趣、米微城堡、常州博物馆等33个社区体验基地建立了长期合作。每月,学校统一组织孩子走进这些基地。有的野外基地项目众多而且分散,学校会引导家长利用节假日为孩子进行个性化的课程开发。在每次实践中,孩子是带着自己对这个基地中某一个领域的研究项目的深入研究进入场域的,"课程单"围绕课程内容、目标,将课程的展开过程设计成儿童快乐的旅行过程,并将知识、能力、情感、思维、交往融合其中。

童年、游戏、创想、时光,这就是森林交响乐般的旋律。身心灵舒展、做学创合一、人从众同行,这样的创想生活,充分尊重儿童发展的规律,充分给予其自主自由的时光,营造低竞争且丰富的学习和活动氛围,让儿童融入自然的节律和美好的世界,让儿童听到生命的交响乐,让儿童拥有完整而舒展的创想童年。

第三节 创想学习:让儿童用儿童的方式学习

"创想"是星河实验小学的教育理念,在星河,时时充满创想,处处彰显创想,人人都在创想。在这所"创想"的城堡里,儿童浸润在创想的学习气息中,在课堂内外进行创造性想象与创作,每一天的学习都是寓学于乐，充满着挑战与欣喜。他们创造着属于自己的精彩，点燃着内心的学习火种，激扬着生命的成长。

一、厘定儿童创想学习的内涵与特征

创想学习指儿童在一定的物型场域、置身特定的学习情境中，依托丰富多彩的课程、学程设计，通过打开身体五感的多向学习、体验、探索与实践活动，通过对已有知识经验的唤醒、改造，经过再创造、再生成，激活新知识、新想法、新思路，促进新成长、新素养的学习活动。

1. 儿童创想学习的特点

日本教育学者佐藤学说："所谓课程，一字以蔽之，就是学习的经验。"儿童创想学习具有在场性、具身性、独特性、创造性的特点。

在场性。创想学习是一种在场学习。创想学习植根在物型课程的情境中，直接呈现在面前的事物中。物型课程的场域是向四面八方打开的，开放性的问题探究、真实性的探究任务、参与性的生命经历也让儿童的好奇、发现、观察和探索向四面八方打开，促进情境与认知、情境与思维、情境与情感之间的联结，形成思维场、文化场与探究场，触发儿童通过敞开性、直接性经验唤醒对新生事物的探究，形成新的认知结构。

具身性。创想学习是一种具身学习。儿童依托身体体验感知，学会思考、迅速行动、不断协调。触觉、味觉、视觉、听觉、嗅觉等五感的打开，让学习成为一种"嵌入"身体和环境的活动，身体多样的认知方式能够带来学习方式的多元。用身体培养头脑，用头脑发展身体。基于身体的认知，身体的图式和身体意象会对认知产生影响。儿童身体连通心智、联结环境，成为认知中的有机整体。具身学习将学科与学科、课堂与生活、生活与世界联结，促进知识的再造、能力的再构、素养的再生。

创造性。创想学习是一种创造性的学习，顺应儿童的好奇心理与创造天性，伴随着儿童自由自在的想象、有根有据的研究、不拘一格的创造、有声有色的表达，挖掘每一个儿童潜在的创造潜能。儿童在创想学习中需要依托已有的经验和想象完成知识的自主建构、经验的相互联结、思维的不断点燃以及模型的自我建构,从而发展创新意识。

独特性。创想学习是一种个性化的学习。每一个儿童的学习背景、生活经验以及思维水平、认知方式不尽相同,在观察、猜想、验证、发现中,学生的创想意识、创想能力、创想品质以及创想方式也不尽相同。在问题的解决中,学生们有的墨守成规毫无创见,有的见解独到思路创新,有的思维开阔充满张力。创想学习是充满个性且独特存在的学习。

2. 儿童创想学习的内涵

诗人惠特曼在《有一个孩子,每天向前走去》中写道:"有一个孩子,每天向前走去,他最初看到,感受到了什么,就会成为什么。他的所见,就成了他生命的一部分……"从儿童踏入学校的那一刻起,在学校的学习就成了他生命的重要部分;他要学习什么、怎样学习是教育者需要深思的课题。在星河实验小学,"创想学习"让我们看到一群群活泼的儿童应有的学习状态。

"创想学习"应让儿童葆有好奇心,始终充满求知欲。星河娃每天徜徉在语数英的学科课堂中,教师在每节课中都会链接生活、联结儿童学习经验设置一项创想活动,打开孩子创想的天空,激发孩子的学习兴趣与好奇心。每一个教室都设置"问题箱",教师会鼓励孩子基于课堂知识、生活认知大胆提出问题,并挑选大家最想解决的问题组成项目组开展研究、解决问题。在这样的学习生活中,那一双双充满好奇、求知若渴的眼神是星河娃特有的标志。

"创想学习"应让儿童充满想象力,让其思维驰骋于自由想象的天空。孩子们在课堂中、在活动中能有根有据地想象,善于将相关联的知识联通思考,善于将学习与生活链接。当孩子们在语文课本中了解到纳米技术后,展开丰富的想象,设计纳米智能衣服——既能随着个人体型改变大小,又能感应天气变化变换衣服的厚薄,还能变换颜色。当二年级的孩子在数学课中认识五边形、六边形这样的多边形后,不仅能够继续想象七边形、十边形、二十边形等多边形,还能运用多边形设计组合图形、创编故事。科学课堂中,学生更可以跨界思考"一支铅笔的用处",用思维导图记录他们的奇思妙想。

"创想学习"应让儿童拥有创造力,将想象变成现实。在"车轮为什么是圆的"项目化学习研究中,孩子们提出"车轮为什么不能是方的或是多边形的"。善于创想的他们立刻将思考化为实践,用 3D 技术打印出方轮、多边形的轮子进行实践。同时,编程社团的孩子在电脑上虚拟方轮车行驶轨迹,在实践创作中理解车轮为什么是圆的。沙画社团的孩子们借助沙盘,用自己的巧手让想象变得栩栩如生。孩子们爱上这样的创作,智慧也在指尖生长!

好奇心、想象力、创造力是儿童不可或缺的品质,这是儿童之所以成为儿童的应然状态。儿童在"创想学习"中守护"初心",践行成长的"使命"。

二、发现创想学习的核心价值与意义

1. 打开儿童创想学习的实然样态

畅游在"创想学习"中的儿童,依托丰富的学习资源,在精彩纷呈的学习活动中体验不同角色,感受多样学习方式,优化思维品质,提升解决问题的能力。"创想学习"让儿童每一天都在上演教育的"真人秀",顺应天性成长,展示儿童的实然样态。

(1) 儿童在多元角色体验中升华品格

教育的根本任务是"立德树人",立人先立德,而立德必须从小开始,必须经历长时间的熏陶和培养才能完成。在星河,儿童的品格教育是被放在首位的。学校通过三大课程群落实德育教育,让儿童在体验中形成良好的生活方式、交往方式、行为方式,促进品格的生长。例如,在每周一的升旗仪式中,全班每个孩子都能站在"创想舞台"上,小主持、小升旗手、小领唱、小表演者等,每一个孩子都有自己的角色担当,感受荣耀的同时也承担着一份责任。在学校开展的财商项目化学习活动中,孩子们先是了解福利院儿童的现状,再学习拍卖会的流程,自主策划了一次"爱心拍卖会"活动,将拍卖所得购买福利院儿童所需用品,并利用周末时间前往探访。通过这样的爱心拍卖捐助活动,孩子们不仅收获了诚信,更体验到

第六章　儿童创造力：是一本向未来的说明书

了行善的乐趣。在这里，每一个孩子都能体验到不同角色，每一个孩子都是自己的"CEO"。在多元角色体验中不仅能学习知识、提升能力，更能升华品格。

（2）儿童在丰富资源学习中扩展认知

在星河的"创想"城堡中，孩子们在泛在化的学习场域中习得知识、掌握技能、不断生长。一个可以长大的教室、一个可以邂逅的学园、一个可以渐变的林子、一个可以延伸的舞台、一个可以放飞的操场，还有一个个校外的课程基地……在这样一所没有围墙的学校里，周边的一切都是学习的资源，家、校、社为一体；在丰富的学习资源中，儿童不断找寻自己的成长舞台，挖掘内在潜力，每一个孩子都是一颗"不求第一，但求唯一"的闪亮小星星。这里的儿童徜徉在创客工作坊、儿童戏剧、头脑OM、3D打印等金钥匙学园课程中，沉醉于项目化学习、研究性学习的场景中，以教材知识为圆心，在"创想学习"资源中不断扩展认知半径，描绘认知的同心圆。

（3）儿童在多样学习空间中优化思维

美国教育学家、未来学家戴维·索恩伯格提出三种学习空间：萤火，即一对多学习模式；水源，即多对多学习模式；洞穴，即一对一学习模式。由此，笔者联想到在星河实验小学，儿童的学习模式也是如此。无论是在日常的学科课堂还是在课外的实践活动中，这样的几种学习模式都是并存的，学习方式更是多样的。以数学学科为例，低年段可以以游戏化学习体验为主，中年段以数学实验探究为主，高年段以观察思考为主。在数学综合实践活动"树叶中的比"中，孩子们在学习了比的相关知识后，将视野拓宽到生活中，由老师引领大家思考生活中的比，引导探究树叶中的比。学生通过独立思考、小组讨论得出研究的方法：收集不同树叶—实际测量记录—计算比较—得出结论。接着，全班自由分组，老师最后稍作微调，同伴合作开展实践。从设计方案到最终以研究报告的形式呈现成果，整个过程不仅井然有序，而且在实践过程中学生不断对比反思、完善发现，从一个发现到多个发现，他们的思维在碰撞中提升，解决问题的方式在不断优化。

2. 在场对儿童创想学习的应然价值

（1）从空场到在场，物型课程让儿童身体嵌入场景

我们定义儿童也是课程的设计者、实施者与建构者，但如果没有身体的在场参与、没有置身在真实的问题情境中，那么这种定义与设计都是不真实且虚设的，让儿童的身体束缚在狭小、单一、呆板的物型空间里时，儿童成长心灵是打不开的。大脑会通过身体来认知世界，具有思维、推理、记忆、分辨等高级认知功能。身体是大脑的物理载体，精神、思维与身体、行为之间，在理智和感觉之间相互作用。物型课程的内涵、理念及实践，带给我们的不仅是课程改革的另一向度，也是呵护儿童好奇心、激发求知欲与想象力以及促进未来创造性人才培养的一剂良方。我们可基于身体、根植于物型环境、创造在场景，让心灵、身体在物型间相互作用。

（2）从物理到学理，物型课程让儿童学习贯通科学

现场事件刺激或活动记忆会激发儿童智能的脑结构，监管更多的触觉神经，从更大的物型场域中整合信号，控制更多的肌纤维与内部活动。物型课程的内在学理激发起儿童的主观感受，催生场景性记忆。建构这样复杂的思维模块，必须要有一个丰富的物型环境，情境学习优化的物型场景显然有利于思维模块的构建。

（3）从相似到关联，物型课程让儿童成长蕴含创造

物型课程的优势在于提供源于真实问题的探索情境，在真实的生活情境中儿童会产生好奇，提出真实的问题，会在场景中迅速唤醒自己原有的基本经验，关联起曾经有过的思维方式进行探索。在这个过程中，对问题的探索会开启原有的知识、经验，做出已有认知的相似性解释，从而认识新的事物。儿童的相似经验在新的学习与体验中得以激活，并能与自己相似的环境、相似的思维模块产生敏感对接。这样的问题解决过程，激活儿童的创造脑区，使学习探索过程成为儿童积极参与的创造活动，不断提高其分析和解决问题的能力。从相似到关联，在儿童的大脑中开启活跃的思维场，在这个场域中，儿童的思想、技能、知识、智能和情意等形成

协同体,在真实的学习情境中刺激输入信息,通过思维的关联完成信息处理,从而形成创造性行为。

基于丰富的学习资源,在多样化的学习空间中,儿童在多变的角色体验中展示"端行、好学、健美、乐创"的形象特质,呈现出朝气蓬勃、勇往直前的实然样态。

三、儿童创想学习的实施路径与策略

创想学习与其他学习相比,有着非常明显的特征,其中之一就是真实的主题情境。创想课程的主题情境场,不只是场景的创设,还有学习图景的设计。物型与学习相融合的真实性情境引导,能够产生强烈的"带入感",更好地吸引学生产生"在创想中学习"的兴趣,维持学生在游戏和学习活动中的情境融入和专注坚持,更有利于提高他们整个学习过程的质量。

1. 从"个"到"体",形成伙伴研究群

创想学习的探究,可以是一个人的观察与发现,也可以是一簇人的合作与探究,只要对这个场域的物型探究感兴趣,就可以拿起自己的"名牌"放在这个物型场域中,邀约有共同兴趣的小伙伴一起探究。这样的一个、一簇、一群人是会不断变化的,随着个人研究的展开、兴趣的转移等会重组、增减等等。

在场化的创想学习,有着丰富的情境性、具身性与参与性、游戏性,激发儿童的全身心投入、参与。随着主题的推进,儿童随着问题的探索沉浸其中,寻找多元的策略与路径,感受其价值。

2. 从"散"到"合",渐研创想学习链

这些物型空间里的创想学习,将创想的种子融入创想教育课程,将创新的意识嵌入实践的体验中,将创造性的智慧落实在改造世界的过程中,将劳动的幸福弥散在日常的生活中。创想学习不是散落的珍珠,而是有着成长线索的珍珠项链,根据主题化、项目化、统整化的视野,学校将创想学习分解、设计、实施,形成了贯通六个年级的创想学习链。

物型环境中科学合理的刺激会引起大脑可塑性变化。创想学习的挑战性学习会伴随着挑战性的任务：一是问题的非常规。创想学习生成的并非熟知的问题引发冲突，此时儿童学习的心理机制主要表现为"顺应"而非"同化"。二是解决物型实景中的问题任务需要有思维框架。任务的完成不能一下子解决，需要突破固有的思维框架。三是创想学习中的大任务完成的路径是多维的，寻求的策略是多元的，答案也是开放的、兼容的。四是学生置身在物型情境中解决问题的过程与结果不具有直接预见性。

3. 从"1"到"N"，系统创想体验策略

创想学习的过程，是一个儿童与世界万物共处的过程。在"星星物语"农耕课程中，在做自然笔记的过程中，孩子只有专注地观察、细细地发现、持久地探究、融通地学习，才会有多彩的博物笔记。一个经过沉浸式观察和学习之后创作出来的自然笔记作品，其实就是孩子们眼里和心中的一个小小世界。孩子在这个世界中，投入情感、细微观察、多元体验、丰富触感、渴望求知、记忆倍增、表达灵感等，孩子们的创想学习成为"由眼及脑、由脑及心、由心及手、由手及创"的多感官融通与协同。一生二、二生三、三生万物，也许孩子们将来不一定能成为科学家、艺术家、歌唱家，但当用审美的眼光、科学的方法、创想的思维感知世界的时候，他就成为生活的主人、世界的主人。星河实验小学不仅有一般的创想学习"1"的策略建构，还有具有"N"种方式的创想学习系统策略，形成了实境创想体验、学科统整体验、场馆种子体验、主题拓展体验、校园场景体验、户外挑战体验、项目走班体验、家庭亲子体验等策略。

创想学习，也是一种学习过程的展示，是对学习过程的见证！星河娃在创想学习中，能够站在演讲台上侃侃而谈自己的阅读感受、旅游见闻等，也能够站在答辩席上从容淡定、灵活应变，更能站在"创新市长奖"、国际学生自我领导力演讲的舞台上绽放光芒！星河娃在创想学习的过程中不仅拓宽视野的宽度、挖掘思维的深度、提升能力的高度，更拥有了好奇心、想象力、创造力，成长为具有世界眼光、民族情怀与创想素养的当代少年。

第六章 儿童创造力:是一本向未来的说明书

四、双减下的创想作业盒子研发与运用

从"布置作业"转向"设计作业",整体设计"作业八音盒"。从作业的目标结构、内容结构、空间结构、纵向结构、难度结构、类型结构、水平结构、主体结构等八个维度整体设计作业盒子。

从"单向区间"转向"空间连续",立体拓宽"作业新时空"。基于空间育人、课程育人、综合育人的视角,通过家庭创想实验室、微型好家风馆、家校新闻会客厅等空间,促进家校社育人空间联通。

从"作业向度"转向"重构生活",共编"家庭美好时光手册"。通过阅读时光、亲子锻炼时光、家庭会议时光、创想百分百时光、自我领导力时光、劳动时光等方式,让家校共建美好生活时光手册。

1. "新闻会客厅"打开语文作业盒子

把"一手好字、一篇好文章、一副好口才"三个维度作为"语文学业质量要求"。家校合作定制学科作业的延展度,采用亲子共读的方式,低年级的作业盒子有"机灵小不懂、小小书画家、诵读小能手、童言说新闻"几个类别,侧重于简单预习、稚气绘画、朗读和讲故事几块内容;中年段每天有三分钟说新闻的习惯,做"新闻小主播";到了高年级就是"新闻评论员",更侧重于观点的表达、思维的训练。每一类别都指向价值的引领,并有具体的要求与指南以及可选择的菜单,采用弹性机制,不要求一刀切。

2. "阅读时间轴"打开英语作业盒子

① 做一做,让节日的温暖走进千家万户。结合教材节日主题单元,学校鼓励孩子和家长一起"动手实践",如鼓励亲子共做英文贺卡,互赠贺卡,一起体验中国传统节日的风俗,以此增进感情。② 读一读,在单元阅读中共享美好时光。以学期为时间轴,制定了阅读书目推荐单,把《丽声北极星》这一套与教材主题融合度较高的绘本作为必读书目,邀请家长和孩子阅读英文绘本,造就美好的亲子共读时光。③ 玩一玩,在游戏中乐学、善学。利用"飞行游戏""职业小调查""'画'说我的房间""表演故事"

等丰富多彩的形式,让孩子们在课堂活动中学习语言、使用语言。同时,与家人玩一玩这些游戏,达到在作业中再次实践语言、熟练使用语言的学习效果。

3. "生活实践群"打开数学作业盒子

从教材和课外资料两个方向入手,精选数学内容和数学问题、拓展教材、延伸学习空间,分别开设了数学实验、数学游戏、数学绘本、数学思维等课程,将数学学习与游戏元素、数学绘本、数学趣题结合,让学生在动手探索中玩好数学,生长数学思维,感受数学的魅力和价值,积累探索数学规律的经验,发现数学的应用价值。比如在"正反比例"单元结束后,设计制作天平的作业,通过有趣的平衡感受杠杆原理;比如学习《千克和克》,在超市寻找一千克和五百克、几十克的商品,掂一掂感受千克和克的质量;再比如解决生活中的实际问题——"探秘麦德龙",麦德龙就在学校对面,让学生走进麦德龙现场探究,感受超市的管理模式与探秘商品的学问,进行超市促销方案的调查,并形成研究报告,这可以很好地培养学生正确的理财观、价值观,促进学生核心素养的提升。

4. "家庭创想实验室"打开科学创造盒子

以儿童科学作为课程主题,以家庭作为课程实施场所,星河实验小学发起了主题为"100个创意实验 100个科学小导师"的科学创想家庭实验室活动,号召学生整理自己通过课堂、阅读、电视、网络等渠道获得的科学认识,并进行自己的微型研究。可以从教材中找逻辑线索选择实验课题,也可以根据自己的问题生发实验;实验器材可以从生活中选取,也可以自制;选用身边随手可得的素材,把自己的学习成果以线上线下的方式向同伴们展示。家庭创想实验室打破了学习的边界,唤起儿童对这个世界的好奇、想象和创造欲。在日常开放的、自由的、亲和的家庭场景中,通过"小问号开启""小实验探索""小成果发布"完成一个小单元的学习,让儿童能在做、学、玩合一,思、创、行一体的实践中探究学科密码,寻找科学规律。在整个学期中,孩子们自主探究了一百多个科学实验,创编艺术实验作品数千件。

第六章 儿童创造力:是一本向未来的说明书

5."空中美学馆"打开美学散步盒子

家校共建空中美学馆,设置更贴近于生活的内容,让孩子在家里感受生活,发现生活之美,使用艺术之美。空中美学融合趣味性、操作性、知识性,分为家庭实验园、七彩生活馆、私人定制美学区以及云端展览厅。采用游戏魔法、图文并茂、视频播放、师生线上互动等形式,为线上审美教育提供多样的教学手段,为学生的学习和发展提供丰富多彩的审美环境,以此来帮助学生更好地提升审美素养。小朋友可以和家人一起来当实验探索者,一起调制颜料,一起商量如何更好地表现,一起想一想、学一学、玩一玩,注重美术活动的人文性和愉悦性。一张张充满创意的作品通过云端展览厅让大家相互欣赏学习。

6."创想体育八分钟"打卡亲子运动盒子

一是体育家庭作业已成为"标配",结合体育与健康课程标准,根据各学段学生身心特点分年级设计体育家庭运动作业,开启"爸爸带我去运动"的亲子运动打卡;二是全体体育老师成为"潜伏者",全校71个班的体育老师采用进班、进群,进行群对群视频点播或点对点线上私教指导;三是专设"体育积分银行",以"十大创想体育运动好习惯"为抓手,建立科学又符合儿童特点的积分细则,目的是让孩子每天坚持锻炼,为生命健康成长赋能;四是根据每个学生的体育积分数据,针对学生中存在的肥胖、瘦小、近视等现象或是耐力、专注力、精细动作不足等问题,分别开设各类运动处方,以帮助学生通过运动调适恢复正常的健康水平。

7."项目化作业"打开高阶思维盒子

项目化学习助力作业变革。项目化学习从儿童立场出发,从教育的知与行、学与评中寻找解决问题的途径,从"低阶思维能力"培养跨越到"高阶思维能力"培养,由此来推进学习者从知识习得升级到核心素养形成。学校根据学生年段特点、年级特色,与家长一起制定项目化学习方案,如"我有一个动物园""心有所'薯'""校园垃圾大改造""校园荒地改造""自然灾害研究之地震""扎染""肥"等,形成经典案例,丰富了课程资源。比如"心有所'薯'"以驱动问题"发芽的土豆还有什么价值?"

展开学习,通过调查、实验、栽培等实践作业,增强学生的求知欲、自信心和动手操作的能力。学生基于生活真实问题情境展开学习,多学科融合,在不断探索中解决问题,在自我突破中成长。

儿童的成长不是一朝一夕的事情,而是长期的、循序渐进的过程。因此,在小学阶段,我们要重视让孩子在学习中感悟与成长,让教育每天都上演"真人秀",让每一个儿童置身于有趣的挑战中,发挥自己的潜能。创想学习,就是让儿童的学习时刻上演一场场"真人秀"。真人秀中没有"演员",只有真实的人——真实的个体。每一个个体都有各自真实的背景、动机和才能,让我们打开想象的空间,找寻自己的舞台,真正丰盈每一个儿童的生命成长!

第四节 自然性、具身性与创造性兼具

小学阶段的教育主要任务之一,就是让儿童看见这个世界是如何运转的。劳动是儿童与世界相遇、与自我相识、与未来相知的最好方式。劳动教育如何能和儿童生长关联、发生与共振?我们需要从内生的角度启蒙儿童对劳动热爱、对劳动期待、对劳动创造未来充满信心,我们需要寻找劳动教育的儿童逻辑。一个为期21天的劳动实践课程"为鸟儿们建一个树屋"开启了,从中我们或许可以看见儿童充满创想的劳动生活,带给我们儿童对劳动的逻辑向度。

一、劳动之意:在"自然为友"中启蒙价值的意蕴

引子:那天正在上体育课,升旗台旁一只小喜鹊摔了下来,孩子们抬头一看,在高高的电塔上有着一个鸟窝,鸟窝太过单薄和微小,所以小喜鹊摔了下来。于是孩子们七嘴八舌,很是着急,班主任陈益老师借机组织大家开了一个微队会,最后决定要通过大家的共同劳

第六章 儿童创造力:是一本向未来的说明书

动,为在星河学校里安家的鸟儿们搭建一个树屋。

在这个天天生活的校园里,各种有价值的教学活动都可以在这个自然自在的物型世界里开展。我们会鼓励和引领我们的孩子去观察、分析、思考和研究大自然,学会理性思维、感性审美、批判性建构、原发性创造,在有意蕴的劳动中完美交融。

1. 做回大自然之子,培养儿童正确的劳动观念

儿童是天生的大自然之子,儿童的自然生长指向人性与自然性的契合。当"鸟窝的问题"与"生命的哲学"发生联结,儿童期待的是用自身的劳动实践、劳动创造与"自然物"和谐相处,以增强对生命的认知、树立正确的劳动观念,通过劳动与"自然性"和谐共生,相互之间建立友好关系,回归自然世界的美好体验。儿童作为自然之子,利用习得的知识和经验、素养,通过自身的劳动,在自然中学会解决一些真实的问题,体会用劳动亲手参与一个自然生态系统的建设,培养起与自然相处、与他人相处、与社会相处、与自我相处的能力。在这样的自然体验中,儿童的劳动观念会潜移默化地生成。

2. 召回原生自然学校,唤醒儿童积极的劳动情感

儿童一年的365天里大约有200天是在一个叫作学校的地方度过的。许许多多城市学校因为土地的局限,空间已经被过度开发利用,充满成人气息的豪华装修、精致的文化布置充斥在儿童的世界里,以精美的景观绿化带"围墙"阻隔儿童的脚步,可以远观之不可近触之的"花丛"迟钝了儿童的双眸,标本化的植物群剥夺了儿童亲吻自然的机会。久而久之,儿童不仅身体远离自然,心理也逐渐远离,他们对自然物的洞察力、对自然现象的敏感性、对自然事件的探索能力都会逐渐消减。劳动实践让儿童回归到原生自然学校。同时,学校也将精致的绿化带、景观带做了改造,形成了孩子们朝夕相处的"星星农场",方寸之间一定有着儿童的生态种植场。每位参与的学生都必须进行自己的生态菜园操作,或者有着动物养殖的任务,或者有着农作物的杂交研究,等等。儿童真正可以拥有亲

近自然的空间、时间和体验的时空,做回自然之子,在亲身的实践和劳作中激发起积极的劳动情感。

3. 学习自然的存在法则,培育儿童必备的劳动技能

在"为鸟儿们建一个树屋"的劳动实践中,儿童对建造树屋目的进行厘定、对树屋样式进行设计、对树屋进行整体构造、对树屋成型成果进行分享,以物为媒介,以具身体验为桥梁,在劳动中学会自理、亲近自然、体验生活。

"为鸟儿们建一个树屋"课程设计

劳动单元一:设计树屋图纸

寻找屋子的模样:师生共读绘本《很高很高的树屋》,对树屋形成直观的视觉印象,脑中有物可参照。

审辨树屋的价值:为什么要来参加此次树屋活动?让孩子明白此次课程的意义,发展审辨思维。

绘制树屋的图纸:孩子创新思路,以多种形式展现自己理想的树屋,培养创新思维。

劳动单元二:制作树屋的模型

投票选出合适树屋:所有孩子参与投票选举,选出最受欢迎的前三名树屋。根据投票排名,票数多者胜,增强孩子的自主意识。

团队合作制作模型:对三种不同的设计风格进行模型制作,学习木工、金工、泥工、扳工等劳动技术。

劳动单元三:劳动建造树屋

比较优化最终方案:对三种树屋进行比较,从审美、承重、实用和功能等角度进行选择、优化,确定最终模型。

共同劳动制作树屋:利用自然界的树木切片,让孩子拥有自己的自然名牌。对照图纸开始施工,量木头、锯木头、钻木头,安装树屋地板、围栏,美化围栏、大梁等,展开劳动教育课程。

第六章 儿童创造力:是一本向未来的说明书

> 劳动单元四:劳动素养评价
> 完成树屋扫尾工作,进行树屋体验,体验劳动最快乐。共同制定劳动素养评价标准,完善劳动评价手册,颁发证书,形成课程闭环。

孩子们在驱动性任务中获得劳动的乐趣,掌握必备的劳动技能,在劳动教育中学会生存、积极生活、创造生命,享受劳动创造的幸福。

4. 徜徉自然的生态疗愈,培育儿童创新的劳动思维

在一个有着自然气息的校园里,我们尊重儿童立场,以儿童的视角来看待劳动改造和创造的世界。在每个地方建立资源循环利用、生物多样性的劳动生产架构,它结合了当地的各种资源,包括学校中的空间、课程与各种活动等。在这里,学校不只是生产知识的场所,更是生产各种农作物、嫁接各种植物,有着播种、收割的自然生态之地。在这样的自然学校里劳动,孩子们"与自然为友",在学校的每一处、每一地、每一寸去不断找寻自己最感兴趣的劳动主题:也许是对一朵绽放的无名小花产生兴趣,也许是对一棵生长在校园的参天古树进行研究,也许是对天天踩在脚底下的各种鹅卵石产生疑问……这一切都是我们最好的学习与劳动资源,能激发儿童创新的劳动思维。只有当孩子们真正身处其中,走进身边的自然、亲近我们的自然、获得自然知识、把握生态伦理,他们才能体会到自然带来的生态疗愈。

二、劳动之趣:在万物为师中关联具身的学习

以万物为师,开启我们自然而真实的学习连续体。儿童劳动教育的过程不是空中楼阁,而是儿童的身体、心智与所在环境的有机统一。劳动中,儿童身体生理与自然属性决定了认知、思维、情绪等心智过程,同时劳动认知和劳动思维、劳动情绪等心智过程也塑造着儿童的身体。

1. 情境性:植根全景式的劳动素养生长

劳动素养包括正确的劳动观念、积极的劳动态度、自觉的劳动习惯、

创造性的劳动思维、正向的劳动价值、熟练的劳动技能等。我们的心智、理解能力、劳动体验都是具身的,它们有赖于我们身体的生理结构和身体图式,因此儿童的劳动素养的发展也一定是在具体的情境中、嵌入在儿童的身体参与中、融入儿童最初的身体与世界的相互作用中的。"为鸟儿们建一个树屋"这一劳动课程提出了培养儿童七项具体的劳动能力(如表6-2所示)。

表6-2 儿童七项具体的劳动能力

劳动能力类型	具体内容指向	环节范例
劳动目标的制定	能参与设计团队的劳动目标;分解接纳个体的劳动要求与目标	明确自己的劳动任务、清晰劳动目标与劳动环节
劳动材料的选取	制造一个树屋需要哪些材料?可以从哪里获得劳动需要的材料?这些材料的数量、质量有怎样的要求	旧有材料的收集、选取和改造,其他材料的募集、置换与遴选
劳动工具的使用	树屋制造需要的工具:大小、型号、数量;会正确使用工具完成相应的劳动项目;会用工具简单修理故障、优化美化工序	会在相应的环节使用木工、金工、钳工技术
劳动心理的弹力	直面不同的劳动任务,接受劳动带来的挫折、磨砺;学会合作学会求助;能持之以恒完成劳动任务	遇到困难、挫折有良好的调适心理能力;有一丝不苟、持之以恒的劳动精神
劳动工序的优化	参与劳动的流程设计并提出优化建议,在实施中会进行时间、工期、效率和质量的考量	劳动分工、合作、周期安排等
劳动的安全防护	劳动前学习安全事项;清楚安全劳动的要求,如果不慎受伤,学会处理简单的伤口	佩戴操作手套、防护面具、操作把手等
劳动危机的应变	对劳动中的突发事件有预案;劳动中能应急处理、懂得求助	知道产生问题后的处理流程

这七项能力是儿童劳动教育中的关键能力,既能使用在此次劳动课程中,也能提供给其他劳动课程参考。这些能力既相对独立又相互交织,比如"知道手割破了应该怎么办"中,不仅需要调动危机应变能力,也要调

第六章 儿童创造力:是一本向未来的说明书

动工具使用能力(简易包扎伤口)、知识迁移能力(了解伤口愈合的现象)、工序优化能力(首先应该做什么)等。综合运用多项能力是提升学生劳动素养的重要策略。

2. 涉身性:开启真实的学习连续体

以课程为载体,以劳动为纽带,学活的知识,练生存的技能,悟生命的意义。"新劳动教育"以劳育为载体,以实践品质的培养为核心,以儿童主动的、生动活泼的发展为教育方式,创设多元立体的学习空间,开启真实的学习连续体。

以真实的问题为劳动原型。在劳动项目主题范围内自行发现与主题相关的综合性生活问题,自行提出通过劳动解决问题。儿童有着发现生活问题的敏感度,也有通过劳动实践解决真实问题的创造性,在真实的劳动中实现对人、对世界的态度情感和价值观的提升。

以模型的建立为劳动引擎。通过在真实劳动情境中将生活问题抽象成劳动主题,面对实际问题,组织学生采取调查、分析、对话、设计、实践、反思、评价等多种形式展示交流,建立合适的模型解决问题,积累劳动策略,丰富劳动经验,探索其劳动价值。

以同伴的互助为劳动支架。以"为鸟儿们建一个树屋"这一真实问题为载体并贯穿于整个劳动学习和劳动实践的过程之中,儿童和同伴积极进行探究和创造思维活动,使"主体"真正地"主动"起来,儿童群体与个体联系已有的知识、技能、经验,不断相互合作,变换角度、思路进行审视、调整,自我否定、自我修正。

以解释与拓展为实践旨归。不同的学生采用不同的方法,劳动过程围绕问题展开,通过劳动把现实生活中具体实体内所包含的知识、规律抽象出来,建成相应的问题解决模型,让儿童在问题、挑战、挫折、取胜的交替体验中,在选择、判断、协作、交流的轮换操作中,建立模型、拓展模型、优化模型,走向新的创造。

3. 体验性:联结多元的智能发展路

儿童的劳动世界在感觉运动的交互之后自主生成,让我们打开儿童的五感——形、声、闻、味、触,发现儿童的多元智能,为儿童创造在自然环境中进行多感官体验的机会。在真实的劳动体验中,教师在儿童的"理性睡眠时期"通过各种劳动实践发展儿童的五感。在"为鸟儿们建一个树屋"的劳动实践中,儿童跟着老师一起进行创造性的劳作,21天完成的是一个劳动项目,更是儿童幸福耕耘的"一方自然实验田"。而充满挑战的劳动体验是在自然的环境中进行的,遵循儿童的自然天性,用自然的方式使儿童成长为"自然人"。

星河的"一方自然实验田"有两层含义:一是在学校创造儿童"实验田"的基础上,结合"佳农探趣""万亩良田""水稻研究所""石墨烯创新实验室""新能源创新实验馆"等特定场域建构广义上的实验田,形成幼儿回归自然、联结企业、进入高校等智能劳动;二是意指儿童亲近自然、回归自然、走进现场的劳动情境,儿童在校园任何一角、家庭的实验室里要带着这种探索实验田的精神进行田野劳作。与"一方实验田"现场中人、事、物的连接后,孩子们在快乐的劳动实践活动中,了解自然、农作知识,劳动境界在潜移默化中得到成长。儿童在不断地感知、发现、探索的劳动中最终运用成长所需要的"活的学习"。

三、劳动之美:在"生长之律"中映射创造的力量

在常态的劳动中学会生存、体会生活、享受生长,将创想的种子融入劳动教育课程中,将创新的意识嵌入劳动的体验中,将创造性的智慧落实到劳动改造世界的过程中,将劳动的幸福弥散在日常的生活中。

1. 叩开生命的节律,创意劳动项目

培养儿童在自然场景中的劳动情感:儿童是否愿意并喜欢劳动;是否掌握探索、感知劳动的方法;是否能体会劳动中的情趣;是否能感知大自然的魅力;是否能感悟自然、劳动与自己的关系;等等。以儿童的方式自然地打开劳动的项目,如学校设计的六个年级的劳动项目(如表6-3所示)。这些劳动项目即是以儿童成长取向为指导,尊重儿童的自然天性,尊重儿童自主成长发展节律和特点,不揠苗助长,不过度教育,不以成人

的喜好、成人的方式替代儿童的天性,努力发现儿童之发现、喜欢儿童之喜欢、惊奇儿童之惊奇,真正促进儿童自然的生长。

表6-3 六个年级的劳动项目

年级	主题	内容
一	"绿色家园"守护神	在生活中学会垃圾分类,创意手工制作活动,变废为宝
二	"神奇椅子"项目里	为我的校园设计制作一把独特的椅子
三	"魔力衣橱"创意制	学会设计制作一件主题服装,以劳育美
四	"绿色能源"环保构	通过绿色能源环保的智造,移植、改变、创想、创造、创新出新的作品
五	"石墨烯"智慧行	参与石墨烯研究所研究,一起讨论研发新型产品方案
六	"巴士书房"智能造	做梦想改造家,朋辈合作,共同改造巴士书房

2. 把握实践的规律,创新劳动方式

儿童劳动实践启动键应该是即时、即地可以开启的。如厨房里的劳动课程"可以吃的石头"。通过儿童对盐的研究,一定程度上把地理、营养学、数学、化学等学科串联起来,通过地理空间和历史时间、生活事件探索彼此的关系,开发出"厨房里的自然物""世界盐产地探秘""粉红湖为什么消失""动物们需要盐吗""如何从海水中提取盐""盐与未来科技"等等一系列微课题。让学生以自然游戏、科学实验、实地调查、劳动体验、艺术创造等方式看见世界,感知劳动力量、联结自然智慧。

3. 洞察素养的定律,创造幸福生活

在自然生活中,以劳动项目主题为引,以劳动过程为桥,以劳动价值实现为向,指向儿童在劳动中创造美好的生活。中小学劳动教育的终极价值在于通过身体的劳动而充盈"内心灵魂"。劳动实践是人的一种存在方式,它是获得自由和幸福的必要手段。

让儿童在主题式、项目化的劳动实践中重新建构劳动知识。相对于书本知识的习得,教师应更加关注儿童在感知、探索劳动程中的情绪情感、表达表征、探究发现,与儿童一起享受与自然相处、与劳动为伴的过程,慢慢培养儿童热爱劳动、亲近自然、融入生活的情感。这是集创新体验、项目学习等为一体的劳动教育,融合科学、数学、物理、化学、艺术等学科知识,培养学生的想象力、创造力和解决问题的能力。

无论是四季的变换还是生命的轮回,大自然奥秘的探究会让儿童感受到生命的神圣与庄重。做学创一体的积极生活计划,赋予了孩子对农业、科学、生活、哲学和艺术的体悟,使其在这个多元文化的社会中有着清晰的价值判断、积极的学习探索,能够主动地应对各种挑战,成为具备关怀和反思能力的世界公民。

第五节　创造性戏剧:一场美学与创造兼备的旅程

创造性戏剧是一种即兴的、非展示性的,以过程为中心的戏剧形式,参与者在引导者的指导下,想象、体验和反思人类真实的情感。因而,创造性戏剧不仅仅是一场戏、一场演出,它不局限于一个舞台。从本质上看,它已成为一种先进的学习方式,能够融合多学科内容,整合学生的认知、情感及心理等多方面的能力。

学校力图将儿童、创造性戏剧和语文教学三者作为和谐对话的生态关系来考察,把创造性戏剧作为教与学的手段,并借鉴艺术的眼光来审视,以融合的取向来阐释与实践儿童的语文学习。星河实小将"创造性戏剧"界定为:在激发儿童创作戏剧的过程中,培养儿童乐于并善用戏剧语言表达自我、思考和认识周围世界,由师生共同建构指向人文精神的审美教育。为让"创造性戏剧"牵手小学语文教学,学校做了以下几点尝试。

一、找好"点":让角色成为他自己

1. 教材是最初的"脚本"

要将戏剧有效融入语文课堂并不简单,需要开展很多工作。第一步

就是选材,只有选择合适的题材,才能表现戏剧的张力,才能承载更多的教育意义,给学生带去更多的体会和感悟。在戏剧的选材方面,教师一般会结合课本内容,进行戏剧创作和表演。教师在戏剧选材方面要找到合适的点,也就是说要找到合适的题材。并不是所有的课文都可以改编成戏剧。教材中含有很多的课文,有现代诗,有古诗,有寓言,有写景的文章,还有来自生活中的故事。作为教师要学会从这些课文中选择题材,引导学生进行戏剧表演。

2. 生活是创作的"源泉"

题材的选取点,应该紧紧围绕学生的实际生活。小学生的社会经验和阅历还比较浅,他们的经验大都来自平日的生活实际。创造性戏剧乍听起来是一种比较脱离于实际的文学样式,但完全可以结合小学生的实际情况,使得戏剧内容"接地气"。比如大家发现不少学生都喜欢"包围"学校门口的路边小摊,特别是放学的时候,肚子有点饿了,会经不住地摊上"美食"的诱惑,但是这些路边摊的卫生安全状况让人担忧。结合食品安全这个话题,教师引导学生创作了以"食品安全"为题材的戏剧。学生通过小组合作创作,最终创作出了多幕戏剧,戏剧中的人物有小贩、霖霖、岩岩、爷爷、妈妈、苍蝇(四只,其中一只老大)、细菌(八个,其中一个老大)、医生、抗生素(八个)、旁白、牙齿(六个)等。戏剧人物多,大多数学生都可以参与到戏剧中来。学生结合自己平日的一些行为,编写戏剧对话。这样的题材对于学生来说是很熟悉的,也非常具有教育意义和价值。

二、放手"创":人人都是大导演

儿童的创作大都来自对熟悉的生活世界的认识、发现与表达,因此我们带领学生从生活中确定主题、选择问题、搜集素材,为创作奠定基础。

选好题材之后,就要进行创作。创作是决定戏剧成败的关键,就像一部电视剧一样,要想出彩,最根本还是要有一个好的剧本。戏剧也是如此,要想收到好的效果,必须做好剧本创作。在将戏剧融于语文教学的过程中,许多教师认为小学生不可能写出剧本,所以很多教师都选择自己写作,然后让学生去表演。笔者认为这种做法是欠妥的。首先,教师写剧本的时候,大多是站在成人的角度,最终创作出来的戏剧作品很可能带有明显的成人色彩,与学生的思想认知有很大的差距,这样的戏剧作品可能无法引起学生的兴趣;其次,戏剧创作并不一定要很复杂,有简单的场景和对话,就可以看作是一个剧本,小学的课文内容本身都很短小,故事情节也很简单,学生完全可以凭借自己的能力将课文内容改编成剧本;最后,戏剧文本的创作对学生而言本身就是一种锻炼,是一个提升学生写作能力的过程,作为教师如果学不会放手,学生则永远学不会戏剧写作,正所谓"授之以鱼不如授之以渔"。在将戏剧融入小学语文教学的过程中,一个"创"字特别重要。作为教师要善于激发学生的想象,引导学生大胆去创作。在教学的过程中,笔者将大部分戏剧文本都交给学生去创作,学生创作完成后,再给予一定的指导,提高学生的写作能力。

三、发挥"才":每个人都有自己的剧场

教育要面向全体学生,但在日常的教学中,很多教师往往做不到。大多数教师都会把欣赏和期待的目光投向那些平时学习成绩比较优异的学生,把很多的精力放在学习落后的同学身上,而那些用不着教师过多操心的学生,往往变成了"被遗忘的角落"。每一个孩子都是可塑之才,都有自己的才能。作为教师,在教学中,要真正做到面向全体学生,给每个学生搭建平台,挖掘并发挥他们的才能。在将戏剧融于语文教学的过程中,也应该面向全体学生。有些教师,在组织戏剧表演的时候,总是喜欢让特定的几个同学去表演,其他同学只能当观众,久而久之,其他同学的积极性势必会受到打击。在戏剧创作表演的过程中,教师一定要充分调动学生的积极性,让更多的学生参与进来。比如说在戏剧创作的时候,可以分成多个小组进行写作,让更多的同学发挥写作才能,而不是安排某个同学去写;在舞台布置的时候,可以让每个学生发挥想象力和才能,进行道具的设计;在表演的时候,虽然一出戏剧的角色只有几个,但是同样可以让更多的学生参与进来。每个学生都有自己的天赋和才能,教师要有一双慧

眼,让学生的才能在戏剧的舞台上得到展现,尤其是要给一些学习较差的学生机会,让他们参与到戏剧表演中,融入课堂。比如剧本《细菌旅行记》,学生一开始在创作的过程中只设置了六七个角色,然而为了能够让更多的学生参与进来,教师增加了几只"苍蝇"、一些"细菌"及一些"牙齿"的角色,在表演的过程中,那些平常学习成绩不够出色的同学,却格外投入,展现了自己的才能,从而赢得了同学们的赞美,增强了学习的信心。

四、精彩"演":重要的主角,伟大的配角

著名教育学家乌申斯基说:"儿童是用形象、声音、色彩和感觉思维的。"创造性戏剧中角色一般是非常多的。除了光鲜的主角之外,更多的是那些匆匆即逝的小人物,因为有了他们,故事才更有魅力和张力。在戏剧创作中,要引导学生关注容易被忽视的小人物,从局部去发挥创造的力量。伟大的配角,常常是成就一台戏剧的关键。作为教师,应该如何对剧本表演进行指导呢?笔者认为关键要做到三点:一是合理分工,戏剧表演环节多,筹备事项也多,需要人尽其才,引导安排好每一个道具的制作、每一个角色的申报、每一个人物的出场等;二是环境营造,教师要带领学生精心地布置场景,比如在表演剧本《李广射虎》时,剧本的背景是一个深夜的森林,教师带领学生准备了各种道具,有大树、有野草、有石头,同时配上风吹树叶的沙沙声,从而布置了一个逼真的森林场景;三是保障时间,为了充分达到创造性戏剧的教育效果,组织学生进行排练,在过程中不断纠正、不断引导,尤其是对人物的语言、表情、心理反复地揣摩。只有通过精雕细作,才能达到最佳的表演效果,让学生感受到创造性戏剧这种游戏式学习的魅力。

五、做好"评":真正的价值在语文的舞台上

创造性戏剧进入语文课堂,首要目的不是拿语文书当剧本来培养优秀的演员和导演,而是让学生在一个单元的课程中,阅读理解课文,自己将课文改编成剧本,分配角色,投入排练、演出,获得个体的感悟,并把这

种语文的能力拓展到自己的生活和学习当中。

作为教师,要认识到,戏剧创作表演只是一种教学的形式,戏剧只服务于小学语文教学,学生语文素养的提升才是根本。因此,在评价学生戏剧表演的时候,要站在语文教育的立足点上去审视,要站在戏剧表演的背后,去评价语文学习的效果,而不仅仅评价表演的效果。如在学习王之涣的《登鹳雀楼》时,学生了解了诗的大意,应主动承担角色,采用旁白的方式来叙述,再加以适当的道具创设情境。在讲台上设置简单的教学剧场,在戏剧中呈现出王之涣登鹳雀楼的所见所闻:"白日依山尽,黄河入海流。欲穷千里目,更上一层楼。"夕阳依着高山缓缓落下,黄河奔腾滚滚流向大海,想看尽千里之远的景色,就得再登上一层高楼。学生可以形象地领悟到登高望远尽收眼底的磅礴宽广的景观,领悟盛唐时期人们积极向上的进取精神。教师的评价,应重点关注学生在诵读时呈现的状态,应该与整首诗的解读密切相关。

综上所述,将戏剧引入教学,是对小学语文教学的一种创新。作为小学语文教师,要认识到创造性戏剧对小学语文教学的重要意义,主动去探索戏剧融入小学语文教学的方法,大胆地去尝试、去实践。我们相信,在一出戏里,一样可以饱藏一个崭新的教学天地。

第七章
元宇宙时代：召唤创想学校的深层构造

第一节 元宇宙：关乎未来的想象共同体

2021年，"元宇宙"（Metaverse）不知不觉成为最火、最热、最能引起广泛热议的词汇。元宇宙对于产业、文化、旅游、经济以及教育的再定义、新创造、广联结的价值和意义，正在不断植入大家的思维逻辑中，各行各业都在迅速加入元宇宙的赛道，去寻找元宇宙对于行业的价值链、实践道。

到底什么是元宇宙？我们又如何知晓元宇宙的底层逻辑？我们应该如何正确认识、看待、拥抱并创造未来？

一、元宇宙必然到来：我们需要拥抱已来的未来

2020年的毕业典礼，笔者观看了六（2）班上官子恒、顾子彦、王子涵等同学创作的剧目《时光机》，三幕剧展现了孩子们穿越到未来社会发生的一切神奇的事情，至今历历在目。现在想来，孩子们在剧目中呈现出来的，通过时光机穿越到的就是一个叫作元宇宙的地方。在孩子们的创想中，元宇宙已然成为已来的未来。

1. 上网—在线—在场，这是一个虚实相间的时代

元宇宙有着从互联网和游戏世界中成长起来的一代的时代印记。人

们与技术发生联结的步骤：第一步是上网，让我们通过网络看到世界；第二步，微信、QQ、5G、人工智能、互联网＋，让我们随时随地在线，与世界保持联通，我们可以看到收视率很高的体育赛事还有电竞比赛。这就是一个虚实相间的时代，年轻人对时代的想象已经变得不太一样；而元宇宙可以实现"在线—在场"的飞跃，电子的、虚拟的，充满智能、数字和想象感的比赛、工作、生活更加值得他们期待。比如 AI 系统、AI 学习、AI 对话，人工智能学习让年轻人掌握更为精准、合力的信息处理方式与数据分析系统，为学习、工作、生活带来更有支持性、参考性的价值；物理空间的打破，也让更多超距离、沉浸性、体验感强的学习方式被激活和创造。

2. 现实—屏幕—虚拟，这是一场数字潮流的席卷

人类生活在三维现实空间里。奉贤一家包装厂主要生产肯德基、麦当劳等纸盒包装，之前拥有 500 个工人，互联网带来了二维屏幕，有了视频、图像、智能，所以现代化的设备让这个工厂人员减少了一半，效率却提升了三分之一。元宇宙带来一个三维虚拟的空间，有更多可能性会迸发出来，如今奉贤这个工厂只需要 5 个工人。目前许多行业也开始迭代升级，许许多多的劳动者无须定点打卡守着固定的岗位，而是在数字时代拥抱数字技术，发挥自己的所长按劳取酬、赢得数字经济。数字时代下，不断经历储备数据—分析数据—探究规律—再生逻辑—建构方法论—建立标准模型—输出再创的过程。重组的时间和空间，将科幻小说中的幻想逐渐变成了时光穿越的现实，而元宇宙是人与空间的重新联结，移动互联网会长期是人类数字世界的大本营，无论是教育的价值还是商业的价值都会扩展 n 倍，移动互联网的历史规律会在元宇宙的发展中重现。

3. 内卷—外卷—突卷，这是一个熵增原则的规律

无论是人类还是教育等其他行业，都在遭遇内卷的困扰。比如人类想要突破地球这一空间的限制和固守的内卷便引入新的熵减，于是在拓展地球的地理空间的时候，就有了很多梦幻般的创想，那就是火星移民或者其他星球移民。熵是教育系统中内在的混乱和无效的能量，教育也面临着虎妈、鸡娃、剧场效应等内卷现象。

第七章 元宇宙时代:召唤创想学校的深层构造

热力学第二定律告诉我们,万事万物臣服于熵增原则,永无止境地从低熵有序向高熵无序的状态衍化。学校也在突破现有的育人空间,拓展数字空间、虚拟空间,引入新的能量,建立更为开放的育人系统。外卷也不可避免。新冠病毒给全世界的人类带来巨大改变,线上教学、视频会议、居家办公、在线工作迅速成为时常存在的状态。"要么原宇宙,要么元宇宙",外卷不是被动的等待,而是自我的更新。在三维虚拟会议室面对面开会也成为现实,线上即时即需点课、选课也成为现实,有的老师的课无人想听,有的老师的课堂场场爆满。

当然,突破内卷和外卷,一所学校要赢得数字化生存,需要根据具体的场景和需求,在时空里不断迭代和优化。万物皆是元宇宙,元宇宙定义几时休? 我们需要看到的是元宇宙通过场景、AI技术、数字路径,从无序中寻找到有序的规律,在熵增和熵减的博弈中总结、归纳,形成模型,建构方法,不断进化、升级,通过超越时空的想象、映射,通过大量的方法论,帮助自己认识更大的世界。

二、元宇宙悄然而来:我们共同坚守不忘的本来

一夜之间,元宇宙成为互联网世界的"下一件大事"。一个虚拟世界正在逐渐成形,人们相信很多的梦想、想象均在这个虚拟世界不断实现。

什么是元宇宙? 根据维基百科的解释,元宇宙被定义为"一个集体虚拟共享空间,由虚拟增强的物理现实和物理持久的虚拟空间融合而创造,包括所有虚拟世界、增强现实和互联网的总和"。简单说就是人以数字身份参与,让学习、生活和工作成为无限可能的数字世界。元宇宙有着三层含义:

1. 元宇宙的到来,人依然存在

从人工智能、区块链到元宇宙,这些不断被共同的想象所刷新,并逐渐变成现实。这些现实迭代的背后是互联网、元宇宙、区块链,都是人类为了更好地生存,不断创造出来的新技术、新环境、新空间。从人的角度来说,元宇宙就是一个虚拟的人类社会。我们还是我们,我们和元宇宙联结,但人依

然存在并发挥着应有的价值和意义,人们以某种意识"映射"的方式进入、存在和生活于元宇宙之中。比如双减之下,每一位老师可能将自己的教学成果数字化,老师不仅仅在学校实体中有着几个班的学生,而且可能在虚拟现实中有着更为庞大的学生群体在学习着他研发的最近成果。

2. 元宇宙的到来,人有了新的身份

元宇宙是按照数字化的逻辑构筑起的虚拟社会,由通信、网络、区块链、AI等数字化技术构筑而成。因此在这个社会中,人也就有了新的身份,那就是数字身份。这个身份会与现实相关,但是又不完全与现实生活相同。这个数字身份承载人们的自我想象、数据、信息元。在元宇宙时代,也许老师也不再固化于某一个学校,他的数字身份会同时被几大学校聘任。共享经济、元宇宙赋能,为一线的劳动者提供了更大的创造、分享和再生的空间。

3. 元宇宙的到来,一切充满可能

肖风博士说:"我们不能简单把元宇宙归结为下一代互联网,它是下一代网络。元宇宙——虚实相生的网络世界,看见虚妄,才知实相,给你一个全面的、立体的、完整的真实世界。"元宇宙并不是虚幻的,应该说它在时间上是真实的,在空间上是虚拟的,在时空两个维度都和真实世界处于平行状态。元宇宙的到来,有助于我们去更加客观、全面、立体地看待这个世界,即在我们参与和生活的数字世界,也会遇到不确定性,而在现实世界这样的情况也是存在的。这个真实、并非完整的世界,是一个可以编程的世界,一切皆有可能。

当然,随着元宇宙发展,我们对它的看法、理解与认识也会不断升维,我们也会不断看到一个越来越接近真相的元宇宙。

三、元宇宙之于创想教育:期待成就不畏的将来

在星河实验小学里有一个"数字体验中心",其中有一门课程叫魔力衣橱,这一项课程让孩子们可以将自己设计的服装通过数字平台进行制作,同时可以让自己在虚拟空间中进行角色扮演。经过数据的采集,可以

第七章 元宇宙时代:召唤创想学校的深层构造

给出数据报告,看出这个孩子的创意设计、动手实践、审美倾向、色彩表达、服装风格还有数学搭配组合、传统文化元素融入等等的能力。这样的课程让孩子可以在虚拟空间自由地行走、创造。这是一个三维世界,不是一个简单的技术世界,而是一个思维世界,一个新的世界。

1. 元宇宙之于教育有怎样的变化?

元宇宙带来的跨学科交叉融合成为潮流。元宇宙不仅仅是升级版的互联网革命,它有着区块链、互联网技术、人工智能与虚拟现实、传感器、增强现实的交叠影响;也与社会的各个领域、各行各业息息相关。这就对教育的未来发出邀请,有多学科、跨学科的融合,也有单学科的深化,更有技术、场景时代支撑下的资源赋能。追求育人的轻负高质、促进创新人才的培养成为元宇宙对教育影响的重要指标。

元宇宙催生数字世界与物理世界的破壁。元宇宙会加速信息技术的更新、终端的普及、网速的加速、技术的革新、平台的集成,更会打破教育的数字世界与物理世界的壁垒。拔尖创新人才的早期培养非常注重场景感、沉浸性以及情景化。"教育元宇宙"是一个育人空间,融入物联网、区块链等交互技术的支撑,营造具有未来感的学习体验。在"元宇宙"的加持下所构建的"创想课程",会更加具有"可视、可变、可参与、可使用、可转化"的在场化的课程特征,激发儿童积极探索的兴趣,唤醒儿童对世界的好奇,激发创造的能力,从而走向"元宇宙+教育"的新时代。

元宇宙让教育用确定性的力量应对不确定。元宇宙打开了教育的新时空,原有的班级授课制、师生交往的模式将被打破,教育也将成为元宇宙的应用场景之一。随着互联网能级的不断提高、虚实相间的设备升级,提升教师的胜任力成为必然趋势,教师也将成为"教育元宇宙"的应用对象和创造人物。"元宇宙"将获得多元化、可选择、能融合的丰富资源,从而不断构造出千变万化的育人场景,形成线上线下、校内校外、课前课后课中随时使用,开放而又融合的学与教的方式,用这样一种确定的思维去应对不确定的教育的未来。

元宇宙需要站稳立德树人的根本立场。教育应赋予人相应的精神价值和生活方式,"元宇宙"的出现满足了人类的跨界需要。但是无论时空怎样迭代,技术、平台、资源怎样变化升级,"教育元宇宙"都需要回答"为谁培养人、培养什么人、如何培养人"这三个基本问题。一方面从育人的立场体现"教育元宇宙"的人文属性,另一方面必须在技术、算法的规则中植入人文精神、文化价值。"教育元宇宙"超然的时空感有助于激发儿童的好奇心、想象力、游戏性和创造力,为拔尖创新人才的早期培养赋能。

2. 用区块链的思维架构教育的元宇宙模型

星河创想教育理念下的元宇宙不仅是一个概念,也不仅仅是一个空间或者一个场景,它有着内在的基本架构,一共有着四层架构:

一是目标层。指向的是儿童创想家的成长,即儿童创想家身上的创造素养,如如饥似渴的求知欲、与众不同的思维力、精益求精的工匠心、别具一格的创造性、求真务实的真品格。

二是场景层。要建构元宇宙的物理空间,形成互联网+的基础网络,需要虚拟现实、增强现实、混合现实的硬件设备,还需要有数据集成层,万物互联、数字共生的储存、传输、连接等等,更需要算法层,即个人空间、成长数据的采集、数据保护、结果的运用等等,为教育的元宇宙提供算力。

三是实践层。教育的元宇宙如何组织、如何运转、如何发挥价值?教育的元宇宙不是一所学校的私有空间,也不是一个区域能够组织而成的,它应该是去中心化的,是分布式、自组织、众筹化的,是一个具有创造力、再生力和集聚力的开放组织。同时它还可以建构自己的激励系统,如运用徽章、虚拟货币、排行榜等方式,形成完整的良好的运行体系。

四是应用层。在教育的元宇宙里,每一个教育人都可以围绕自己的育人目标,展开形式多样的应用创新,实现一个学科、一所学校、一个区域甚至一个行业的数字化生存、数字化生产、数字化生活;每一个教育人都可以在互利共生的观念下主动作为,提炼形成自己的教育经验、智慧并延展到元宇宙中。在元宇宙的自组织结构中每个人都能找到自己的位置。

3. 用工具思维开启教育的元宇宙实践

没有人可以独立创造出一个层次完整的教育元宇宙。需要用工具的

第七章 元宇宙时代:召唤创想学校的深层构造

思维、游戏的心理、玩家的心态激发教育人的共同想象,去创造教育的元宇宙实践。从工具的角度来看,去创造教育的元宇宙,可能会用到怎样的工具?

(1)用游戏引擎搭建环境

AI技术应用至游戏领域分为四种能力:内容整合、情境创生、人物生成、智能NPC。事实上,游戏引擎有很多种,游戏引擎正在让数字人技术变得普适化;而在教育的元宇宙中,游戏引擎并非让儿童更快乐地玩耍,而是通过游戏引擎大家在游戏中自适应环境。

(2)用数字生成促进参与

数字生成分为数字孪生与数字原生。数字孪生主要通过设计、仿真、运用等搭建育人的平台和系统,然后进行运行、测试、优化、完善形成模型,为教育场景的广泛有效使用奠定基础。数字原生主要是原创,即在数字世界中创造出前所未有的数字化产品、数字化服务、数字化资源,在数字原创中发挥想象力和创造力,激发每一个教育元宇宙参与者的热情。

(3)用虚实相生影响完整

从数字孪生到数字原生,我们期待教育元宇宙能对拔尖创新人才的早期培养产生现实的价值。中国科学院院士、西湖大学教授施一公说,我们所看到的不是客观世界,我们能看到和感觉到的只是客观世界的4%,96%的客观世界既看不见也感觉不到,这96%里面还有23%是暗物质。埃隆·马斯克也曾经说过,最终虚拟世界和现实世界是没有办法区分的。他认为人类社会可能就是一个更高文明建立的虚拟矩阵,我们就生活在这个虚拟矩阵里面。

4. 用角色带入实现教育的元宇宙共创

教育的元宇宙的建造,同样有着两种身份的转换,那就是虚拟人物和数字人物的转换。人类只能以数字分身的方式进入元宇宙,成为元宇宙里的玩家。

工具建造者。在教育的元宇宙中,我们首先需要成为教育工具的建造者,先在虚拟的教育世界里设计育人的工具产品,通过制版、建模、仿真、优化,将最终的产品呈现在物理空间。

平台构造者。在教育的元宇宙中,需要有众筹的数字平台,有了平台的构造,就能有平台思维、平台效应,让教育的效率、育人的效度成倍扩大、增长,这也是元宇宙可能带来的育人价值。

应用重组者。更多时候,教育单位是教育元宇宙的参与者、共创者。在元宇宙的空间里,三维虚拟现实对时间和空间进行重组,因为教育的力量资源也会像雪球般滚动再生创造,满足被教育者的需求。

内容创造者。在元宇宙的世界中,教育服务对象对产品需求会更加个性化,教育产品的研发会更加众筹化。在这个过程,人人都有可能成为教育内容的研发者、参与者、创作者。不管是学习、游戏还是生活的内容,都决定了元宇宙的价值。

第二节　打开创想学校"元宇宙"的新世界

在教育元宇宙中,一所创想学校的学习环境会不断得到升级,需要匹配儿童个性化需求的智能化环境,支持儿童自我创造、个性学习以及可持续发展。用经纬构造创想学校的元宇宙世界:经度以立德树人根本任务的实现为核心,指向的一方面是对拔尖创新人才早期培养的规律探寻和教育本质的把握,另一方面是对支持儿童创新潜能的发掘;纬度构造的是元宇宙教育实验中的理念、项目、技术、实践、应用和创新一体化。

一、时空合体:元宇宙学校的环境再造

元宇宙世界用技术支撑促进古与今、中和外的时空连接,既有着传统文化的传承,又有着现在文明的更迭;既有着中国智慧的再创,也有着世界各国资源的汇聚。元宇宙虚拟空间既无限逼近现实,也能用虚拟增强现实、超越现实,真正实现"时空合体"。元宇宙的智慧环境具有支持儿童

第七章 元宇宙时代:召唤创想学校的深层构造

角色代入具身感知环境、用技术记录过程、用智慧识别情境、不断连接社群等显著特征。新兴技术聚合赋能可以打破古今中外时空隔阂,元宇宙代表空间连续体的立体样态,创想学校环境升级了我们对于传统环境结构的认知,具体形成四位一体的时空合体。

第一,构造师生共在的感知场域。创想学校构造的元宇宙环境虚实同步,一方面赋能现实,有着真实镜像,也就是说需要将现实的物理空间、真实的学习环境进行三维立体的全景采集,围绕元宇宙的技术、智能、创新、课程等要素进行真实再造;另一方面超越虚拟,其组成部分主要包括虚拟造物空间、工具包、资源平台,工具支撑可以满足学习者的学习需求,还可以重塑学习者、创造学习角色,穿戴设备促进学习者在元宇宙中具身体验、深入场景实践感知,学习设备支持儿童获得更加智能、灵活、开放的学习契合度,学习场域促进"情境—学习—实践—建模"的动态构建。元宇宙创设的平台与场域基于区块链的机制,促进朋辈之间的具身社交关系建构、高保真学习环境的建立等,既可以实现宏观层面的洞察,还可以实现微观层面的体察,可动态生成理想的学习场域。

第二,形成数据流通的资源系统。元宇宙学校的创建能够构建虚拟现实与物理学习空间平行的、现在和未来融生的,以及促进高阶思维、创造素养发展的新时空;不仅能够解决日常在线学习可能造成的时空分离问题,还能缓解社交关系中的孤独感、学与教沉浸感的虚幻等问题;在学习、生活和交往中形成数据,通过聚合的数据对儿童的心理、生理、行为、品质等进行分析,反馈给系统,促进教师改进教育教学,促进儿童知识生长、智慧的孕育,以降低认知负荷。创想学校与元宇宙结合,形成原生资源、生成资源与整合资源的流转循环,形成创想教育智能资源供给,同时也让师生成为资源的再生者与使用者,在使用再建的过程中让资源的供给与儿童的认知达成智能的耦合。

第三,营造持续生长的心理环境。元宇宙的建造首先需要满足儿童的好奇心、满足儿童内在的心理需求,为师生营造安全、可靠的环境。这包括场域参与感,元宇宙创造的场景、空间让学习者产生积极的身份认

235

同、处境依赖；具身体验感，通过五感打开、身心灵合一，促进感知增强，促进沉浸式交互与认知的契合；积极认同感，即通过营造儿童充满兴趣、合作探索和意义整合的环境，促进儿童在环境中积极探索、主动合作。学校、教师、学生、家长对元宇宙的秩序、规则有着积极认同，在元宇宙中自创个性化学习空间，开启独特的、个性化的以及泛在的沉浸体验学习。

第四，建立协同智能的文化环境。元宇宙中重塑的是环境与人的协同机制，形成多元、和谐与生成的文化场域，这种场域带来的游戏感、交往性、互动性都会让师生产生共在感，形成全景式的社交关系建构。人机协同，即将人类智能与机器智能进行有效融合产生"协同智能"。群体协同，元宇宙形成了共创、共治和共享的价值观，群体的协同促进的是数字化创造，群体自由创造反哺元宇宙的存在和更新。人际协同，即元宇宙学习环境中的自我有着对规则、法则、原则的综合认知和行为、规则、品德等的综合认知。动态服务，虚实联通，创建虚实场景共在的在场效应。

二、多域融合：元宇宙发展的技术统摄

元宇宙顺应了第六次科技革命，用开放开源的思维在元宇宙的发展期，注重技术的更新迭代升级，按"单技术—复合技术—富技术"的技术发展轨迹向前迈进，统摄各种技术表现出育人的新智能。

1. 赋予即"建网络"

创想学校里的元宇宙首先需要突破智能技术的屏障，形成融合赋能的网络系统，实现增强现实、虚拟现实、扩展现实的集成，建构全息全景、通信互通、感官互联的内在控制，形成智慧内生、安全内生、多域融合的创新特征。通过与计算、泛在空间、数据处理等新型的技术的联通场域，促进"技术—物理—育人"的深度融合。元宇宙实现基于现实的人机交互，在线学习交互将融合五感的打开，将身体、动作、内心融合，实现具身体验与交互合作，实现脑神经信号表征的积极转化，实现智慧学习的真切体验。

第七章 元宇宙时代:召唤创想学校的深层构造

2. 赋能即"给工具"

元宇宙发展期,催生的是技术服务于教育教学的支持度、匹配度、应用度,赋能即"给工具"。无论提供给教学内容怎样的虚拟场景、智能空间、前瞻技术,最终指向的都是有成效的教育教学价值,符合教育教学规律。元宇宙将借助人工智能技术,成为优质育人资源发展的场域。

一是持续拓宽学校的边界。技术的革新、平台的开源、资源的开放,都建立在元宇宙的规则与标准的基础上,它通过彼此价值认同的协议,生成不同的模块,服务于不同的用户,在用户使用过程中不断拓宽学校的边界。

二是实现元宇宙资源再生。不同需求的用户都可以在元宇宙进行自主创新和创造,形成一个共创众筹的虚拟世界。元宇宙让在线学习、社区学习、境脉式学习不断延展,不断构建学习平台,学习元、知识群、知识云、学习工具、学习社区等功能模块为儿童的学习时刻带上梦想的行囊。

三是元宇宙资源的合法化。资源的集聚、共享、再创,会产生持续智能,产生海量学习内容的效应,但同时会带来元宇宙资源的审查、安全和合法的新问题。区块链有着去中心化、不可篡改、可追溯等特征,也会在元宇宙中的创造者与使用者、合作者与竞争者之间形成合情、合理、合法的社会性交往,实现元宇宙资源的动态生长,按需智能生成个性化学习平台、学习资源,注重自适应的合法性。

3. 赋性即"数据环"

元宇宙学校是以网络技术、人工智能、数字孪生、人机交互、物联网等为基础,满足学生不断试错、探索、挑战、实践的"真假合体",以及激发儿童的好奇心、想象力、创造力、冒险性的"虚实融通"。通过数据云、资源云、学习云、支持云等服务化的供给,实现元宇宙中儿童的成长数据、教师的育人数据、学校的发展数据前后、上下的无缝转化对接,生成符合儿童需要、实现国家期待以及未来追求的新的教育逻辑框架、服务支持模式,让育人变得更加精准、匹配,实现育人的生态构造、动态生长、超现实创造等。学校的元宇宙创建的平行于真实世界且又独立于真实世界的空间，是自然与社会交融、现实与虚拟并存的生态文明空间，教师、学生、家长等个体能够在不同的元宇宙空间获得不同角色的体验和生长。

三、永续发展：心世界共生的智能进化

学校如何拥有自己的元宇宙？这不是一个固化的存在，而是不断生成拓展的，跨越现实与虚拟、实现永久续存的空间，可以实现无限期的持续发展。学校元宇宙更多开启的是学习再造，重新塑造、深度聚合原有要素，聚焦学习中心、资源中心、评价中心和共同体中心等多种视点，进行深度聚合、不断塑造。在这个空间内，教师、学生、家长都可以创造一个专属的"虚拟我"。深度数字化，不仅仅可以通过穿戴设备进行场景体验、仿真实践、沉浸学习，还可以实现全真的成长经历，融合脑机互联、脑科学、量子计算、智能储存等，依靠深度数字化这个星河大脑，推动教育教学改革、学与教方式的转型，使之拥有自己的元宇宙教育系统。

1. 新社交关系的再构

学校的元宇宙的产生，让智能技术参与到学校育人目标的制定、发展规划的描摹、课程内容的设计、素养评价的维度以及学校治理方式的重构中，期待形成的是虚实相生、人机互动的育人生态。在社会规则影响下，元宇宙会催生新的学习环境、学习机制、学习标准运行准则。在元宇宙的规则再构中，一方面形成更加开放、民主、平等、自由的人际关系，激发每一个人的好奇和想象；另一方面提供更为全面、立体、全景式的社交感知体验，学校元宇宙的原住民利用自己的专属身份能够进行全方位社交，在游戏、娱乐、挑战中学习、生活和交往，形成社交关系，更好地形成价值观念。元宇宙中的学习者人物是物理空间真实人物的镜像呈现，同时也具有超出真实人物的功能存在。

2. 新复合资源的再生

元宇宙成熟期走向生态，赋能教育的深度数字化发展，重构智能化校

园,提供适切、科学、可行的再生化资源,对比当前智慧校园会提高多个数量级。

元宇宙中教育资源的结构具有不同的场域特征:

一是呈现复合状、多模态的样态。这些资源不再是单向度的存在,而是融合情境、工具、网络、技术、平台与课程、课堂、学习、教学、作业、活动等综合建构的,因此元宇宙的育人资源呈现出复合状、多模态性,资源的多种形式能够满足不同的学习需求。

二是呈现出动态性、多视角的方式。元宇宙的教育资源具有动态性,根据学习的需求任意组合、重构、再生,包括聚合内容、根据学习需求不断建模场景等;学习资源的体验也不是单一的,而是具有多视角性,在虚拟现实中呈现的玩家身份也是不断变化的,可以是第一人称视角的体验与经历,也可以是第三人称视角的旁观者、发现者与评价者等等。

三是呈现关联性、匹配性的特点。在元宇宙育人资源建设中,首先需要关注与教材的匹配,也就是数字教材的教学应用,需要建立起数字教材的学与教的模型系统,为教材应用提供适切的场景样态;其次要形成线上学习的点播系统,共创优质课堂、作业、设计、课件等配套资源,以单元为基本单位,形成线上线下融合教学、预习、新学、作业、复习的全链条资源;再次要形成教师备课、单元设计、课中指导、错题反馈等教学数据和学生学习数据,支持师生学与教的诊断和评价。

第三节　每个人都可成为学校元宇宙的建造者

教育元宇宙对于学校里的每个人来说,是一个不确定的存在,却又能激发起所有的美好想象,符合许多人对未来的美好期许;元宇宙时代的到来,不是将来时,而是正在进行时。正是因为如此,每个人都可以把自己对元宇宙的期待叠加起来,每个人都有可能成为学校元宇宙的建造者。

一、每个人心中都有自己的元宇宙

元宇宙是对未来世界生活方式的综合想象,至今为止没有谁能完整定义它,"一千个读者有一千个哈姆雷特",每个人都希望构筑起自己的元宇宙,元宇宙是每个人数字化生存的最高形态。每个人心中的元宇宙都是多种面孔的叠加或互换。

有的孩子希望在元宇宙里可以减轻学习的负担,发现自己的智能,让父母可以看到自己的未来;有的孩子希望在元宇宙里可以在地球和火星之间自由穿梭,可以和宇航员自由对话、身份置换;有的孩子希望找到志同道合的玩家,让学习像游戏一样好玩又有挑战;有的孩子希望穿越时光,在某一个王朝中扮演喜欢的角色、与古人一起相处;有的孩子希望在元宇宙里找到创意制作的所有工具,开创新的智造王国;有的孩子则希望在元宇宙中设计属于自己的新世界。

老师们对元宇宙的想象也天马行空,有的希望在元宇宙的世界里每个孩子都有提升专注力的穿戴设备,让课堂效果提升;有的希望生成无数个工具袋、资源包、脚手架,满足班里每一个孩子不同的学习需求、提供学习支持;有的希望作业只需要眼睛扫描一下就立马能在孩子头脑里详解,实现人与人对接,无须更多人工劳动就可以推送诊断报告,实现儿童精准教学;有的希望能汇聚全球最优质的资源,随意调配组合,提供给孩子。

不同的人有不同的期许,元宇宙能容下每个人的梦想吗?

二、每个人在元宇宙里都有数字身份

元宇宙不等同于互联网。元宇宙中每个人的角色不等同于游戏者,有着更多不一样的文化特征:去中心化、数字身份、虚拟现实、智能规则……

什么是元宇宙?简而言之,元宇宙是人以数字身份参与和生活的可能的数字世界。那么在元宇宙中生活、学习、工作的人都有着共同的特质：数字身份。在这个以数字身份生存的世界里，我们需要关注内在的伦理与关系。

如何确定元宇宙的价值取向？在现实世界里，每个人或许有着完全不同甚至对立的价值取向，葆有自己坚守的信仰。在元宇宙的世界里，是等同于或者复制现实世界的价值观，还是应有自己的制度选择、秩序再构、价值观的塑造？这是需要我们思考并进行提前预设的。我们需要坚持立德树人的根本任务、坚持社会主义核心价值观、坚守整体育人的轴心，确定元宇宙的基本秩序和运行规则，形成元宇宙学校的文明框架、育人准则以及课程体系。

如何制定元宇宙的内在规则？元宇宙学校的数字身份，与之前社交平台、游戏空间、购物平台所呈现的注册账号是有所不同的。之前的规则都是运营商、供应商来制定的，每一个玩家并非这个数字账号的拥有人，因为规则、数据、账号都不属于你，从身份属性和规则制定来看，每个游戏身份只是看客或者内在规则的执行者；在元宇宙学校里，身份属性的拥有权是属于每个人的，在价值系统、实践系统、运行系统中，身份系统赋予自我个性，以独立的、独特的数字身份参与建设、共创，共同制定相应的规则，决定数据的使用，形成自我的价值系统。元宇宙中，价值系统将成为一种全新的生产关系。

如何预防元宇宙的内在冲突？与人工智能不同的是，元宇宙能够应对人工智能对人类工作、生活等的替代，克服垄断金银。元宇宙学校的力量来自用户。如果说之前都是按照施教区划片招生，还需要从人数上来控制大规模学校，那么元宇宙学校将不受地域、人数的限制，有着价值系统、技术支持以及去中心化的区块链支撑，资源集聚增加，育人的匹配度更加精准。一所学校的就读人数会突破几千人，甚至会达到上万人或者更多，学区房的热度会迅速下降，无论是相隔万里的学生，还是年龄间隔几十岁的人群，都有可能在一个元宇宙学校里就读；学生不再是学习的接受者，他们不仅仅看到那个世界，还能感知到这个世界、建造这个世界。

不仅可以看到那个世界,还能感知到那个世界,是非常顺滑、非常真实的沉浸式体验。元宇宙的要素构成,硬件是一部分,身份系统、价值系统是另一部分。现实世界中只存在物理状态下拥有的一个真实身份,而在元宇宙中,你或许拥有多个数字身份,身份是完全虚拟的,自由选择不同的身份会产生不同的各种关系,有着充分的自由度。

三、每个人都在共同建造元宇宙学校

具身参与元宇宙学校的构造。作为游戏玩家,尽管你可以买装备、订道具、做形象,但这都是供应商提前设计制作好的,你只有一个使用者、观看者的身份。但是在元宇宙学校这个数字世界的构造中,每个人会对角色、关系、功能做重新定义,每一个人都可以对学习的情境、情节、情绪做弹性的设计,前提是共同的玩家彼此达成共识、形成共同规则。每个人都是元宇宙学校规则的制定者。每个元宇宙的参与者都可以创造独特的场景、玩法、过程,不断创造自己的学习新世界、交往新场景、生活新乐趣。

自由选择元宇宙学校的时空。狭义的元宇宙是指把现实世界映射到数字世界中,线上线下教学融为一体,线上线下混合学习。这样的学习世界如今已经发生了。相比较元宇宙学校,这样的线上线下融合世界,映射得更充分、更精准,是更完备的虚拟世界,这样的元宇宙世界会反作用于真实的物理空间里的教育世界。广义的元宇宙学校,不是物理空间的学校的映射,而是纯粹建立在数字世界中的虚拟学校时空,可能是无数个元宇宙的叠加、无数个人的参与、无数次的创造所形成的。

共同生活在元宇宙学校的世界。元宇宙能打破物理空间的界限,独立于现实世界,又是与现实世界相关的沉浸式数字世界;元宇宙学校也就不是一个学校、一个社区,不是孩子在一个空间里一起学习、生活、成长的世界,而是师生的生活、游戏、工作、学习均可以和数字世界无缝对接的世界。在这个世界里,师生不是简单的看客,而是生活的主人、世界的创造者。在这个世界中,有着更高度的自由,但是也有着符合逻辑的"智能合约",每个人都是世界的设计师、建造者、架构师,在区块链的思维下,采用分布式、去中心化的治理方式,去除绝对的垄断和绝对的权威。随着时间流逝和新技术的诞生,元宇宙学校会不断增加更多共性列表,让学习的样态充满各种可能性,学校也将成为元宇宙"创世者"的家园。

第四节　元宇宙时代:寻找儿童创想学习的进化逻辑

数字化迁徙正在席卷着各行各业,教育逃脱不了,也不能逃脱。拿着昨天的旧船票,已经登不上明天的月亮船。每一个教育人,要做元宇宙的新移民,而不是元宇宙的旧遗民。

一、群体创造:沉浸场景的社会性交往

元宇宙学校,一定是以去中心化的教育形态存在的,不仅受元宇宙学校居民的参与性、元宇宙技术发展进程以及分布式网络等影响,其师生、社群的关系也发生了根本性的变化。

1. 多元角色的更迭

教师不是单一的传道授业解惑者,还有着多种身份加持。教师的角色是什么?是引领者、示范者、服务者……在儿童成长更加具有挑战性的时代,教师可能需要对原发性学习困难的孩子有着判断力,对非典型性自闭症孩子有着精准的指导,对视动协调与手掌肌力不健全的孩子有着敏锐的引领……因为技术的支持、社群组织的赋能、去中心化的治理,教师的角色身份变得越来越专业,成为师生关系的建设者、知识情境的策划人、学习行为的设计师、课程学程的共建者、儿童心灵的按摩师、家校协作的合伙人、学习困难的诊断人……元宇宙学校的师生有着不同的参与特征。

2. 跨域交往的发生

在加速发展的元宇宙学校里,不再有谁主导谁顺从的关系,而是师生共同相遇、共享拓展,个个有戏、人人是角,实现"主次融通"。即在元宇宙学校所建构的教育准则、运行秩序的影响下,每个儿童所处的学习环境的使用准则也会得到重构;在元宇宙学校中所形成的开放、民主、自由、平等、积极的人际关系导向中,跨域社交、跨界学习的网络优势得到体现。元宇宙学校提供的跨域学习,给师生打开世界这扇新视窗,给人们提供超现实的互动式学习、交往方式,让每个师生在不同的元宇宙体中以不同角色参与,获得不同的经历、不同的成长,也为人们带来了超现实的社交体验,使每个个体能够在不同的元宇宙中以不同角色获得独特的社交体验。

3. 群体自由地创造

共创、共治和共享是元宇宙的基本价值观,共学、共长、共生是元宇宙学校的基本价值认同。在元宇宙学校里,无论是教师积极研发、合作共创、匹配学习需求,还是学生尽情挑战、追求真理,都允许犯错,允许有朝向自我的梦想。元宇宙学校的轴心是数字化创造。元宇宙学校体现了社群群居者的属性优势,那就是群体创造。元宇宙学校构筑的平台会为每个师生提供个性化空间,促进个体和群体的创造行为,自创工具、自配资源、自搭支架,促进智能绘画,唤醒兴趣和动机,引发灵感和创造;让儿童的好奇心和想象力得到放飞,畅游于真实与虚拟世界的探索中,虚实融通;既有群体协作,也有分布式协同,更有个性化定制,为群体自由创造提供充分的支持。

二、全景瞬移:突破真实世界的心流学习

元宇宙的学校提供促进儿童主动学习、挑战、合作的境脉。儿童作为学习者凭借自身学习的动机、原有的经验、记忆以及身体的反应构成一个完整的内在世界,在全景化、可嫁接、易切换的学习境脉过程中,在处理获得的信息或者知识时,就会跟自身的内在世界发生关联,形成自我独特的

第七章 元宇宙时代:召唤创想学校的深层构造

思维方式。

1. 虚实合体的场景激发创造心理

儿童创造力受到个体内部因素和外在条件等多方面影响,包括学生的认知风格、知识背景、技术支持以及所处的群体、学习环境等。充满游戏性、参与感和创造力以及戏剧化、高沉浸的虚实相间的场景更能激发儿童的学习动机、兴趣和内驱力。元宇宙的学校通过技术支持促进儿童生命潜能激发的智慧合体产品,对儿童创造力有着提升的效应,因为在这样的时空伴随中,更加注重学习者所处环境中"好奇、情境、问题、协作、会议和意义建构",打破了原有的班级社群,催生了与本校、外校或者元宇宙中学长、博士、专家等的互动、交流与对话,为儿童的创造性思维、知识建构力以及重组自己的已有认知经验、激发学习兴趣和打破原有的学习提供了可能性,为促进创造性行为和知识的链接发挥了积极作用,让儿童的创造力不仅仅体现在创造性思维、创造性行为上,还体现在个人的技术伦理认知、个人的精神品格等上。

2. 分合融通的互动开启学习心流

线上线下用混合现实的技术手段支持教师的精准教学与差异服务,改变了教师讲授、灌输等的教学方式,采用大观念、大问题、大任务、大单元、大项目的方式展开学习,辅之以元宇宙技术平台与虚拟现实的支持。展开以下的心流学习:

好奇心:请打开我的问题箱,用问题点燃孩子的内驱力;

项目组:从问题箱里选择感兴趣的问题组建项目组,发挥儿童的合作力;

研究地:采用逆向学习的方式进行研究,扩展儿童的探索力;

时间册:打开时间的地图,在元宇宙的场域情境中学习,记录下学习的轨迹;

梳理单:通过思维导图或者数据分析条诊断出学习的效度,在这个过程中,学生演绎整体与部分、分析与综合、逻辑与跨界的意念互动,实现元宇宙世界中学与数的"分合融通"。

3. 持续发展的支持疗愈学生心理

元宇宙时代的学校将提供更加完备但是又有着隐私保护的技术,智能化地改善并疗愈学生心理。在前所未有的时代,人工互动显然不能满足当下对心理疗愈的需求,而虚拟咨询师、可穿戴设备追踪器、VR治疗、智能软件均为学生的心理健康提供全景式的支持,从而让更多家庭、学校、学生能够轻松应对复杂的精神卫生保健领域的专业问题;弥补了可访问性、可运用性和心理符合承载性之间的距离,也为问题的可能发生提供了相应的预设和准备,达到心理健康疗愈之目的。技术的加持提供了无数的好处,为心理学家和患者提供了数字工具,以促进更轻松的访问、更高的效率,并帮助其更好地应对心理健康障碍。

三、时空隧道:时代人身份的合法性参与

元宇宙学校拥有的智能在线学习环境聚焦学习者中心、知识中心、评价中心和共同体中心等多种视点,重新塑造、深度聚合原有要素,从而形成自身独特的构成要素群,以数字身份的合法性参与其中。

1. 人体延伸与身份保护

在元宇宙学校,每个人不再只有现实中的身份属性,通过角色代入会产生更多真实体验和真切的触感,实现身体的操控感以及延伸感;可选多种个性化学习场景、多种类学习工具展开学习,产生高匹配、高契合度的智能化体验,通过满足学习需求实现"人体的延伸"。

这样延伸的触角会扩展至很多领域、社群与场域,这时就会产生个人信息、身份识别被保护的需求。元宇宙学校的平台与机制,会支持每一位师生身份建构的合法性、自主性和完整性。在身份建构的视域下,元宇宙学校中,不论是教育者还是学习者,其数字身份都需要有系统的制度来保障和解释,以避免因为个体数字化的多元而导致身份危机。通过数字身份的合法性重构人际关系的秩序。

2. 自主选择与精准施教

在互联网+的时代,在线教育已经如火如荼,典型的代表诸如可汗学

第七章 元宇宙时代:召唤创想学校的深层构造

院、慕课网……你坐在电脑前,就能跟全世界各地的同学一起在线学习自己感兴趣的课程。自主选择的背后,学习者的身份属性更多是听众、对话者,而非建构者、创造者,于是就有了虚拟现实。AR(增强现实)和VR(虚拟现实)技术越来越多地被运用到教育的领域中,这极大地激发了儿童的学习兴趣以及对世界的好奇心、对问题探索的专注力以及对未来的想象力,也为拔尖创新人才早期的培养提供了技术赋能。在数字孪生、物联网、脑机接口等技术的加持下,儿童的学习能实现融合和共生。

因为有着技术的加持,基于智能环境下对儿童学习的适应性、发展性、生长性反馈与评估来得更加立体,包括学习行为改进、学习潜能激发、学习行为适应、学习路径优化、学习结果诊断、学习过程干预等等。基于大数据的分析,教师能不断优化教学设计、差异化定制学习资源包、针对性辅导、有效性监控,实现精准化的教学供给。如此师生会拥有更均衡、更精准、更充分、更公益的教育资源,学生和家长也会感受到数字化转型带来的获得感。

3. 个体经历与社群交互

在元宇宙学校的学习环境构造中,提供给学习者的是能够充分感知、不断加护、打开身体的五感,促进做学玩合一的泛在性、可融合、多模态的个体经历。通过每个人的具身学习和体验,学习事件发生在有着真实感的"现场"。学习平台为学习者提供了界面友好、形象直观的交互式学习环境,经过数字化处理,成为学习者的学习资源;通过教师开发和儿童创作,把课程学习内容转化为数字化的学习资源,并提供给学习者共享;还可以利用全球共享的数字化资源,将之转化为课程教学的素材资源,更可以将其与课程内容融合在一起直接作为学习对象,供儿童进行学习、评议、分析和讨论。元宇宙中的人际关系更加超越现实,不断生成更为紧密的学习社群和伙伴关系。当前时代下,我们不仅仅需要现实中的教师,还需要虚拟教师;根据学习任务和教学任务的需要,虚拟化身可以不断改造,成为学习者的全息伙伴。

第八章
指向儿童创想素养涵育的学校治理

第一节 "学园共同体"管理模式漾起团队活力

随着学校办学规模的不断壮大,校长不认识老师、管理者不认识学生的现象比比皆是,由此带来的教师职业倦怠、管理倦怠以及团队文化缺失都会成为学校发展的瓶颈。星河实验小学在"十三五"规划期间,把学校组织结构、组织形态的改革放进了重要的议事日程中,期待改变学校组织结构这一根硬骨头,推动和促进学校的教育教学改革创新顺利推行。

一、反思:学校常态管理中的问题解剖

1. 自上而下与自下而上的问题

为了让各项工作有效组织、有序开展,学校领导层不得不对每一次活动的安排、策划制定长达几页的具体安排和工作流程;教师也常常会产生任务疲劳,觉得学校要求高、活动多、挑战大,不堪负荷。这是因为这一切都来自学校的行政要求,是自上而下的要求,而非自下而上的追求。

2. 一小部分与绝大多数的矛盾

一般学校的管理常常是学校里的一小部分管理着学校的绝大多数。管理者与被管理者的站位不同,会带来角色定位的不同,思维方式的不同,因此常常需要有制度去规范;但往往有一小部分人员不在乎制度的约

第八章 指向儿童创想素养涵育的学校治理

束,又不服从于绝大多数制度的管理,这导致中层干部两头受气,对上一己之力达不到领导要求,对下发布指令不能畅通执行,久而久之会产生管理内耗。

3. 被动等待与主动创新的反向

在这样的大规模学校里,要么校长以自己的威严让老师不敢动弹;要么校长以随意无为让学校成为一盘散沙;要么校长主动作为却负累重重。学校管理层会感觉到愈用力推,系统反弹力量愈大。一切在于旧的"校长室—中层—年级组—教师"这样的组织机构形态已经不适应如今的教育改革创新了。

星河实小通过"学园共同体"管理模式的探索,借用雁阵团队效应、扁平化模式、岗位角色体验的方式,将原有的组织结构进行有机整合、创生,形成新的学校领导的生态组织结构链,促进学校发展走向人人有岗位、人人愿负责、人人在学习、时时有人管、事事有人做的局面。学校采取学园共同体的管理方式,由过去集中式、固定式管理向分布自治、协同合作的管理方式转变。

二、建构:管理组织结构的自主创新

星河实验小学全体中层、助理、年级组长、老师都投入到学校组织结构的讨论中。

1. 规划:描摹星河成长学园未来蓝图

伊始,自愿申报青苹果成长学园、红苹果成长学园、金苹果成长学园负责人的三位召集人姚娜、姚君丹、潘香君在组织骨干智囊讨论的基础上,分别畅谈各自的学园规划。姚娜从学园文化、学生文化、管理文化、教师文化四方面描绘了蓝图,其对于学生素养的细致解读及规则建立、基于儿童立场的活动课程以及"木林森"教师培育计划均让听者眼前一亮;红苹果由姚君丹牵头,开启"一列开往创想星的动车",随后四位教师分别从核心文化、课程构造、儿童成长、师资建设四个方面描摹愿景;潘香君则作了题为"向下生根,向上开花"的思路汇报,提出了文化愿景是无处不在的"空气",组织管理是遍布果园的"阳光",课程设置是滋养生命的"土壤",学习方式是润物无声的"水流",教师特质是呵护成长的"养料"。学园负责人全新的思路改变了原有的从低到高的"一刀切"管理思路。

2. 互动:探索星河成长学园发展路径

基于三大成长学园的分享交流,所有教师进行了热烈讨论。大家觉得,青苹果对于儿童素养发展的指标化与学校文化高度吻合,组织架构的具体化、明确化、岗位化值得学习,而"让儿童站在最中央"的儿童化的课程设置也是极有价值的。红苹果"猜猜我有多爱你"的理念得到了大家的高度认可,大家都认为红苹果对于教师素养的要求细致、操作性强,并且基于儿童成长的身心发展提出的四大教育非常可思可行。而金苹果提炼的教师品质相当美妙,共同愿景相当美好,质量期待相当美丽。

同时,在组织架构策划讨论"质疑""答辩""解惑"激烈的思维撞击中,老师们不断提出新观点、新看法:三大成长学园在各自为营的基础上,同时需要一脉相承、分段培养、分层提升;期待金苹果能更多关注学生身心发展,注重对学生信仰的培养、理想和志向的教育;期待三大成长学园能有各自不同的标识,打造鲜明的文化;期待各个学园能更多关注学园之间的贯通性、衔接性,不同阶段儿童发展的阶段性,课程的序列性,实施的有效性,能够不断完善方案,认同理念,建立制度,细化岗位,预判运行。

3. 架构:行政力量与学术力量各司其职

学校建立师生导向的扁平模式。学校通过部门整合和职能调整,设立一个中心——学校研究中心;成立四个部门——人力资源部(负责学校的文化策划、品牌推广以及人力资源的积聚和盘活)、课程研发部(主要负责课程研发、质量保障、教师素养发展、教学常规管理)、综合服务部(主要负责物化环境营造、个性服务、资源开发、教育信息化的研发)、成长发展部(主要负责学生发展、学校发展、宣传、文化设计、人力资源等)。学校按

第八章 指向儿童创想素养涵育的学校治理

照儿童生命成长的序列设立星学园：青苹果学园、红苹果学园、金苹果学园。同时设立三个民间机构：学校的最高学术机构学校课程委员会（下设学科委员会，其下设立课程负责人项目组）、儿童成长策划委员会、教育资源开发委员会。组织架构分工明确，发挥每一个部门与每一个学园、每一个委员会的特长，充分融合学术力量与行政力量。

三、实践：团队管理杠杆的场域撬动

当青苹果学园、红苹果学园、金苹果学园三个共同体组建后，每个学园的"共同愿景"就在彼此认同中诞生了，它会在人们心中产生一股令人深受感召的力量。

1. 一场志愿申报会

一个学园共同体的管理需要纵观全局、掌握重点，专注于寻找"杠杆点"（即可引起结构重要而持久改善的点，而非压力最大或症状最明显的点），透视现象背后的真正结构。于是，一场"志愿填报会"开启了。

每一个教师围绕学园设立岗位自主申报。如红苹果学园的岗位主要为：文化设计师（2人）、幸福家园服务师（2人）、档案资料整理部（2人）、常规管理员（2人）、学科质量督查团（4人）、课程研发导师团（4人）、信息技术支持团（3人）、教师发展导师团（2人）、活动策划师（3人）、品性助力师（3人）、班主任导师（2人）、个性诊疗师（2人）等。每个人可以根据自己的个性和特长，选择填报第一、第二、第三志愿，并且明确每一个岗位的职责。

这样的志愿申报，通过人际关系的建构和问题解决的过程，形成正式和非正式的组织、机制与组织成员间个体遵守的规范和价值观。在学校领导团队中不断培育非制度性的领导要素，树立"每一位教师都可能成为领导"的理念；每一个人都有自己管理的岗位，让大量的问题在沟通、对话、协商中解决；用标准化提升工作的规范与效率。

2. 一种评价积累

在学园管理中还需要评价的杠杆，于是根据大家的建议，采用过程性

管理,那就是星币积累。星币积累拉红线、卡底线,规范教师行为、维护教学秩序;定尺子、举旗子,搭建成长舞台,形成进取态势;重行为、倡实干,锤炼职业道德与奉献精神;保公平、讲公正,用积分制凝聚团队精神与共同愿景。用星币积累对教师的行为加以鼓励和约束,成为学校内部的一种激励机制。每个部门和每个学园都有不同的奖扣币权限,每个领导都以学校的利益为重,采用星币积累,小到环境卫生,大到教书育人,事无巨细,充分体现学校的精细化管理。同时完善考核机制,体现一种个体增长与群体共生的态势,让肯干事的教师赢得肯定、能干事的教师得到尊重、不干事的教师感到压力。

3. 一种雁阵效应

大自然中有一种现象,雁群在天空中飞翔,一般都是排成人字阵或一字斜阵,并定时交换左右位置。生物专家们经过研究后得出结论,即雁群这一飞行阵势是它们飞得最快最省力的方式。管理专家们将这种有趣的雁群飞翔阵势原理运用于管理学的研究,形象地称之为"雁阵效应"。

而学园共同体的建设则是充分地发挥了雁阵效应,靠着团结协作精神,使得候鸟凌空翱翔,完成长途迁徙。学校依托雁阵效应,以"探寻文化基因—植入文化芯片、培育文化土壤—实现文化共享、积淀文化底蕴—形成文化品牌"为主线,形成知识、学习者和文化的共同体;强调建构和探究的学习,学校、家庭和社会一体化,成为开放的资源中心,创设民主、平等的师生关系和以人为本的学园文化。

4. 一种心智模式

每一个老师都坚信自己不是一个人在战斗,而是一群人在奋斗,努力实现自我超越,深刻了解自我的真正愿望,并客观地观察现实,正确判断客观现实;通过学园共同体这一学习型组织不断学习,激发实现自己内心深处最想实现的愿望,并全身心投入工作,实现创造和超越。这个过程很好地改善了"心智模式"。心智模式根深蒂固于心中,能影响我们了解这个世界、采取行动、对事物作出价值评价,是沉积在自我心灵深处的印象。每一个老师要在开发反思和探寻心智模式修炼的过程中完善自己、提升

第八章 指向儿童创想素养涵育的学校治理

自己。学校要培育优秀的教师群体，实现团队与个人的双赢发展，让每一位教师的优秀资源最大化；促进青年教师的成长，促进各学园的发展，在这基础上逐步做到人无我有、人有我好、人好我转，使人人成才。

在学园共同体的建设过程中，我们注重辩证地思考：

不求"整齐划一"，但求"百花齐放"。在学园共同体的单元管理建设过程中，不追求统一标准、统一模式，而是倡导因地制宜，从各自需求和实际出发，立足现有资源的整合，完善相应工作机制，强调务实管用高效，形成"百花齐放"的局面。

不仅"相对独立"，更是"注重衔接"。在学园以单元进行运行时，每个单位都呈现出了积极向上、你追我赶的发展势头，但是同时又要注重学园间的融通，彼此注重合作共享、学段衔接，不能脱节、重复，以"因地制宜、灵活创造"的方式，达到"协同联动、资源共享"的效果。

不仅"单元自治"，更重"民主法治"。把学校研究中心与四个部门作为指导方、推动方，要充分发挥"老娘舅"的作用，加强综合协调和督促检查，充分运用绩效考核、信息整合、资源统筹等手段，努力创新管理模式和方法，在不替代原有条线管理的基础上，打破行政管理边界，将"都不管"和"抢着管"变成"一起管"和"合作管"，最大限度调动基层单元建设的主动性和积极性。

"学园共同体"创造性地打通了"生命"与"创造"的内在联系。学校的办学理念"不求第一，但求唯一"得以实现、得以超越，"创想学校"的核心要义彰显在学校的每一个层面。青苹果学园、红苹果学园、金苹果学园序列化，以自己的教育哲学，生成一个个和而不同的文化场。"核心价值+成长序列"的模式告诉大家：文化需要深化，课程需要创生，师生生命需要舒展。如此，一个个优秀学园得以诞生，一批批优秀的教师得以孵化，一个个文化磁场得以滋长。

第二节 从我的集合体到集体中的我们：一个团队的成长罗盘

立足中华大地办好教育，关键在教师。兴国必先强师，教师是立教之本、兴教之源。"十四五"的征程开启，每一所学校如何更好地培养教师、规划未来，开启新的征程，从个体的我到集体的我们，都需要寻找到价值坐标、设计自我的成长罗盘，完成人生的超越、抵达民族的未来。

一、洞悉现实：从靶心聚焦到钥匙解锁

每一所学校都在不遗余力、想尽一切办法点燃教师专业发展的激情、催生教师不断向名师进发的梦想；当然也为教师的高原期而苦恼，为教师的职业倦怠而困惑。每一位教师或许确立着不断攀登专业阶梯的目标，或许也心生"世界那么大，我也想去看看"的冲动。如何能洞悉教师发展的现实，如何让更多的老师洞见自己的内心，寻找到自己对于社会、对于国家、对于未来的价值？以下的三个问题是学校制定"十四五"教师发展规划之初必须要思考的：

1. 拿着旧船票是否能登上月亮船？

一堂课究竟应该怎么上？相信很多初登讲台的教师都会碰到类似问题。三十多年前这个问题的答案非常明确：找"凯洛夫的五步教学法"。三十多年过去了，我们许许多多的老师依然在重复着昨天的故事。教师的按部就班似乎已经无法驾驭当下的课堂，面对知识面广、信息源多、好奇心强的孩子，尽管学习的革命一直没有停歇，但是课堂涛声依旧、我行我素的样态也从未间断。我们需要更多从生命关怀的视角去研究儿童，关注每一个儿童，对儿童学习状态、学习习惯、学习方式、学习障碍、学习效度进行研究；我们需要按下经验的暂停键，直面自己教学的问题，去寻

第八章 指向儿童创想素养涵育的学校治理

找新的思维框架,引领孩子拿到通往未来的通行证。

2. 增长数据图是否是育人的螺旋桨?

翻开过往的规划,我们几乎可以从不同的文本中看到教师相似的发展规划,那就是骨干教师的增长率与累加数;许许多多的学校都会以非常坚定的数据——新增多少名特级、多少名学带、多少名骨干——作为终极目标。那么这样的目标设计给出的导向无疑就是"证书是第一位的",带来的结果就是证书可能拿到了,却忘记为什么出发了。在做目标设定的时候,我们更多需要把心聚焦于立德树人之根本,聚焦于儿童立场的共生——生存的能力、生活的丰富、生命的完整、生长的蓬勃;聚焦于问题在场的共振——教育的难点、育人的疑点、管理的痛点、发展的重点。儿童立场与问题在场可能才是育人的螺旋桨,而一张张证书则是水到渠成的成长奖赏。

3. 大树地下生绿荫场还是光合源?

绿荫现象:大树之下无丰草。身处大树底下的小草在享用着被大树遮风挡雨的同时,也被大树遮住了阳光,缺少了水分的滋养。事物之间最常见的联系形式是原因和结果之间的联系。绿荫现象是指学校在不遗余力、全力培养学科领军人物的同时警惕有大树而无茂草更无林子。要注重对学科领军人物的价值引领、土壤培植、开渠引源,而非话语霸权、个人学术至上、服务反向。每一个领军人物不仅仅自己要长成一棵大树,更能在当下开启和煦有光的教育太阳系,在更多同伴的心间种下十里成长林,设计行动图,寻找到富有的"精神矿藏",形成自己和团队的成长方程式。

光合作用:小块之间有美苗。美好育苗的样态构建是与一直延续的学习升级有着一定关系的。教师的生命生长需要与儿童的蓬勃生长产生积极的光合作用——吐故纳新,不断更新才能永葆活力。借助真实的生活情境,真正地实践体验和五育并举的系列课程架构,不断耕耘活性的土壤,为不同的孩子调节光合酶的活性与气孔的开度,让儿童学得有意义、学得有价值。有着光合作用的自适应学习,每个孩子的学习方式都会被尊重，每一个孩子的学习旅程可以自我定制，每一个教育场景都在不断协作共生，每一次的学习经历都能不断去攀登意义的高峰。

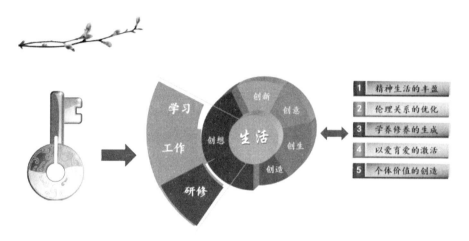

图8-1 "十四五"教师发展规划

面对三个真实的问题，我们对四有好教师的培育是宣讲式、观摩式的师德报告还是混龄式、学徒制的情操感召？是引导式、高位式的信念指向还是有灵魂、有方向的价值认同？是应该性、必须性的内心趋同还是获得感、成就感的心灵丰盈？是开单式、推荐式的学养修炼还是破难题、有主题的素养需求？我们需要寻找一把钥匙去开启"十四五"教师发展规划的大门。在学校的核心价值引领下，将学习、研修、工作都融入教师幸福而完整的创想生活，让每一天的交往都值得期待，让每一天的学习都有着饥饿感，让每一个人都卷入现场、发现相遇中的美好，获得精神生活的丰盈、伦理关系的优化、学养修养的生成、以爱育爱的激活以及个体价值的创造（如图8-1所示）。

二、洞察节律：从价值坐标到成长罗盘

习总书记提出的四有好教师的召唤如何变成大家的自觉行动值得深思。星河实验小学从创办起就定下来"为国家创新人才启蒙和奠基"的使

第八章 指向儿童创想素养涵育的学校治理

命,并且定下了十年行动纲领,每一步的行走都不断坚定其用创想教育叩开钱学森之问的信念与理想。每一个人来到这个世界一定有着其独特的价值,每一个教师内心都住着一个伟大的灵魂,只有将教师的梦想与国家、民族的未来同频共振,只有把教师的伟大使命化为自己的责任担当,教师的规划发展才会走得更远。

朝着我们共同的使命,画下创想好教师团队的成长罗盘。以创想为核心,以生活为引擎,以四有为指针,采用混龄培养、项目研究、协同教学、综合育人的方式,让团队教师学会破难题、学会用优势、勇于担责任、创造新价值,形成"预期—行动—反思—范式"的闭环(如图8-2所示)。抓好三条线:

1. 问题破解为主线:从大的命题到小的课题的转型

我们聚焦日常教育教学的问题,寻找困境的矛盾交错点:一是匹配性。学校有限的时间、空间、资源和能力与学生无限的视野扩张、需求膨胀、知识更新是否匹配?二是适应性。儿童当下消耗大量时间和精力的学习与社会未来的发展能不能适应?我们是否要去寻找更科学、更有效、更丰富的教育价值链?问题的破解在于需要

图8-2 成长罗盘

把大命题转化为日常可行的小课题。如星河实验小学把"用创想为国家创新人才奠基和启蒙"的大命题化为"重构学习:指向创想素养的课堂再造""儿童好奇心激发和培养""重构生活:知行合一、创学玩一体"等切口较小的课题来展开实践与研究。

2. 成长方式为主轴,从大脑雕刻到与心灵唤醒的联结

护根:完善专业结构。生长为一棵"文化的参天大树",沉浸于教育教

学的名著佳作中,徜徉在文史哲的"五谷杂粮"中,成为一个"杂家"。需全心拓宽专业视野和丰厚专业底蕴,挺起自己的脊梁,促进教育、教学与管理技能的自我发展、自我完善和自我更新,成为"专家"。

精术:彰显课堂风格。儿童的学习,建构在完整的教学体系之中,关注它在网络中的立体定位,前伸后延。儿童的课堂,充满生命活力,促进智慧生成、洋溢生活气息、呈现灵动色彩。要让课堂成为激情涌动、智慧喷薄的场所,获得探索之趣、成功之乐。

立魂:形成思想体系。拥有自己的人生信念,要为潜心做学问的人生做准备;要不为名累,不为仕困;要终生学习,终生奋斗;要努力形成自己的教育思想。不仅要能够把课上好,能够"弯弓射大雕",还要能够著书立说。

赋能:成就伙伴发展。成就大家,画一个协同发展的圆。形成专业发展伙伴共同体,树立教育事业鲜活榜样的人文意义、学术意义、道德意义,让每个老师都拥有机会,让每个老师都奋起直追,让每个老师都找准定位。教育家式的优秀教师会在最普通的课堂里、校园里陆续地涌现。

旨归:儿童美好生长。心中有对儿童的大爱,以把学生培养成为气质高雅、学有所长、个性鲜明、勇于创新的孩子为己任,在孩子幼小的心田里播下理想的种子,引导学生修身养性,秉承水之德与志,养浩然之气,成独特人才。

3. 情境任务为主驱,从参与式到卷入式的创生

"高位势能"与"极度聚焦"之后,教师的成长更多的是需要在真实的问题情境中深耕、深度、深研、深究,建构"现实的诊断—头脑风暴—专家引领—问题破解—策略"的步骤。教师的成长始终采用场景卷入、策略创生;每个成员是带着问题来、带着策略走,同时每个人会将自己学校的同伴们也卷进来。因为其高价值与高内涵,自会形成资源与人才的汇聚效应,会吸引最好的同行者,构建出学校发展的正向循环和长远发展优势。

比如我们一直在寻找学科素养导向下的学与教转型的通用钥匙,采用大设计、强杠杆与微创新的策略。大设计是基于核心素养与关键能力

第八章　指向儿童创想素养涵育的学校治理

研究的学科教学方式改革的框架；强杠杆则是从纵向与横向、宏观与微观、基础与拓展等多层面创建基于技术支持的学业评价方式；微创新则是从互动方式、内容教学、学习空间等方式进行，通过教师未来素养的工具包开启，形成实践智慧的核磁共振，研发资源包、平台架、工具箱、策略图、实践路等。

三、洞见蓝图：从自我导航到专业自信

《小王子》一书中说："如果你想造一艘船，不要鼓励人们去伐木、去分配工作、去发号施令。你应该做的是，教会人们去渴望大海的宽广无边和高深莫测。"在教师的专业发展规划的过程中，教师的专业成长其实不过是培育教育自信力的过程，寻找教育的价值坐标、激发投入教育的激情、冲破倦怠感，不断走向更新，这几乎是每一位教师成长的必经之路。

1. 价值自信，从为我—利他—共生的进阶

教师在成长期待视野中总希望一切资源能为我所用，助推自我的成长，通过具身研讨会、情境走访路、真实践行道，厘清核心价值、解读核心价值、内化核心价值。在这个过程中，需要同伴的互助，在成就他人的同时成长自己，明晰前行方向，形成奋斗合力。教师要在厚实自身、关爱他人、服务社会三方面勇于承担责任，有所作为。教师的价值力也会推动学校在自身的办学历程中践行国家和民族的"使命"之任、"担当"之责。群体行为转变，是个体对学校价值追求的自我认知。在学校价值观的认同与自我重构中，学校双向选择种子教师作为培育对象，既要开展四有好教师团队建设之规划，更要制定出破解问题、确立主题、形成课题之可行的计划。从为我—利他—共生，引导教师攀登一座叫作信仰的山，既拥有"大先生"的胸怀，又具备"教书匠"的能力；攀登一座叫作信念的山，既能为国家民族复兴而担当，又能为每一个家庭的未来而负责；攀登一座叫作信心的山，既能坚守教书育人之价值，又能坚持专业自觉之自信。

2. 道路自信，从主干道—栈行道—罗马路的发展

教师的发展需要寻找到自己的通道。一是优化主干道，即素养导向

的学科育人,抓住关键兴趣与方法;课程拓展常态化,重视每个年级的关键能力重点、评价要点、拓展视点、操作节点,从学科教学走向学科教育,实现内涵与质量的提升。二是共研栈行道,打破学科建设、课堂转型的堡垒,编写学科拓展、学科质量手册、素养导向的大单元设计;建立标准为尺、策略为平台、评价为杠杆的机制;同时聚焦教学关键事件及问题,教研效度常模化;形成"想进来:创+的盒子"(如图8-3所示),不仅要用学科之眼看全世界,也要用整个学科去看整个世界。三是罗马路的通达,通过名师工作室、优秀教师培育站、青年教师青蓝工程、组本化教研等多种共同体的组建,专题性、长程性、针对性地开展研修,使青年教师一年入门、三年成型、五年成才、八年成器。一人为人,我们的眼中要能发现每一个人、尊重每一个人、引领每一个人;两人为从,我相信你,我将跟随你,我们能教学相长,那我们就在这成长的河里从游而行;三人为众,通过团队建设最终形成众人一心、众人合力,我们需要和教师发展中心、师范院校形成合力,借力指导、引领,让这艘大船能朝着教育的深蓝处进发。

图 8-3　想进来:创+的盒子

3. 专业自信,从成长期—成长营—成长林的蓬勃

教师的专业成长是有着关键期的,工作的第一年是激情和梦想的敏

感期,工作的前三年是入格定格的关键期,工作十五年至二十年是自我成长高原期的频发阶段。我们需要共同精心设计,描绘教师生长的第一曲线,不断书写教师队伍建设"奋进之笔"。一是突破自身生命成长的藩篱,形成群体的《四有好教师成长手册》、个体的成长规划,给老师们搭台子、压担子、给方子,给不同成长期的教师不同的专业期待;二是构建生长学术的组织架构,通过与专家结对、领衔项目研究、成立名师工作室,精准打造"名优教师",精心培养"骨干教师";三是营造追梦理想的文化场域,通过课题的群落、项目的关联,以团队群带的方式带领新进教师、年轻教师、青年教师成长。培训扎实,类化关照,为类人群的差异发展创设不同的支持系统,促进内觉,主动发展;作为有着肥沃土壤的田野播种者,我们要播下专业情意的良种、施下专业自觉的肥料、清除耗能的杂草、洒下专业成长的阳光,培植一批批叫作"星河名(明、民)师"的林子。

从"我"的集合体到集体的"我们",是一种组织度的跨越,也是一种共同体文化的升华。使命的感召是时间的玫瑰,让每一位教师的梦想和奋斗与国家和民族的命运同频共振,持之以恒做着有价值的大事、小事,然后一起等待时间的回报。

第三节 幼小科学衔接给天使一对创想的翅膀

要以习近平新时代中国特色社会主义思想为指导,全面贯彻党的教育方针,落实立德树人根本任务。儿童创想教育的种子需要一份衔接的力量。要遵循儿童身心发展规律和教育规律,深化基础教育课程改革,助力"双减"工作落地,探索创想育人的理念在幼儿园与小学科学衔接的理念框架、课程体系与长效机制,帮助儿童顺利实现从幼儿园到小学的平稳过渡,呵护儿童的好奇心、想象力,探索幼儿园与小学之间、学校与家长之间、儿童与教师之间融为一体的衔接策略,科学衔接、顺利过渡,促进儿童幸福完整地生长;需要关注儿童发展的连续性、整体性与可持续性,尊重儿童的经验与差异,发展儿童的习惯与能力,为儿童的适应与进阶提供支持。

机关幼儿园(以下简称"机幼")与星河实验小学期望通过变革创想教育幼小衔接的方式,帮助儿童顺利实现从幼儿园到小学的过渡,促进创想育人的理念得到认同,儿童身心健康成长;深化学习与实践,促进教师及家长教育观念与教育行为的转变;改变衔接意识薄弱、幼儿园和小学教育分离的状况,建立幼小协同合作机制,为儿童搭建从幼儿园到小学过渡的阶梯,推动双向衔接。因此,需要建立从幼儿园和小学双向协同建立系统的衔接课程体系,从生活、身心、社会、学习等四大方面合理做好入学准备和入学适应,做好科学衔接。

一、建学术力量与行政力量各司其职的组织桥

1. "四长制"协同的行政力量驱动

机幼与星河实小以园长、校长、会长、家长为中心组织领导,形成推动合力(如表8-1所示)。

表8-1 "四长制"协同的行政力量

组名	负责人	主要职责
组长	蒋晓美 庄惠芬	全面负责创想教育幼小衔接工作总体规划、设计与管理
保障组	刘尧、王素旦	主要负责创想教育幼小衔接的制度设计、机制运行、各项保障,创想教育幼小衔接相关条例逐步细化
运行组	戚清波、陆毅、刘华、李栋冬、任韧、姚娜、姚君丹、沈炳军	主要负责课程研发、教师素养发展、衔接教育常规管理;建设高质量教育体系,实施指南研发、负责统筹协调
共育组	沈炳军、钱国芬、陆毅、刘华、机幼、星河实小校区家委会会长	主要负责创想教育幼小衔接资源的协同、家校社价值认同以及家长共成长、家长课程研发

续表

组名	负责人	主要职责
实践组	机幼大班班主任、星河实小一年级班主任	梳理园所在入学准备方面的已有经验,在身心准备、生活准备、社会准备与学习准备四个方面积极对接

立足于建设高质量教育体系,大力推进基础教育育人体系一体化,通过行政力量,幼儿园和小学同步行动、转变观念、推动实践落实,切实改变衔接意识薄弱、小学和幼儿园教育分离的状况,推动双向衔接;改变过度重视知识准备,超前学习、超标教学的状况,做好科学衔接;改变衔接机制不健全的状况,实现有效衔接。

2."项目化"连接的学术力量演进

针对幼儿园毕业生做好入学准备教育与衔接教育,突出问题导向;针对社会上过度重视知识准备的问题,强调将身心准备、生活准备、社会准备和学习准备等方面有机融合和渗透,特设立学术项目组(如表8-2所示)。

表8-2 学术项目组

委员会	负责人	主要职责
衔接课程研发委员会	孟亦萍、姚君丹、刘华、孙娜、课程部成员	共同研发创想教育幼小衔接课程体系、建立幼小联合教研制度,指导小学和幼儿园教师加强课程、教学、管理等方面的合作交流与研究
儿童成长策划委员会	姚君丹、张建花、成长部成员	推动幼儿园间的资源共建,与家庭、社会以及小学、高校等组织之间的联系和交流;促进幼儿园与家庭、社会之间的衔接,推进深度合作,形成多方参与的创想教育幼小衔接体系
教育资源开发委员会	任韧、阚会梅、顾凌燕、教育科研部成员	重视社会与教育课程之间的联系,加强地区间的联系,提供心理师、儿童保健专家、幼儿教育专家等可利用资源
衔接成效评估委员会	沈炳军、姚娜、王晶、人力资源部成员	对衔接的成效进行评估,并在实际运用中不断修正和完善,注重其创新性和可再生性,切实提高创想教育幼小衔接政策的可持续发展能力

组织架构分工明确,发挥每一个部门与每一个园校、每一个委员会的特长,充分发挥学术力量与行政力量的融合。

3. "系统化"分层的共生力量融合

理念是行动的指挥棒。为了此方案能顺利、高效、创造性地开展,组织教师认真分析目前创想教育在幼小衔接上存在的突出问题,对全体教师进行分层式、科学系统的指导,引导全体教师树立科学创想教育幼小衔接理念(如表8-3所示)。

表8-3 分层式、科学系统的指导内容

培训对象	研训重点	讲师	培训形式
全体教师	《教育部关于大力推进幼儿园与小学科学衔接的指导意见》文件精神解读	组长	讲座
全体教师	创想教育幼小衔接专题	专家	讲座
幼儿教师	幼儿园入学准备教育指导要点	副组长	自学、沙龙
小学教师	小学入学适应教育指导要点	副组长	自学、沙龙
领导小组成员	创想教育幼小衔接实地指导	专家	考察、沙龙

4. 融界性的"三式"运行机制

研讨式:理念是行动的指挥棒。为了此方案能顺利、高效、创造性地开展,定期组织教师认真分析目前创想教育在幼小衔接上存在的突出问题,对全体教师进行分层式、科学系统的指导,引导全体教师树立科学创想教育幼小衔接理念。

项目式:针对创想教育幼小衔接中的突出问题,形成项目小组,循着目标导向、问题导向、需求导向,以幼儿园和小学的儿童身心发展规律为原则,用"以点带面、重点突破"的方式推进创想教育幼小衔接课程改革,实践、探索出科学的、可行性的创想教育幼小衔接路径。项目研究内容确定为:"大班创想教育幼小衔接课程优化""小学新生适应课程构建""幼儿园、小学创想教育创想教育幼小衔接工作的融合""家校共育的策略研究"。其教研路径如下:学期初由三个项目组组长制定教研计划,并每月开展相关活动;学期末三个项目组汇报、交流,梳理最新研究成果,并在两校进行推广。

协同式:创想教育幼小衔接是多元主体的共享共建。在组织上形成幼小双向协同、家校互动协同,政府、社区有效参与,成立家长委员会、家长学校,开展家长开放日、客座教师培训等活动,整合多方教育力量的模式。同时,在教学上形成课程协同、学科协同,科学、合理地实行五育并举。

二、洞悉幼儿园与小学间分界存在的断层带

结合德国哈克教授的观点,我们也对区内部分幼儿园和小学的衔接做了调研,得出的结果如下:从幼儿园到小学,不仅学习环境发生转换,教师、朋友、行为规范和角色期望等因素也发生了变化。在哈克教授观点的影响下,通过观察和研究发现处于幼儿园和小学衔接阶段的儿童,通常存在下列六个方面的断层问题:

1. 关系人的断层:需要幼儿园与小学班班之间联通

从关系人的断层方面来看,孩子入学后,必须离开"第二个母亲"角色的关系人——幼儿园教师,而去接受严格要求、学习期望高的小学教师,这使孩子感到有压力和负担。我们通过班班之间的联通,延展关系人角色(如表8-4所示)。

表8-4 班班之间的联通

幼儿园	小学	负责人	联通的功能
大班	一、二年级	毕可洁、姚菊等	大班跟小学一、二年级化为一个阶段,原来的教师仍然跟原班的学生保持联系; 进行教师互换制,让幼儿园孩子提早接触小学老师,增进学段了解; 幼儿园、小学接受同样教研、培训、督导和考核

如此,提高了老师的能力,有利于把老师培养成为多面手,为创想教育幼小衔接的实施提供了必不可少的前提。

2. 学习方式的断层:需要内容与方式的前延后续

内容上：与幼儿园的五大领域匹配的一日生活中，可前延 3～6 岁儿童手部肌肉、肩背肌力、专注力等发展儿童精细动作的内容；可以前延运动兴趣、科学运动方式以及美感的启蒙；根据儿童语言敏感期可以发展儿童的阅读和表达能力，增进对言语智能的开发。

在方式上：在综合化课程中习得规则，在常态化的生活课程中融入习惯，让孩子有适当的时间加以适应，注重公民意识的培养并初步养成独立和自觉学习的习惯。

3. 社会结构的断层：需要建立园校的微信小社会

孩子入小学后与幼儿园的友伴分离，需要重新建立新的人际关系，结交新朋友，寻找自己在团体中的位置并为班级所认同。促进幼儿园和小学的衔接正好为国家提供了一个类似微型小社会的"实验"场所。儿童在这个阶段已经蹒跚地迈出了走向社会的第一步，这样的微型小社会就是让儿童获得最初社会经验和知识以及培养合作精神的场所。

4. 行为规范的断层：需要在敏感期注重规则力培养

3～6 岁是儿童规则意识的敏感期，我们可以前延规则力的培养，将小学理性的规则力培养融入幼儿集体的生活中，建立幼小学长交往制和家族模式制，让孩子在"小社会"中和比自己年龄长的"校友"打交道，在这过程中，他们能较早地接受和学会适应小学的管理规则，并获得与"大孩子"交往的经验，减少过渡阶段可能会遇到的心理冲突和压力。

5. 期望水平的断层：需要对儿童科学提出成长期待

教师都会对上了学的孩子给予新的期望和压力，为了学业而减少孩子游戏、看电视的时间等。幼儿期的自由、自发的学习环境转换成为分科学习、有作业、受教师支配的学习环境，对此，孩子容易陷入注意力不集中的状态或产生学习障碍。我们通过家庭会议、番茄时钟等方式让孩子自我设计成长计划、时间计划。

6. 学习环境的断层：需要以创想为基点转化成长环境

从幼儿园玩耍的环境到小学学习的氛围，我们需要给孩子架一个阶梯，从浪漫到精确，创设有利于儿童学习、交往、生活的环境，研发衔

第八章 指向儿童创想素养涵育的学校治理

接课程,尊重认知规律,让儿童顺利经历"浪漫期—精确期—综合期"的过渡,实现知识与生活、生命的深刻共鸣,最大限度地实现幸福完整的可能。

三、建构一体两翼的幼小衔接课程体

创想教育幼小衔接是儿童连续的、不断发展的社会、心理、身体发展上的衔接。事实上,创想教育幼小衔接作为儿童生命成长的奠基阶段,不仅关系着儿童当下的发展,更为重要的是关切到儿童一生的幸福。因此,我们理应把促进儿童可持续发展作为创想教育幼小衔接的目标追求。

1. 一体:擘画创想教育幼小衔接的课程目标

以儿童的一生幸福为目标。3~6岁是为幼儿后继学习和终身发展奠定基础的重要阶段,从幼儿园进入小学是儿童早期成长过程中一次重要的转折。入学准备是一个循序渐进的过程,围绕幼儿入学所需的关键素质,机幼与星河实小共同商讨,逐步培养幼儿健康的体魄、积极的态度和良好的习惯等身心基本素质。具体策略如下:

(1)培养积极的交往习惯。班级营造温馨舒适、宽松有爱的氛围,教师、家长经常保持良好的情绪状态,感染和影响幼儿。鼓励儿童在游戏中学习如何与人相处及解决问题,始终以积极向上的心态生活和游戏;组织跨班级、跨年龄的混龄游戏活动,创设自由活动的机会,丰富交往经验。

(2)培养良好的生活习惯。各级组梳理幼儿自我服务清单,明确每个年龄段幼儿应掌握的自我服务技能,并融合到课程当中;各级组每天有相对固定又可自由调配、有规律的作息安排;中大班设置值日生、结合五一劳动节开展家庭每日劳动打卡活动,培养孩子劳动及为他人服务的意识;班级物品实行6S管理,培养孩子整理的习惯,引导幼儿学会整理物品;每学期开展消防、地震、防爆安全演练,增强孩子自我保护的意识和能力。

（3）培养良好的学习习惯。如倾听、表达的习惯。各级组利用晨间谈话时间，组织幼儿围绕生活和游戏中感兴趣的话题进行讨论，分享自己的发现及探究过程、方法，鼓励幼儿在听不懂时主动提问；利用"每日一讲""故事大王""睡前故事""听说游戏"等活动培养孩子的表达与倾听习惯；在生活中成人做好榜样示范，孩子讲话时认真倾听，不敷衍打断，培养其好奇、探究的习惯。好奇心是终身学习的原动力。一日生活中教师要呵护、尊重幼儿的好奇心，鼓励幼儿充分表达自己的发现和观点；班级创设区是能引发幼儿探究欲望的活动区域，支持幼儿进行自发式探究活动；鼓励教师根据孩子的兴趣爱好生成班本课程，并带领孩子深入研究，让好奇好问的种子在每一个孩子心中萌芽。

（4）培养专注有序的习惯。专注力、坚持性、计划性等学习习惯的养成，有助于幼儿入学后更好地胜任新的学习任务，且会受益终生。活动区投放适宜的益智类、科探类游戏材料，需要幼儿有一定专注力和坚持性才能完成，有利于幼儿的专注力培养；每天离园前和幼儿讨论第二天的班级日计划，鼓励幼儿每天晨间计划安排自己的活动；成人在生活中做好示范引领，做事有计划、有安排，在潜移默化中让幼儿逐步学会有计划性、有序地做事。

（5）培养坚持运动的习惯。激发每一个孩子运动的兴趣，有运动习惯的孩子往往开朗、乐观。运动可以给脑细胞提供肥料，加强大脑神经元之间的连接，形成丰富的神经回路。孩子在运动的时候，往往要和同伴们合作，同时在运动中孩子们需要遵守相应的规则，互相配合，这在无形中教会孩子规则以及提升与人合作的能力。

2. 两翼：全域流动与立体生长的课程体系

（1）幼儿园入学准备课程与实践策略

大班设创想教育幼小衔接课程。大班是创想教育幼小衔接的关键一年，在小中班系统培养幼儿各项能力的基础上，大班加入创想教育幼小衔接专项课程（如表8-5所示），增大了创想教育幼小衔接的力度，也让创想教育幼小衔接更有针对性。

第八章 指向儿童创想素养涵育的学校治理

表 8-5 大班创想教育幼小衔接专项课程

类别	具体策略
调整作息时间	从第二学期开始,稍稍缩短午睡的时间,根据每个孩子的午睡情况,给予30分钟左右的自主学习时间。孩子起床之后,可以选择自选学习内容:书写数字、阅读绘本、记录一天中自己的发现或想法等
每日签到	设计每日签到板块。将幼儿的姓名、入园时间、天气情况、心情表征等内容用书写的方式做记录,促进幼儿书写能力、表征能力、认识时钟的能力在一日生活的融合中潜移默化地得到发展
我是小班长	设立班长、组长岗位。开展"我是小班长""我是小组长"的竞选活动,提升幼儿表达表现能力,增强幼儿的自我管理能力以及为集体服务、为他人服务的意识和能力
小小主持人	根据园所的活动安排和需要,开展"小小主持人"竞选活动,给予幼儿展现自我风采的机会和舞台
我的日记	幼儿人手一本专属创想日记本,每日记录一日生活中有趣、有意义、有创意的事,每周五带回家和家长分享,提高幼儿表达表征的能力
参观小学	结合"准备上小学"主题活动,走进小学实地参观考察,解决自己前期的疑惑,获得关于小学生活的感性经验
升国旗	幼儿轮流担任升旗手、国旗下讲话,体验成功感与自豪感
我是小学生区角	创设"我是小学生"创想区域。幼儿通过戴红领巾、整理文具、根据课表整理书包等游戏,提高自我服务能力,增加对小学生活向往之情
感恩成长礼、毕业礼	回顾三年幼儿园生活,萌发成长的自豪感与对小学未来生活的憧憬

具体实施:以"师生同创幸福跑道"为课程理念,将"自由、自主、创造、愉悦"的游戏精神融入课程建设,关注"幼儿园综合活动课程、全语言教育课程、亲子拔节课程"的三位一体,关注幼儿、教师、家长的三位立场。强化课程管理,从课程方案编制、主题线索预设、必选活动组合、游戏活动拓展等方面进行课程审议。

集体教学游戏化——充盈乐趣。从关注教师如何教,转向关注幼儿如何学,把核心经验转为游戏规则、活动情景以及操作材料,给幼儿更多的自由度和自主空间,促进幼儿在操作、尝试、交流中主动建构经验,获得多元发展。

个别化学习主题化——凸显自主。从关注单纯的材料制作转向关注材料的情景化(符合幼儿兴趣爱好)、生活化(与幼儿生活融合)、主题化(指向主题核心经验)以及经验化(介于已有经验和新经验之间),从关注幼儿的操作结果转向关注操作过程中幼儿行为的观察与分析,为孩子碎片化经验生长为整体性认知提供适合的支架。

游戏活动本真化——彰显自由。在哪里玩,用什么材料玩,玩什么,和谁玩,都由孩子自己决定,让游戏呈现本真化状态,生机勃勃且玩趣十足。

(2) 小学入学适应课程与实施策略

组织新生夏令营课程。新生入学前组织为期一至两天的新生夏令营活动,用丰富多彩的活动帮助学生了解即将到来的小学生活。如用绘本故事满足其对一年级的好奇心,用儿歌帮助学生了解上课的规则,用一天的具身体验来感受小学生活。

青苹果入学适应课程(如表8-6所示)。9月份开展为期一周新生适应课程,不上国家课程(如表8-6所示)。青苹果入学课程是为新入学的儿童量身定制的新课程,课程包括了一年级共同体在开始新授前的各种教学准备,分为"适应教育课程"和"习惯养成课程"两部分。"适应教育课程"包括适应学校环境、了解老师、知晓课程表、了解学校各项规定等内容;"习惯养成课程"主要包括上学、放学、课堂常规、课后常规、整理、就餐、路队、听课、午睡等。

表8-6 青苹果入学适应课程

	星期一	星期二	星期三	星期四	星期五
上午	晨诵:好小孩系列《好习惯》	晨诵:好小孩系列《门口》	晨诵:好小孩系列《搬米》	晨诵:好小孩系列《秧苗做操》	晨诵:好小孩系列《两只小羊》
	认识自己的学号,练习自我介绍	有趣的火柴棒拼图	有趣的几何	绘本《鳄鱼怕怕牙医怕怕》	有趣地找规律

第八章 指向儿童创想素养涵育的学校治理

续表

	星期一	星期二	星期三	星期四	星期五
上午	有趣的七巧板	绘本《我想吃一个小孩》	绘本《笨拙的螃蟹》	有趣的巧填数	绘本《大卫,不可以》
	绘本《小魔怪要上学》	画最勇敢的自己	学唱校歌	拼音王国的有趣故事(一)	说说我有哪些好习惯
	画画美丽的星河校园	有趣的水果操	校内安全、食品安全、交通安全、临危逃生自救等	我会排好队——队列训练	拼音王国的有趣故事(二)
下午	电影《海底总动员》学会课堂倾听,练习如何整理自己的书包、课桌、书柜,做到整洁有序	鉴赏《迪士尼神奇英语》保护小眼好方法(一分钟眼操和眼保健操)	电影《龟兔赛跑》养成教育:《我是文明星河娃》如何就餐;怎样如厕;如何爱护桌椅等	养成教育:《从小学会谦让》如何做好值日生	校园寻宝 暮省仪式:总结一周生活,表扬典型,评选青苹果宝贝,鼓励孩子们向下周的正式学习发起挑战
夕会	暮省:回顾一天的学校生活,交流学到的本领以及最开心的事,回家和爷爷奶奶、爸爸妈妈一起分享学校的快乐生活				
睡前故事	《我想去看海》	《我想有颗星星》	《我想有个弟弟》	《我去找回太阳》	《我爱小黑猫》

"十得"课程。星河实小本着优化儿童习惯素养的宗旨,推出"十得"游戏化课程设计:① 行得正,② 说得妙,③ 听得静,④ 学得活,⑤ 吃得雅,⑥ 读得乐,⑦ 玩得序,⑧ 理得美,⑨ 写得端,⑩ 坐得稳。同时设计一年级"十得护照",做到一得一儿歌,一得一故事;一得一训练,一得一习得。采用一得一实践、一得一体认的方式,帮助学生尽快适应小学阶段的学习。切实做好儿童认知教育,具体可辅以适当干预。首先,要

以培育学生的学习习惯为重点。其次,培育学生集体生活的能力、意识,包括帮助儿童了解小学的各种规范,承担自己作为班集体一员应承担的责任。

用游戏化方式衔接一年级课程实施。学校继续做好游戏化教学,开发游戏化教学手册,将游戏精神融入课堂教学,让学生在玩中学、学中玩;改变课堂教学模式,开放小组学习,通过调查研究、聚焦问题、协商合作的方式寻找问题答案,激发学生的学习兴趣,让每一个孩子都能成为学习的主人。

用情景化方式改革教学评价方式。将传统的考试改为闯关游戏,让测验变得有趣、有温度。同时,改变以成绩为标准的评价模式,注重对孩子的过程性评价。发挥教师、家长、同伴等多元评价主体,对孩子的评价更全面、客观,为后期针对性的教育引导提供第一手资料。

四、布设贯通园校的创想教育幼小衔接教育实践道

1. 身心准备:让积极的情绪成为基点

创设支持型的学校环境。机幼和星河实小最大限度地挖掘"班级"和"教室"的教育意义,把教室划分为教学区、体验区、办公区,同时把教室打造成图书馆、体验室、探究屋,建设成操作间、展览室、信息资源库,让教室成为教师的办公室、学生的习惯养成地和人格成长室,成为一个让师生张扬生命个性的"创想乐园"。

创设包容型的家庭环境。儿童在幼小时期如果能接受良好的家庭教育,将会促进其身心的健康发展,良好的家庭环境对幼儿今后的生活、学习、心理和行为都会产生积极的影响。引导家庭擘画时光轴,是机幼和星河实小在家校共育上的共识。在每天的饭桌时光、闲聊时分、固定会议时刻以及"开心时光"组织温馨、愉悦的家庭会议,可以为家庭成员实质性的互动腾出空间。

2. 生活准备:让自理自立成为底色

生活情景,幼儿在无痕中自理。围绕"自主点心、自主午餐、自主散

步中的教育契机""幼儿园离园活动的优化""一日活动中过渡环节指导新策略"进行探索和实践……减少组织方式的一刀切和齐步走,增加幼儿的主动实践和操作体验,让生活活动趣味化,提升幼儿的自我管理能力。

劳动情景,儿童在流汗中自立。一间"个个都有岗"的教室意在传递"劳动体验,不忘责任"的价值理念;一块"班班都有责"的区域考验的是学生"人人为我,我为人人"的公共精神;一周人人都参与的扫除道培养的是做好"小事"的精神。每两周一次的星河里的扫除道有四个步骤:备齐扫除工具,确定扫除范围,开发扫除技巧,归置扫除工具。学校制作"创想教育幼小衔接家务劳动清单",编制《创想教育幼小衔接家务劳动指南》,让孩子从内心自觉认同并开启劳动的时光、形成劳动的技能、养成劳动的习惯。

3. 社会准备:让生命结伴而行

"教室是最拥挤的人类环境!"于是机幼与星河实小把普通教室在物理空间和心理空间上进行了重构,通过学习组构建起了特有的"朋辈关系",让爱与被爱、支持与理解、尊重与信任等情感得到更好的满足;人员"串换"改变人际关系结构,间接地拓展了学生交往的空间。

4. 学习准备:零起点不是零准备

让幼儿在游戏化情境中习得知识。两校以"师生同创幸福跑道"为课程理念,在预设课程的基础上,支持、鼓励、倡导教师敏锐捕捉幼儿的兴趣点、关注点,分析其价值,生成主题活动或者集体、小组学习活动,追随、助推幼儿发展。同时,追寻"与儿童一起在玩乐中学习"的教育主张,不断推进园本校本课程建构,优化课程实施方式,坚持"玩中学",着眼"激趣、赋能、成全",形成科学、适宜、富有成效的幼儿教育模式。

科学编制创想教育幼小衔接方案,形成园校融合、学段一体、多策合一的方案体系,做到一张蓝图绘到底,使创想教育幼小衔接教育再加力。

第四节 儿童的园:种一片"有机"的评价林

评价是什么？评价是为了什么？笔者认为，评价的结果不是目的，评价的过程才是引擎，真正的评价不是控制、管束，而是发现、优化、赋能的过程。评价是一粒种子，播下什么种就能长出什么果；评价是一架梯子，成长踏上幸福列车；评价是一把尺子，量出个性迥异的儿童；评价是一个园子，开出五彩缤纷的花儿！

一、播种:形成"整体性"育人的评价框架

教育评价是促进学生核心素养提升的核心力量。培养全面发展的现代儿童，教育评价要以整体、发展的视野观照儿童生命的自主生长，并赋予生命成长以意义和价值。评价，是指依据一定标准，对学生学习过程和学习结果进行价值判断，从而促进学生全面发展并导向改进教育教学的过程。

什么是评价的灵魂？其实就是心中的那个标准——学校育人的标准、学生素养的标准、课程的标准、课堂的标准……星河实验小学在儿童成长过程当中不知不觉也制定了非常多的评价方案，如综合素质评价方案、身体健康评价方案、各个综合学科关键能力的评价方案、孩子们品格银行的实施方案……但是我们有没有思考过，评价真的需要那么多的标准吗？难道我们都是按照标准在育人吗？关于评价的灵魂，笔者想，应该安放在一个大写的人里。

1. 形象识别:做自觉生长的"青果果"

在星河实验小学办学实验当中，把大写的人赋予生动的"形象识别"（如图8-4所示），那就是做自觉生长的"青果果"，"青果果"已成为"端行、好学、健美、乐创"学校育人目标的表达。学校以让儿童快乐为使命，

第八章　指向儿童创想素养涵育的学校治理

图 8-4　大写的人

和孩子们一起成长并记录下每一个精彩的瞬间。"青"代表生态,以健康快乐为理念,为孩子打造不一样的成长经历。"果"是世间万物所结下的丰收之物,也是盘古开天辟地的时候为了让人类能够继续的生存所赐予人类的礼物种子,意味着每一位儿童的独特性、发展性与可能性,也意味着儿童犹如一粒粒种子,在学校适切的土壤中扎根、拔节、生长。

自觉性是自主发展的根本属性,是人们赋予生命意义而自觉主动、自我超越的需求意愿、价值判断和自觉行动,具有目标导向性、内驱生长性和自觉行动性。小学阶段是儿童好奇心、想象力的敏感期与活跃期,儿童好奇心、探索欲、想象与创造等,以及坚持性、计划性、独立性等学习品质在这一阶段发展。小学生的自主发展,表现为在教育活动中能够主动求知、主动探索、主动思维、主动实践,不断发现自我、丰富自我、改变自我和发展自我,从而提高自己的学习能力、实践能力、创新能力和自主教育能力,点燃生命成长的精神之光。

2. 把握内核:评价的逻辑起点是立德树人

评价之根:育完整的人与完整的育人相结合;评价之核:立德树人根本任务与办学愿景相结合;评价之轴:国家核心素养与育人目标内涵相结合。学校理顺、提炼并综合探索研究成果,与中国学生发展核心素养进行对比分析,探寻两者的相通之处,不断改进提升,将《中国学生发展核心素养》的三个方面、六大素养、十八个基本要点与学校的育人目标"端行、好学、健美、乐创"相关联、相结合和相融合,并进一步细化、具体化和可操作化,既充分彰显国家的育人要求,又凸显学校的价值追求,并结合六个年级学生不同的年龄特点梳理出"端行、好学、健美、乐创"的具体指标和要求,积极探索小学生认知规律和身心发展规律,培养有着民族的情怀、国际的视野、责任的担当、创想的素养的星河娃。这也为学生日后走上社会、为国担当丰富经历、积累本领、发展素养,让育人目标的厘定为落实立德树人根本任务奠定基础。由此,"创想无界心筑未来"的教育哲学确立,形成指向理想与信念、能力与品质、实践与行动的星河方略。

3. 校本建构:整体有机的评价系统

(1)"整体画像"与"阶段塑像"相统一

一是整体画像,研究评价总表。按照《深化新时代教育评价改革总体方案》,结合学校育人目标,星河实小研发《"青果果"成长评价方案》(如图8-5所示)、《星河实验小学教育综合评价改革实验方案》,在"端行、好学、健美、乐创"四个维度下,确定"品德美好、责任担当、公民品格、学有方法、身心康健、审美素养、自主管理、朋辈交往、学会创造、个性兴趣"等十个方面要求,并分解为"身体机能"等30余项具体指标。明确各项指标的具体比例,既为学生"画像",又明晰了学校育人质量的标准。如体育锻炼习惯,96%以上的学生养成良好锻炼习惯,99%以上的学生每天运动60分钟,90%以上的学生有1~2项自己喜欢的运动项目并能长期坚持。

二是研究评价分表,明确儿童应遵守的"底线思维",指标描述做到可操作、可检测。如学生成长评价表中"C27.家庭劳动评价"指标,既有学校给出的这样一种定制的家庭劳动课程菜单,也有学生家庭劳动实践自我选择的订单。这样的一种设计既有着内容的生成,又有着目标的指向,更有着实施路径的导向,是可操作、可实施的。

(2)"刚性要求"与"弹性原则"相结合

在评价体系设计中,既有对班集体、个人提出的刚性要求,又有在具体实施中的弹性原则。具体有导向性原则:评价的起点和终点都是为了"人的发展";整体性原则:评价指标既立足育人目标导向,又指向学生德智

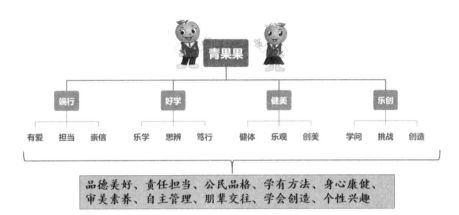

图 8-5 "青苹果"成长评价

体美劳全面发展;客观性原则:评价主体在对学生进行评价时,应公正、客观地进行评价;发展性原则:儿童自主完成学期、年段目标,通过六年努力,成长为拥有端行、好学、健美、乐创的青果果;融合性原则:关注学生的日常表现并及时记录和评价,综合过程性评价结果和终结性评价结果,形成对学生的总评价;循证性原则:将评价结果用来改善和优化学与教的行为。

(3)"学习世界"与"生活世界"相贯通

"青果果"自觉生长评价系统全面思考学生的核心素养发展路径,勾连、整合儿童的学习世界和生活世界。根据学生培养目标,制定了"果果少年"评价项目内容,分别是:端行果(社会公德、文明礼仪、规范养成、心理素养),好学果(课堂表现、智慧闯关、作业成果),健美果(体育艺术表现、特长才艺展示、体质检测),乐创果(人文创想、科学创想、艺术创想)。针对"果果少年"的每一个具体项目,学校结合项目化评价,组织师生、家长,采取个人提议、小组互议、家校共议、班级商议、年级协议、学校定议的方式,制定并逐步完善形成一套科学有效的评价标准。"果果少年"的评价旨在发现每一个孩子的优势潜能,让儿童在创想文化的关照下自由生长、自主成长。"果果少年"评选是一个开放的、面向全体的、不断更新的育人体系,具有对中国学生核心素养的期待,更有着对小学生创新意识与实践能力的侧重,关注学生的全面发展与个性生长,人人都可自行申报。

(4)"个体差异"与"群体衔接"相关照

学校对二级指标的每一个关键词都按低、中、高三个学段分别进行了内涵阐释。如乐创维度中的"挑战"这一指标,其内涵为:低年级学生需要"不断尝试,体验自己没做过的有意思的事情";中年级学生需要"制订计划,将自己所学的知识运用到生活中去";高年级则应该"突破自我,尝试解决复杂的问题,能向大家汇报自己的发明"。三级指标与真实情境链接,具化为清晰行为表征。例如,中年级组乐创维度的"上进",其三级指标就指向了学生学习生活的三个情境:一是列出自己学习中存在的问题,与老师、父母一起分析原因,并制订改进计划;二是选择一个观察对象,坚持至少两个月的观察活动,使用文字、数字、图表或其他符号,记录、整理和分析观察的过程与结果;三是在与同伴合作探究时,通过实践与操作验证自己的猜测,并进行改进和优化。

在实施过程中会不断生成很多的工具技术以及孩子们的素养指标,会有很多的雷达图、很多的数据表,也会有很多的评价单。与其他学校不同的是,在这个雷达图的背后,星河实小还有儿童的成长树,这棵成长树从人格的发展到关键的学力再到素养的特质都指向星河实小的育人目标:每个孩子都是银河中最闪亮的星星。

二、植林:设计"节律性"成长的评价方式

好的教育能唤醒内心的种子。低中高三个年段孩子的评价是一样的吗?不同年龄的孩子所需要的评价支持你知道吗?探索教育评价改革,探索学校特色的"节律性评价"模式,考虑到不同年段学生在成长经历、身心发展和认识水平上的差异,星河实小也从不同的侧重出发,根据青果果小种子APP—红果果成长树APP—金果果生命林APP,设计了针对不同年段学生的评价模式。

1. 养根:低年段"无级差"评价

学校提出"无级差学业评价"是以儿童学习表现、成长进步与学习品质培养情况为经纬度,通过教育专业性的观察、个性化诊断、形象化表达

第八章　指向儿童创想素养涵育的学校治理

提出发展性建议。

(1) 为什么要"无级差评价"？

对低年级学校提出"不在春天摇动苹果树"。儿童带着美好的憧憬进入小学，但机械的作业、考试后抽象的等第、冷漠的分数遏制了他们对学习的热情和自信。低年段儿童作为早期的学习者，他们的学习能力、学习品质并未成型，而是存在很大发展可能性，但划等级、打分数在客观上会对儿童产生心理打击，孩子们会觉得学习超级不好玩、学校超级没温暖，原本的伙伴关系被异化为"竞争对手"和"别人家的孩子"。

(2) 什么是"无级差"评价？

"无级差学业评价"更加注重以学生自身状况为基准的"个体内差评价"，既有日常教师基于学生相应的定性式实时评价，也有阶段性给予每个学生学业水平与学习品质培养情况的全面分析报告。学校认为影响低年段学生学习的主要因素有四个，并据此设计了无级差学业评价的四大内容（如表8-7所示）。

表8-7　无级差学业评价四大内容

序号	主要因素	主要内容
1	学习兴趣评价	兴趣是低年段儿童学习的强大动力，注重激发与考察学生的好奇心、持久度等积极的学习品质
2	学习习惯评价	进行"行得正、说得妙、听得静、学得活、吃得雅、读得乐、玩得序、理得美、写得端、坐得稳"十得习惯评价
3	基础学力评价	依据学习情感、课程标准，教师搜集每个学生在学习过程中不同的发展变化的信息和数据，做定性式发展性评价
4	伙伴关系评价	让学生认识自己，悦纳他人，学会良好沟通合作，与自己、与他人、与世界建立最终的良好关系

(3) 如何实施"无级差"评价？

在"无级差学业评价"的实施过程中，教师要重构自己的评价观，评价的目的是提供服务、支持，而不是筛选、淘汰。学校开发了小学低年段无级差学业评价智慧管理系统——青果果小种子APP。

青果果小种子 APP 是个性化的,可以呈现每个学生个体的进步度(如图 8-6 所示)。每个学期初,孩子们通过点击 APP 按钮都会领到一颗具有象征意味的种子,学科教师会根据课程标准要求与评价要素,分别用一颗颗种子与之对应,学生不同的努力程度与掌握情况就会使种子呈现不同形态。青果果小种子 APP 是动态的,可分别呈现学生每天、每周、每月的进步,会定期给予学生以描述性为主的诊断式建议;青果果小种子 APP 是互动式的,学生、家长可以实时点击,随时关注、互动。每个学生在学习成长的过程中都有自身的特点,无级差评价中的学业成长树可以呈现出每个孩子各自的发展差异与进步情况——每个孩子都是一棵在成长的不一样的树!学期结束时,家长和孩子们可以看见一份份图文并茂的手机版"个性化学科学业报告",同时学科老师还从学习现状和教师建议

图 8-6 青果果小种子 APP

两个角度对学生的学习现状做出诊断,给出建设性的指导方法。

无级差成长评价渗透在一系列的活动当中,在开学衔接周中通过主题日课程来获得成长评价。如学习习惯在"十得课程"中打开,十个"得"在乐闯创想城的场景地图中打开,让孩子们不断地经历不同的挑战、不同的交往、不同的实践,从而获得自己的"一得一"成长评价。十得卡片的每一次成长都会让自己获得一种欣喜和欢乐,用这十种不同的卡片他可以去兑换自己的果实。十得地图中还配有一本好习惯护照来陪伴孩子成长,让孩子可以获得一种成长的能量。

2. 长干:中年级"适应性"成长评价

三、四年级是小学中的"一道坎",即"三、四年级的孩子呈马鞍形",有 15%～25% 的学生在三、四年级存在学习适应性差的问题,时常出现厌

第八章　指向儿童创想素养涵育的学校治理

烦、焦虑和恐惧等心理症状。在中年级的成长评价中学校提出"中年级：不在感冒期洗冷水澡"。三、四年级的孩子已经进入学习发展期，要让孩子明白学习的目标是什么，唤醒他们的内在自我、学习情感，同时教师需要做的就是注重教学内容要求与学生认知结构的适配性。适应性评价是指针对学业水平的分化，即原来同质（知识、能力、情感、心理年龄特征等基本处于同一发展水平）的学生升至中年级后呈现出较为明显的两极甚至多极分布，通过弹性化、差异性、爬坡式的适应性评价，促进中年级学生顺利渡过成长马鞍期。

学校设计了适应性学业评价的四大内容（如表8-8所示）：以四大因素为其基本因子，定量化和定性化的学习结果为其因变量，学习的个性化和均衡性为学习评价的外延指标。

表8-8　适应性学业评价四大内容

序号	主要因素	主要内容
1	学习体验评价	愿意积极参加学习体验，有自己的计划、遇到困难有坚持性等学习品质
2	学习情感评价	能将自己的情感、情意、情趣投入学习中，管理好自己的情绪，保持积极的情感
3	学习习惯评价	管理好自己的目标、计划、时间，形成七个好习惯
4	学习方法评价	计划—学习—探究—结果—反思，形成元认知和富有逻辑的思维方式，形成自己的学习方法

在中年级"适应性"成长评价实施中，学校开发小学中年级"适应性"学业评价智慧管理系统——红果果成长树APP（如图8-7所示）。红果果成长树APP评价旨在培养学生自我认知与调控的学习品质，提升小学生个性发展与课堂主渠道的适配性（包括师与生的适配性）。升入三年级后，学生会在"红果果成长树APP"认领"成长树"，开启浇灌成长之旅。学生要在学习过程中搜集"能量"来浇灌这棵树。能量获得的过程与自评、伙伴评、家长评、教师评相结合，具体分值占比被详细记录在"成长树的能量银行"中。学生通过APP查看阶段成果，能够及时发现问题、扬长

图 8-7 红果果成长树 APP

避短、自我调整,并且获得不同徽章级别的奖;对于在学习过程中能量获取表现欠佳的学生,教师还为他们开通了"能量补给通道",通过单项表现、完成额外任务获得相应的能量值,鼓励他们努力学习,让"成长树"和同伴一起进阶。红果果成长树 APP 引导学生进行自主学习规划,激发学习动力的同时又可以有效解决过度学习的问题,瓦解教育焦虑。通过对教材的适配性、学习渠道的多元发展、良好的学习情绪和学习观的培养等方面的研究,形成有效解决三年级学生学习成绩分化的基本策略,从而最大限度地减缓三年级学生学习成绩分化的进程,减少或消除中年级学生学业水平分化的差异度。

3. 丰叶:高年级"表现性"成长评价

针对高年级学校提出"四季都有耕种的机会"。高年级实行"表现性评价",关注学生综合素养发展,让孩子清楚地知道学了有什么价值。以项目化学习为载体,发挥评价的导向作用,让他们放开手脚去触摸实物、认知世界,从而促进儿童身心全面和谐发展。到了高年级,小树变成了一片果园,成长林发展为生命林,孩子们成了果园的耕耘者。

引导高年级学生开展项目化学习,先由孩子们自主申报项目,再由老师来审核入库,接着开展相应的活动进行展示,最终由老师、同学、家长共同来进行评价。学校认为影响高年段学生学习的主要因素有四个,并据此设计了表现性学业评价的四大内容(如表 8-9 所示)。

表 8-9 表现性学业评价四大内容

序号	主要因素	主要内容
1	责任与担当	对于国家和民族有使命感,对社会和公民有着担当精神,对生活有着问题意识和创造意识

续表

序号	主要因素	主要内容
2	挑战与展示	直面生活中的问题,并且积极探索,在解决问题中获得关键能力
3	合作与交往	处好伙伴关系,学会团结合作,在项目管理中具有团队精神
4	实践与创新	运用各种技法进行创新,在生活中去实践,学会用辩证的思维看待生活

高年级使用金果果生命园 APP 实行"表现性评价"(如图 8-8 所示),关注学生综合素养发展,以项目化学习为载体,评价内容上凸显"基础+融合"两个维度,在评价过程中聚焦"游戏过程中的学习体验""生活数学里的学力习得""真实场域下的任务驱动",通过项目内容、表现预期、评价观测点(合格良好、优秀)、与问题/要求保持一致的表现性评价形式制定要素设计表现性评价量规,分门别类地罗列出描述性的表现行为和评价指标。

"评价不应该作为筛选的工具,而应该回归教育的本质。"真正的教育应该是自我教育,让学生学会学习,而学校评价的过程就是帮助学生逐渐形成自我认知、自我调控的过程。高年级引入表现性评价,通过项目化学习培养学生未来应当具备的核心素养与关键能力。每一年毕业班都有一项重要的评价方式,那就是毕业论文答辩。2020 年 11 月,学生组织厕所革命,顺利将学校的 48 个厕所全面升级改造,举行了《如厕宝典》作文集新书首发仪式。这一项目的灵感来源于生活中的问题解决,并且都是孩子们自己筹划、分工、调研、劳作的,最后获得圆满解决。要注重儿童的学习需

图 8-8 金果果生命园 APP

要,矫正存在的问题,从而使学习走向深入。

在这四个要素的实施过程当中,我们更加指向于在真实的场景和市级的课题、项目实践的过程当中形成自己的评价能力。

三、生枝:研发"立体性"支持的评价运用

评价是为了什么?是为了让每个孩子都能够看到属于自己的个性化学习过程和结果,为了完善、为了改进、为了发现。为了评价的结果可以得到运用,我们打开三个维度。宏观视野:大规模数据库建立,数据平台的集成与分析;中观思维:增值性评价,从单纯注重结果到关注教育全过程,改进教学,提升教学质量和学生学习成绩;微观实践:认知诊断评价性,用于学生自我矫正和教师有针对性的指导。

1. "教学评"一致性实践的诊断式评价

深化课堂改革,全面提升课堂教学质量。在主体教育研究的基础上,学校开展"以'脑科学'为导向的小学生思维力培养"和"教学评一致性"的实践研究,全面提升课堂教学质量和效益,减轻学生课业负担。

研发立体性支持的评价应用。星河实小在跟上海思来氏合作的过程中发现,一些逻辑有优势的孩子的数学学习成绩并不理想,明明上课表现很好而且思维也很活跃、表达也不错,可是为什么数学成绩却不够理想呢?同样发现有的孩子课堂表现并不突出、思维表现也并不那么灵活,可是学习成绩却能够表现出不错的样态。在这样的一种数据对比当中,我们发现超群的记忆能力会使得逻辑劣势的孩子同样获得很好的数学成绩,如果把这样的一种依据牵引和移植到语文和英语学科,就可以提高语文和英语的学科成绩。因此在这样的一个思考背景之下,学校分析出了哪些学习基础素养对学科有较强的影响力,那就是逻辑、理解、精细动作和表达。在这些评价结果运用中,学校会在低年级增强动手操作、中年级增加动手实验、高年级加强模型建构,同时将思维导图作为工具促进四个素养的发展。

第八章 指向儿童创想素养涵育的学校治理

表 8-10 定制课程表

课程表	周一	周二	周三	周四	周五
8:25-9:05	阅读与表达				
9:05-9:45	数学与思维				
10:05-10:45	体育	音乐	写字课	羽毛球课	素描
10:55-11:30	国际理解				
11:30-12:30	午休午餐				
12:30-13:00	午间活动				写字课
13:00-13:40	科学				
13:50:-14:30	创想选修				
14:40-15:20	审美与艺术				

2. "一站式"创想云平台的应用性评价

创想云中心的建立,旨在运用互联网+的时代召唤,开展"以'脑科学'为导向的教学研究",利用互联网+技术平台,采用情境化、沉浸式、参与性的评价方式。从多种渠道获得反馈信息,不断改进学与教的方式,不断给不同的学生成长提供不同的技术支撑、智力与情感支持。一个课堂表达力强、阅读积累也不少的孩子,作文却写不长,这是什么原因? 依托创想云中心,通过评价的数据采集,发现是因为他的精细动作不够、肩背的肌力和手眼协同不够,于是学校给孩子重新制定课程表(如表 8-10 所示),为小朋友增加了写字课和羽毛球课、素描课这样一种实践来增强他的精细动作。尊重多元评价价值取向,遵循过程性动态评价理念,重视学生的自我评价和质性评价,使教师从多种渠道获得反馈信息,不断改进学与教的方式,不断给不同的学生成长提供不同的智力与情感支持,促进个性化学习评价的建构,建构基于数据集成的交互式学习和协同化管理的评价体系。

3. "全景式"主题任务包的增值性评价

评价过程注重交往互动的场景化,结合三大课程群设置"星河小镇",让儿童在情境化的场域中积极参与、互动评价、合作共生。在"星河小镇"

六大生活场景的设计中,进行主题任务的评价,依托社会真实生活的场景,学生自由组合,选择情境化的项目任务,通过观察、体验、表达、合作、探究、发现等方式,将教育评估转变为不断生成的价值理解和创造性活动,关注儿童情绪和态度的形成和发展。走进星河超市,通过参与"假如你在野外迷了路""星河银行的理财产品"等驱动型任务,进行挑战获得成功;走进星河小剧场,在"创造性戏剧六人行""班级音乐会"等朋辈交往中体会乐理、乐器、乐曲的美妙,美学散步的美好;走进星河小医院,感受营养科、牙科、急救科等各个科室的不同功能,同时看到孩子对牙齿、营养学的好奇;走进星河设计院,感受"未来城市""星河星星农场"的美术创作、工具思维、图纸设计带来的创想体验;还可以获得"勇闯创想城"的社会真实场景的体验,用八大主题可以熟悉一座城市的运行,体验用一元钱在城市生活一天,感受预算、交往、合作、耐挫的挑战。在生活的场景中进行素养导向下的评价,可以得到全面、立体、客观真实的结果。

星河实小每一个毕业班都会有一场独特的毕业考核,那就是毕业论文的答辩,孩子们会提出一些选题,如地铁五号线的优化、新小区充电桩的合理设置、食用色素的安全指数等等,从中会看到孩子们视野、格局、担当与公民意识。家长说星河实验小学打破纸质考试模式大胆创新改革,采用项目式研究化考试探索型的考核型方式,这样的成长让孩子们随时都有欢喜;学校的老师说这样的一种评价让老师看到了不一样的精彩,孩子们的表达力、合作力、创造力、探究力让人刮目相看。将素养评价的过程贯穿在儿童课内外的学习与生活中,基于文本又超越文本,跨越多学科,涉及多领域,孩子们通过小组合作探究、抓住主题制定研究目标、共同完成课题研究的过程就是儿童素养展现与评价的过程,能实现增值性评价。

4. "靶向式"自我完善性的参照式评价

根据创想少年的优势潜能与个性差异,不断寻找每个儿童成长的最近发展区与最优发展区,设计不同维度、不同阶梯的评价标准,既有以统一的目标指向为参照的横向标准,又有以学生的个人成长为参照的纵向

第八章　指向儿童创想素养涵育的学校治理

标准。辅有三类参照评价标准：对某方面的学优生采用"创想素养常模参照评价"，让儿童通过自我的对照、比析，确定新的目标，不断拾级而上；对还处于中间地带的学生采用"素养目标参照评价"，围绕明晰的目标看到努力的方向，弥补不足、发挥优势；对学有困难的学生采用"自我成长参照评价"，倡导与自己比，看到自己的点滴发展、小小进步，能充分激发信心。在评价过程中，根据学生的年龄特征、智能差异和学习风格，根据课程的内容特征、表现形式和涉及的创想领域，设计有序列的评价形式。

四、得园：构造"万向型"导航的评价机制

评价的机制是为了看到每个孩子的不一样，形成良性教育评价生态，助力教育高质量发展。

1. 中控机制：研发"弹性有度"的评价工具

分段评价 APP 群。基于分年段评价体系理念，学校开发了学生心理健康平台、"青果果小种子"APP、"红果果成长树"APP 和"金果果生命园"APP，打造学校特色的学业评价智慧管理系统。平台既是资源库，是学生查询自己综合评价的途径，是师生沟通的新空间，也是学生实现自我、发现与创新的实践基地。

① 定量定性评价表。探索应用评定量表评价法，以量表观察的方式对学生表现性行为（主要是公民素养和个性品质）进行评价。探索应用行为检核表评价法，记录与评价学生行为（主要是公民素养和个性品质）和技能（主要是合作学习技能、劳动技能、研究性学习技能等）。② 学生同伴评价台。根据项目化学习过程中呈现出的状况，从固定不变的同桌不断生成新的同桌，在同学之间建立多维度伙伴评价机制，激励学生向上发展。③ 描述性互评。描述式伙伴互评语言，可以让学生感受到可学习的东西更具体、更形象。④ 正向性双评。鼓励学生从正面评价开始。伙伴们的正向评价往往能激励学生走得更远。⑤ 延迟性赋评。在场景的学习中需要有一定的时间模块，因此评价也会延迟，但是会给予引领性、赋能式的评价！

2. 内控机制：建立"五环循环"的闭合系统

促进自主发展观念体系、指标体系、项目化实施、课堂观察、信息化平台支撑下的互动共生等内核运行机制的创新发展。

学校质量内控应当内化为学校实时、常驻行为。为此，以评价为载体的学校质量内控机制应当是一个循环递进过程，融入学校日常的教育教学常态工作中。基于质量评价发现问题，通过证据进一步解读问题背后的原因，开展行动进行改进，继而再对改进进行实时追踪反馈，最后再开展新一轮的质量评价（如图8-9所示）。在这样一个循环闭合的过程中，评价既是起点也是终点，通过评价的持续跟踪与调控，及时发现问题，及时调整改进，保证质量内控机制的持续性和有效性。

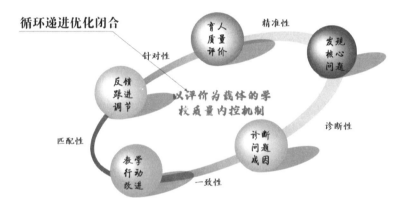

图8-9 以评价为载体的学校质量内控机制

3. 联动机制：形成"家校社一体"协同平台

家庭教育是学校教育的起点，学校教育是家庭教育的延伸，社会教育是学校教育和家庭教育有益的补充。因此，学校建设起"家—校—社"联动机制，开展"教师—同伴—家长—社区"多元评价，促进学生全面发展。

以促进儿童全面发展为目标，星河实小以评价为杠杆，撬动"五育融合"理念下的学生综合素质评价与行为转变，取得了一定进展。未

第八章　指向儿童创想素养涵育的学校治理

来,学校还将进一步探索学生综合素质评价方式,切实用好评价结果,综合发挥导向、鉴定、诊断、调控和改进作用,全面实现学校教育高质量发展。

> 走进儿童生命成长的园子,
> 浇灌教育高质量发展的林子,
> 搭建核心素养的梯子,
> 探索朝向儿童的综合素养评价的路子。
> 为了中华民族的伟大复兴,
> 抵达儿童人生的美好未来,
> 我们需要在教育原野,
> 种下有机的评价林,
> 并一起精确地劳作!

参考文献

[1] 斯滕博格.剑桥创造力手册[M].施建农,译.上海:东方出版中心,2021.

[2] 布兰思福特,等.人是如何学习的:大脑、心理、经验及学校(扩展版)[M].程可拉,等译.上海:华东师范大学出版社,2013.

[3] 邢杰,等.元宇宙通证:通向未来的护照[M].北京:中译出版社,2021.

[4] 赵国栋,易欢欢,徐远重.元宇宙[M].北京:中译出版社,2021.

[5] 克拉夫特.创造力和教育的未来:数字时代的学习[M].张恒升,申继高,译.上海:华东师范大学出版社,2013.

[6] 庄惠芬.儿童创想课程的生命远行[M].南京:南京大学出版社,2017.

[7] 庄惠芬.物型课程:打开创想城里的儿童学习[M].南京:东南大学出版社,2020.

[8] 王灿明,等.情境教育促进儿童创造力发展:理论探索与实证研究[M].北京:中国社会科学出版社,2019.

[9] 刘道玉.创造教育概论(第三版)[M].武汉:武汉大学出版社,2009.

[10] 索耶.剑桥学习科学手册(第2版)[M].徐晓东,等译.北京:教育科学出版社,2021.

[11] 胡晓风,等.陶行知教育文集[M].成都:四川教育出版社,2007.

[12] 杜威.学校与社会:明日之学校[M].赵祥麟,任钟印,吴志宏,译.北京:人民教育出版社,2005.

[13] 林崇德,等.拔尖创新人才成长规律与培养模式研究[M].北京:经济科学出版社,2018.

[14] 刘坚,等.5C核心素养:教育创新指南针[M].北京:教育科学出版社,2021.

后　记

自2011年创建新校起,我反复思考应该办一所怎样的学校,一所小学具有怎样的使命。我决定"读万卷书,行万里路",在一年半的时间里跑遍36所名校,与几十名校长、专家对话,做了数万字笔记,梳理各校的相同与不同。于是一种强烈的召唤在心底升腾,那就是培养中国拔尖创新人才不仅仅是高中、高校的责任,初中、小学甚至幼儿园都有着不可推卸的使命和担当,应该担起启蒙和奠基的责任。

从星河小学创办之日起,我和团队就把探讨钱学森之问作为办学的主旋律,把中国创新人才的小学启蒙作为使命。从小学六年抬头看儿童未来的60年,我们不忘使命,不忘责任,以百年的使命与担当为中华民族的伟大复兴而奠基,以办一所"人人有好奇心、个个有创造力"的创想学校为共同愿景。人生为一大事而来,做一大事而去。

《面向儿童创想家的教育》是对我和团队创办的这所创想学校10年间的记录,是我们10年间对儿童创想教育积极探索的缩影,也是召唤"儿童创想家"的成长路径,更是创想育人的立体画卷。在立体的思考和丰富的实践背后,是我们始终不变的追求,那就是期待每一个孩子回应时代召唤,做时代的创想家,做未来的创造者。在10年的探索路上,许许多多的大先生、专家与学者给予了

后 记

一路的引领，持续指导着创想教育的研究与实践。感谢王湛先生、朱永新先生、田慧生先生、陈如平先生、成尚荣先生、刘坚先生、陆岳新先生、杨九俊先生、苏忱先生、彭钢先生、吴永军先生、汪霞老师以及故去的朱小蔓老师等一大批专家、导师所给予的非常多的指导和帮助。

我听从导师们的建议，认真梳理了创想教育10年间的系统实践、深入思考以及积极探索，无论成败得失，都希望给更多和我一样致力于中国创新人才早期培养的教育工作者和学校提供研究的样本。于是这一本《面向儿童创想家的教育》诞生了。本书的形成过程中，得到了我的团队的支持与帮助。姚娜、姚君丹、蒋丽艳、王蕾、潘香君、左文飞、姜静波、荆熙哲、纪牡丹、严维姣、解雨薇、黄欣、陆永晶、路雪娇、孙晔隽、潘春霞、张雨涵等老师对书稿进行了整理与校对，在此一并深表感谢。

当我看到更多的儿童成为创想家，看到自己理想中的学校变成现实，看到越来越多的人愿意和我一起去做更好的教育、一起致力于创新人才的早期启蒙，我想这就是最好的成果。

庄惠芬

2022年12月于善耕馆